中国特色社会主义政治经济学研究丛书

经济新常态下发展理论创新

JINGJI XINCHANGTAIXIA FAZHAN LILUN CHUANGXIN

洪银兴　任保平　著

中国财经出版传媒集团
经济科学出版社
Economic Science Press

图书在版编目（CIP）数据

经济新常态下发展理论创新/洪银兴，任保平著. —北京：
经济科学出版社，2017.6
（中国特色社会主义政治经济学研究丛书）
ISBN 978 - 7 - 5141 - 8173 - 9

Ⅰ.①经…　Ⅱ.①洪…②任…　Ⅲ.①中国经济 - 经济
发展 - 研究　Ⅳ.①F124

中国版本图书馆 CIP 数据核字（2017）第 150447 号

责任编辑：于海汛
责任校对：刘　昕
版式设计：齐　杰
责任印制：潘泽新

经济新常态下发展理论创新

洪银兴　任保平　著

经济科学出版社出版、发行　新华书店经销
社址：北京市海淀区阜成路甲 28 号　邮编：100142
总编部电话：010 - 88191217　发行部电话：010 - 88191522
网址：www. esp. com. cn
电子邮件：esp@ esp. com. cn
天猫网店：经济科学出版社旗舰店
网址：http：//jjkxcbs. tmall. com
北京季蜂印刷有限公司印装
710×1000　16 开　13.5 印张　250000 字
2017 年 6 月第 1 版　2017 年 6 月第 1 次印刷
ISBN 978 - 7 - 5141 - 8173 - 9　定价：38.00 元
（图书出现印装问题，本社负责调换。电话：010 - 88191510）
（版权所有　侵权必究　举报电话：010 - 88191586
电子信箱：dbts@ esp. com. cn）

总　　序

　　习近平总书记近年来多次提出坚持和发展中国特色社会主义政治经济学问题。可见中国特色社会主义政治经济学在习近平总书记的治国理政理念中居于重要地位。对中国特色社会主义道路自信、理论自信、制度自信和文化自信的集中体现是构建系统的并形成共识的理论体系。其中最为突出的是构建中国特色社会主义政治经济学。

　　对构建中国特色社会主义政治经济学，习近平总书记在主持中央政治局第 28 次专题集体学习马克思主义政治经济学学习会时，明确要求：要立足我国国情和我国发展实践，揭示新特点新规律，提炼和总结我国经济发展实践的规律性成果，把实践经验上升为系统化的经济学说，不断开拓当代中国马克思主义政治经济学新境界。

　　构建中国特色社会主义政治经济学必须坚持以马克思主义为指导。马克思主义深刻揭示了自然界、人类社会、人类思维发展的普遍规律，为人类社会发展进步指明了方向。中国特色社会主义政治经济学的构建坚持马克思主义为指导，最为基本的是继承马克思主义政治经济学的基本范式并依据中国特色社会主义经济建设和改革开放的实践进行如下创新：第一，为什么人的问题，是为少数人服务还是为绝大多数人服务。马克思主义经济学代表无产阶级根本利益。无产阶级夺取政权以后，其阶级利益代表全体人民的根本利益，因此中国特色社会主义政治经济学以人民为中心，服从于人民的福祉和共同富裕。第二，基本任务是什么？马克思主义政治经济学的基本任务是阐述社会主义代替资本主义的必然性。进入社会主义社会后，政治经济学的基本任务由批判旧社会转向建设新社会。处于社会主义初级阶段的政治经济学，需要研究中国特色的社会主义的经济制度、发展道路，阐述社会主义初级阶段的经济规律，提供建设新社会的理论指导。第三，坚持问题导向是马克思主义的鲜明特点。问题是创新的起点，也是创新的动力源。只有聆听时代的声音，回应时代的呼唤，认真研究解决重大而紧迫的问题，才能真正把握住历史脉络、找到发展规律，推动理论创新。我国经济进入中等收入阶段后面临的一系列重大发展问题，例如，市场决定资源配置和政府更好发挥作用问题；中高速增长的可持续问题；跨越"中等收入陷阱"；等等。中国特色社会主义政治经济学需要围绕我国发展的重大问题，着力提出能够体现中国立场、中国智慧、中国价值的理论和理念。

中国特色社会主义是马克思主义中国化时代化的成果。从时空观分析，马克思是在资本主义社会研究资本主义，当时还没有出现社会主义国家。他所预见的社会主义经济同资本主义经济是在时间上继起的两个社会。而现时代，社会主义和资本主义空间中并存。在国际上是社会主义国家和资本主义国家并存，在国内是作为主体的社会主义经济与多种所有制经济并存。马克思主义经济学中国化的任务，不仅需要阐述社会主义经济制度的优越性，更要寻求增强社会主义经济的竞争力和影响力并最终战胜资本主义的途径。从物质基础分析，马克思当时认为，发达的资本主义是社会主义的入口。新中国脱胎于半殖民地和半封建社会。社会主义的物质基础没有完全建立起来，发展社会主义需要经过一个社会主义初级阶段。在社会主义初级阶段的社会主义不是完全消灭私有制，恰恰要在公有制为主体的前提下利用多种私有制经济发展生产力。从中国特色社会主义的成功实践分析，中国从一个贫穷落后的农业大国一跃成为世界第二大经济体。经济改革的中国模式，经济发展的中国道路得到了实践的检验。因此中国特色社会主义政治经济学是对中国特色社会主义经济建设的成功实践进行的理论概括，是用中国理论讲中国故事。

习近平总书记指出，构建中国特色哲学社会科学要把握好三方面资源：一是马克思主义的资源。二是中华优秀传统文化的资源。三是国外哲学社会科学的资源。构建中国特色社会主义政治经济学同样要把握好这些资源。以其中的经济发展理论体系为例，首先是继承性。在马克思主义经济学的理论宝库中挖掘其系统的发展生产力理论，使其成为经济发展理论建构的指导思想和方法论基础。其次是开放性，批判地吸收世界先进的发展理论。例如，二元结构现代化理论，中等收入陷阱理论，全要素生产率理论，可持续发展理论，知识经济理论，国家创新体系理论等。最后是创新性。中国的发展理论是在讲中国故事，体现中国智慧。例如，中国的新型工业化、信息化、城镇化和农业现代化"四化同步"社会主义现代化道路，中国的全面小康社会建设都是值得总结的发展理论。

习近平在主持政治局集体学习马克思主义政治经济学时，归纳了改革开放以来当代中国马克思主义政治经济学的重要理论成果，其中包括：关于社会主义本质的理论；关于社会主义初级阶段基本经济制度的理论；关于树立和落实创新、协调、绿色、开放、共享的发展理念的理论；关于发展社会主义市场经济、使市场在资源配置中起决定性作用和更好发挥政府作用的理论；关于我国经济发展进入新常态的理论；关于推动新型工业化、信息化、城镇化、农业现代化相互协调的理论；关于用好国际国内两个市场、两种资源的理论；关于促进社会公平正义、逐步实现全体人民共同富裕的理论；等等。这些重大理论成果都应该在中国特色社会主义政治经济学中进行系统化的阐述。

中国特色社会主义，以其理论和成功的实践回答了社会主义的发展中大国实现国家强盛人民富裕的重大问题，比如，在东方经济落后的国家建设什么样的社会主义、能否通过社会主义道路走向富强？社会主义和市场经济能否结合和怎样结合？在二元结构突出的农业大国如何实现现代化？在后起的资源相对缺乏的国家如何实现可持续发展？这些需要直面的世界性理论难题，马克思在当时不可能碰到，也不可能做出科学的预见。以中国特色社会主义政治经济学为理论指导所取得的中国经济成就，对这些重大问题作出了正确的回答，是对马克思主义的重大发展，为整个人类的经济科学文明发展做出了贡献。

进入新的历史时期后，时代赋予我们构建中国特色社会主义政治经济学的使命是加强对改革开放和社会主义现代化建设实践经验的系统总结，加强对发展社会主义市场经济的分析研究，加强对党中央治国理政新理念新思想新战略的研究阐释，提炼出有学理性的新理论，概括出有规律性的新实践。

2015 年由我牵头的《中国特色社会主义政治经济学研究》被立项为马克思主义理论研究和建设工程重大项目和国家社科基金重大项目。经中央马克思主义理论研究和建设工程办公室批准，本项目研究的首席专家除我以外还有中央民族大学的黄泰岩教授、西南财经大学的刘灿教授、复旦大学的石磊教授、厦门大学的龙小宁教授和南京大学的葛扬教授。根据研究计划，我们编写中国特色社会主义政治经济学研究丛书，分别由各位首席专家领衔主持：《中国特色社会主义政治经济学理论体系构建》《中国特色社会主义基本经济制度》《中国特色社会主义市场经济体制建设和完善》《新常态下中国经济发展》《社会主义初级阶段的收入分配》《全球化与中国对外开放经济》《中国特色社会主义法治经济建设》，将陆续由经济科学出版社出版。

洪银兴

深入学习习近平同志关于中国特色社会主义经济发展理论的新思想新论述①

——代前言

我国这样一个人口众多的国家，在较短时间里由低收入阶段进入中等收入阶段，彰显了中国特色社会主义的优越性。进入中等收入阶段后，我们面临着新的发展问题。解答好这些问题，需要不断创新中国特色社会主义经济发展理论，进而丰富和发展马克思主义政治经济学。党的十八大以来，以习近平同志为核心的党中央提出了创新、协调、绿色、开放、共享的发展理念。新发展理念不仅是指引中国经济发展实践的理论之魂，而且是创新中国特色社会主义经济发展理论的思想之魂，开辟了中国特色社会主义经济发展理论的新境界。

一、以重大发展问题为导向推动经济发展理论创新

习近平同志指出，坚持问题导向是马克思主义的鲜明特点。问题是创新的起点，也是创新的动力源。只有聆听时代的声音，回应时代的呼唤，认真研究解决重大而紧迫的问题，才能真正把握住历史脉络、找到发展规律，推动理论创新。坚持以问题为导向推动中国特色社会主义经济发展理论创新，最重要的是抓住我们所处发展阶段的重大发展问题，积极作出回应。

我国仍处于并将长期处于社会主义初级阶段，但现在已经告别低收入发展阶段、进入中等收入发展阶段，面临一系列新的重大发展问题，概括起来主要有：一是增长速度由高速转向中高速，这就提出了中高速增长的可持续性问题。二是世界上一些国家在进入中等收入阶段后，没有及时转变经济发展方式，出现了收入差距过大等严重问题，发展陷入停滞。我们面临着避免重蹈他人覆辙、跨越

---

① 洪银兴：《以新发展理念引领经济强国建设》，原载于《人民日报》2017 年 3 月 29 日。

"中等收入陷阱"的严峻挑战。三是发展面临一些深层次难题，包括传统发展动力衰减、生态环境承载能力已经达到或接近上限、经济结构不合理以及发展水平和质量不高、处于全球价值链中低端等。解决这些重大发展问题，呼唤经济发展理论创新。习近平同志的有关重要论述，为解决这些重大发展问题和创新社会主义经济发展理论指明了方向。

经济发展新常态理论。习近平同志指出："我国发展仍处于重要战略机遇期，我们要增强信心，从当前我国经济发展的阶段性特征出发，适应新常态，保持战略上的平常心态。"从战略机遇期视角观察新常态，不能只把新常态理解为经济增速放缓，还必须深入学习习近平同志关于经济发展新常态的重要论述，掌握其科学内涵和精神实质，抓住和用好发展的新机遇。应当认识到，经济增长从高速转向中高速的变化过程伴随着经济发展方式从规模速度型转向质量效率型，因而新常态不只是速度变化，还有两个重要表现：一是结构优化，经济结构调整要从增量扩能为主转向调整存量、做优增量并举；二是动力转换，发展动力要从主要依靠资源和低成本劳动力等要素投入转向创新驱动。可见，经济发展新常态理论进一步明确了我国发展新阶段的特征、机遇和任务。

创新、协调、绿色、开放、共享的发展理念。新发展理念是针对我国发展面临的突出问题和挑战提出来的，是我国当前和今后一个时期经济社会发展的战略指引。创新着重解决发展动力问题；协调着重解决发展不平衡问题；绿色着重解决人与自然和谐问题；开放着重解决发展内外联动问题；共享着重解决社会公平正义问题。新发展理念是对我国经济发展实践经验的科学总结，是中国特色社会主义政治经济学的开创性成果，也是构建中国特色社会主义经济发展理论的科学指南。

二、围绕以人民为中心的发展思想夯实经济发展理论基础

为谁发展，是经济发展理论和实践要解决的基本问题。习近平同志指出，坚持以马克思主义为指导，核心要解决好为什么人的问题。我们的党是全心全意为人民服务的党，我们的国家是人民当家作主的国家，党和国家一切工作的出发点和落脚点是实现好、维护好、发展好最广大人民根本利益。习近平同志提出的以人民为中心的发展思想，夯实了中国特色社会主义经济发展理论的基础，是对马克思主义政治经济学的继承和发展。

以人民为中心的发展思想，体现了不断满足人民群众日益增长的物质文化需要的社会主义生产目的。按此要求，中国特色社会主义经济发展理论需要明确三

个发展目标：以发展生产力、增进人民福祉为目标，以逐步实现共同富裕为目标，以人的全面发展为目标。习近平同志提出的共享发展理念，充分体现了以人民为中心的发展思想，体现了中国特色社会主义的本质要求，把握住了中国特色社会主义经济发展理论的目标。改革开放以来，我国经济社会发展活力不断增强，人民生活水平普遍提高，但也出现了收入差距扩大问题。在发展新阶段提出共享发展理念，就是要在发展中共享、在共享中发展，努力实现改革发展成果全民共享、全面共享、共建共享。按照共享发展理念，经济发展不是为少数人、一部分人服务，经济发展理论也不能为少数人、一部分人服务，而是要为全体人民谋利益。在共享发展中，人民群众共同分享改革发展成果，不断得到实实在在的利益，在民生改善中有更多获得感，逐步实现共同富裕。以人民为中心的发展思想进一步激发了广大人民的积极性、主动性、创造性，为改革发展提供了不竭的动力源泉。

三、结合发展新特征新趋势深化对科学发展的规律性认识

进入中等收入阶段后，提高经济发展的质量和效益，跨越"中等收入陷阱"，根本途径是转变经济发展方式、实现科学发展。习近平同志在 2014 年 7 月 29 日中央政治局会议上指出，"发展必须是遵循经济规律的科学发展，必须是遵循自然规律的可持续发展，必须是遵循社会规律的包容性发展。"这一深入阐述，是对经济发展规律性认识的理论升华，是对经济新常态下中国经济发展新特征、新趋势的科学把握，是对推动经济持续健康发展新思路、新路径的高度概括。

我国在进入中等收入阶段后，两大发展问题日益凸显：一是发展不平衡；二是生态环境不堪重负。新发展理念指出了解决这两大问题、实现科学发展的路径。

通过协调发展补齐短板。找出短板，在补齐短板上用力，通过补齐短板挖掘发展潜力、增强发展后劲，是协调发展的题中应有之义。首先是补齐农业现代化和城镇化短板。我国的社会主义现代化道路是同步推进新型工业化、信息化、城镇化和农业现代化。2013 年 12 月，习近平同志在中央农村工作会议上的讲话中指出，"农业还是'四化同步'的短腿，农村还是全面建成小康社会的短板。"协调发展，要求着力补齐农业农村短板，深入推进农业供给侧结构性改革，加快培育农业农村发展新动能，开创农业现代化建设新局面。在这个过程中积极推进新型城镇化，形成城乡发展一体化新格局。其次是补齐农村贫困人口脱贫这块短板。习近平同志指出，我们不能一边宣布全面建成了小康社会，另一边还有几千

万人口的生活水平处在扶贫标准线以下，这既影响人民群众对全面建成小康社会的满意度，也影响国际社会对我国全面建成小康社会的认可度。党的十八大以来，我国打响了脱贫攻坚战，以更加明确的目标、更加有力的举措、更加有效的行动，深入实施精准扶贫、精准脱贫，确保到2020年所有贫困地区和贫困人口一道迈入全面小康社会。

通过绿色发展推动生态文明建设。长期以来，依赖化石能源的传统工业化造成严重的生态环境破坏。为了应对严峻的生态环境挑战，实现人与自然和谐发展、经济社会永续发展，党的十八大把生态文明建设纳入中国特色社会主义"五位一体"总体布局。习近平同志指出："生态文明建设事关中华民族永续发展和'两个一百年'奋斗目标的实现，保护生态环境就是保护生产力，改善生态环境就是发展生产力。""绿水青山就是金山银山"，这就把干净的水、清新的空气、多样性的生物、绿色的环境看做宝贵的生态财富，进一步明确了生产力研究的三个层面：解放生产力、发展生产力、保护生产力。对于经济发展来说，这三个层面缺一不可。中国特色社会主义经济发展理论研究经济发展，就要建立解放、发展和保护生产力的系统化的经济学说。

四、立足我国国情和实践推进经济发展动力理论创新

习近平同志指出："对我国这么大体量的经济体来讲，如果动力问题解决不好，要实现经济持续健康发展和'两个翻番'是难以做到的。"经济发展理论的重要功能是寻求发展的动力。在生产关系层面，是通过全面深化改革寻求发展动力。在生产力层面，则是在供给和需求两侧寻求发展动力。改革开放以来，我国积极推进市场化改革，市场需求成为经济增长的基本动力，消费、投资和出口成为需求侧拉动经济增长的"三驾马车"。进入新的经济发展阶段，供给结构不适应需求变化的问题凸显出来，成为矛盾的主要方面。面对新形势、新任务，以习近平同志为核心的党中央提出深入推进供给侧结构性改革，着力实现经济结构优化、动力转换。

经过持续30多年的高速增长，传统经济要素的推动力出现衰减是不可避免的。但应看到，影响经济增长的要素除了物质资源和劳动力外，还包括技术、结构、效率等。在现阶段，虽然物质资源和低成本劳动力等供给侧的推动力在减弱，但技术、结构、效率等方面的动力还没有充分激发出来，科技创新、结构调整、效率提高等都还有巨大潜力，而且是更可持续的经济增长动力。其中，最重要的动力是创新的驱动力。正如习近平同志所指出的那样，创新是引领发展的第

一动力。供给侧的其他动力如结构调整、提高全要素生产率等，也需要依靠创新才能充分激发出来。现在，我国产业发展和科技创新在世界上的位置已从跟跑并跑提升到并跑领跑、抢占战略制高点，实现创新驱动发展的任务更为紧迫。新形势下，我国企业必须贯彻落实创新发展理念，着力培育以技术、品牌、质量、服务为核心竞争力的新优势，努力向全球价值链中高端攀升，争取在价值链中占据主导地位。

目　录

导　　论

本书试图以政治经济学的思维分析进入新常态后中国的经济发展，构建的新发展理念为指导的经济发展理论。

当代中国经济面临的重大问题是发展问题。中国的发展需要当代中国的马克思主义经济学理论指导。可是长期以来，学术界把研究经济发展问题的学科只是归之于发展经济学或增长经济学。根据习近平总书记在全国哲学社会科学工作座谈会上的讲话精神，构建中国特色哲学社会科学应该以我们正在做的事情为中心，从我国改革发展的实践中挖掘新材料、发现新问题、提出新观点、构建新理论。按此要求，对中国经济发展问题的研究应该也可以包含在中国特色社会主义政治经济学理论体系之中。而要做到这一点，需要解决三个方面理论问题：第一，中国特色社会主义政治经济学的研究对象需要包含经济发展问题；第二，经济发展理论的话语体系必须符合马克思主义政治经济学的学术规范；第三，需要从学理上对改革开放和社会主义现代化建设实践经验进行系统总结，回应我国进入中等收入发展阶段后的重大发展问题，由此形成中国特色的系统化的经济发展新理论。

一、生产力与生产关系一起成为中国特色社会主义政治经济学的研究对象

经济发展理论要成为中国特色社会主义政治经济学的重要组成部分，或者说要不要赋予中国特色社会主义政治经济学指导经济发展的功能，需要解决生产力成为政治经济学的研究对象问题。已有的政治经济学的研究对象一直明确为研究生产关系。近年来，虽然政治经济学研究者已经开始重视生产力的研究，但是，现有的政治经济学的教科书对研究对象的表述都还是限于生产关系，对生产力的研究只是处于"被联系"的地位。即联系生产力来研究生产关系。实践证明，面对社会主义经济，只是以生产关系为对象，不以生产力为研究对象，政治经济学

就难以科学地指导中国的经济发展。

对政治经济学的研究对象，马克思在《资本论》第一卷序言中表述："我要在本书研究的，是资本主义生产方式以及和它相适应的生产关系和交换关系。"①研究者对其中的"生产方式"的理解一直是有争议的。一种理解指的是生产力；另一种理解指的是生产力和生产关系的统一。根据前一种理解，政治经济学的对象是生产力和生产关系；根据后一种理解，政治经济学只是研究生产关系。已有的政治经济学教科书大都采用后一种理解。

政治经济学社会主义部分的教科书也一直只是把生产关系作为研究对象，而不把生产力作为对象。这恐怕同当年斯大林的观点相关。他在《苏联社会主义经济问题》中针对当时关于社会主义政治经济学的研究对象的讨论中有人主张探讨和发展社会生产中生产力组织的科学理论的观点给予了严厉的批评，认为："在社会主义政治经济学中，用生产力组织问题来代替经济问题，这是什么意思呢？这就是取消社会主义政治经济学。""把经济政策问题压在政治经济学上，就是葬送这门科学。"受此影响，在相当长的时期，政治经济学对社会主义经济的研究也限于生产关系的研究，而不把生产力作为对象。不仅苏联的政治经济学教科书，还是我国的政治经济学教科书都是这样。生产力只是在"被联系"进入研究视野。

生产力在政治经济学中处于何种地位，同政治经济学所处阶段的研究任务相关。马克思主义政治经济学创立时，以《资本论》为代表，任务是揭示资本主义被社会主义替代的客观规律。由此决定，研究对象很明确，以生产关系为对象，揭示资本主义生产关系生产力的发展的阻碍作用，也就是生产关系同生产力的矛盾。

实践证明，在社会主义条件下，政治经济学的对象只是限于生产关系，而不进入生产力领域，会使政治经济学研究的范围和领域越来越窄，对中国经济的解释能力及指导作用越来越小。政治经济学难以科学地指导中国的经济发展。与此同时，形形式式的经济学都在抢夺发展生产力领域的话语权，中国特色社会主义政治经济学不占领这个领域，也就失去了这个领域的话语权和指导权，最终把自己边缘化了。

中国经济改革和发展的实践推动政治经济学理论研究的深入。发展社会主义经济面临着的一系列经济问题，需要在基本理论上取得突破。中国特色社会主义政治经济学研究首先需要突破的基本理论问题就是研究对象问题。其突破的方向就是提升生产力在政治经济学中的地位。其必要性在于以下方面：

第一，由社会主义的发展任务决定。根据马克思主义经典作家的界定，无产

---

① 马克思：《资本论》第1卷，人民出版社2004年版，第8页。

阶级夺取政权以后的任务是要：“尽可能快地增加生产力的总量”。① 高于资本主义条件下的劳动生产率是社会主义战胜资本主义的条件。特别是经济落后的国家在进入社会主义社会后，生产力和生产关系的矛盾主要表现在生产力的相对落后，社会主义替代资本主义的最大的制约性是生产力落后，而不是生产关系的落后。

第二，由社会主义所处阶段决定。我国进入社会主义社会时，生产力水平没有达到并超过发达的资本主义国家的水平的现实，中国特色社会主义政治经济学的一个重大突破就是明确我国还处于社会主义初级阶段，并且明确这个阶段社会主义的本质就是解放和发展生产力，消灭剥削，消除两极分化，逐步达到共同富裕。在这里，把发展生产力作为社会主义的本质要求和根本任务提了出来。这个阶段的主要矛盾被界定为人民日益增长的物质文化需要同落后的社会生产之间的矛盾。由此决定，社会主义初级阶段的根本任务就是发展生产力，以满足人民群众物质文化需要，建设社会主义的物质基础。

第三，由经济发展的实践决定。理论是对实践的概括。中国用不太长的时间从贫穷落后的农业大国一跃成为世界第二大经济体；近 14 亿人口不仅摆脱了贫困而且即将一个不落的全面进入小康社会；中国的经济增长率即使进入中高速增长的新常态仍然处于世界前列，已经成为世界经济的动力源。中国经济的成功的原因，显然不能用别的国家的发展理论来说明。其主要说明因素：一是中国特色社会主义的经济制度解放了生产力；二是创造和选择的中国特色社会主义经济发展道路发展了生产力。显然，只有以解放和发展生产力为视角的中国经济学才能准确解释中国经济的现实。

中国的经济发展以中国特色社会主义政治经济学来指导，而不是由别的经济学来指导的必要性在于两个方面。一方面，中国发展有其特殊的国情，任何外国的发展理论都难以正确指导和说明人口众多、城乡和地区发展极为不平衡的社会主义国家的发展问题。另一方面，中国的发展问题离不开生产关系分析，只有政治经济学既研究生产关系又研究生产力。两者结合在一起分析产生的理论才能准确指导中国经济发展。尤其是需要利用社会主义经济的制度优势推动经济发展。

因此，处于社会主义初级阶段的政治经济学的研究对象，不仅要研究生产关系，也要研究生产力，而且要把对生产力的研究放在重要位置，以增进国民财富作为目标和归宿。这也是以人民为中心的经济学自身的要求。可以说，中国特色社会主义政治经济学就是基于这个研究对象和任务的理论突破而逐步建立的。

---

① 马克思：《共产党宣言》，引自《马克思恩格斯文集》，人民出版社 2009 年版，第 52 页。

二、中国特色社会主义政治经济学研究生产力就是研究经济发展问题

生产力是人们改造自然的能力，它反映人和自然界之间的关系。马克思主义政治经济学是在与生产关系的相互作用中研究生产力，特别是研究生产力发展对生产关系的决定作用。而在社会主义初级阶段研究生产力，不只是研究其对生产关系的作用，还要研究推动经济发展的生产力本身。当然，政治经济学研究生产力不是研究生产力的技术层面，而是研究生产力的社会层面。研究的目的就是邓小平说的：一个是解放生产力；另一个是发展生产力。需要把两个方面讲全了。习近平同志又提出"牢固树立保护生态环境就是保护生产力、改善生态环境就是发展生产力的理念"①。这样，中国特色社会主义政治经济学对生产力的研究就有三个层次的内容：一是解放生产力；二是发展生产力；三是保护生产力。这三个方面结合起来就是经济发展。中国特色社会主义政治经济学研究经济发展就是要建立解放、发展和保护生产力的系统化的经济学说。

解放生产力涉及的是生产关系的完善和改革。其基本要求是根据我国所处的社会主义初级阶段的特征，推进改革开放，从根本上改变束缚生产力发展的经济体制机制。包括基本经济制度的改革和完善，资源配置方式的改革，基本分配制度的改革和完善，宏观调控体系的改革和完善等。在这里，解放生产力是动力，发展生产力是目的。如果说解放生产力基本上属于生产关系层面，那么发展生产力和保护生产力则属于生产力层面，发展生产力和保护生产力有自身的发展规律，不能仅仅靠解放生产力的途径。

中国特色社会主义政治经济学理论体系包含体现发展和保护生产力的系统性经济发展学说有重大的理论和现实意义。在社会主义初级阶段，只有在经济发展的基础上实现了生产力的发展和保护，社会主义经济制度才能稳定发展，社会主义生产关系才能不断完善。在此基础上建立的中国特色社会主义政治经济学，不只是发挥思想教育功能，还是国家和企业谋求经济发展的经济决策和经济政策制定的指导。基于这样的目的，我们可以梳理一下马克思关于发展生产力的理论。

马克思指出："不论生产的社会形式如何，劳动者和生产资料始终是生产的因素。但是，二者在彼此分离的情况下只在可能性上是生产要素。凡要进行生

---

① 2013 年 5 月习近平总书记在中央政治局第六次集体学习时的讲话。

产，它们就必须结合起来。"① 生产力包含劳动者、劳动资料（生产工具）和劳动对象等要素。生产力的发展水平会体现在这些要素的质量上。其中，人的因素是最重要的，劳动者是生产力中首要的、能动的和最为活跃的因素。由于社会生产力的发展是从变革劳动资料开始的，因此划分经济时代的标志是劳动资料。马克思说："各种经济时代的区别，不在于生产什么，而在于怎样生产，用什么劳动资料生产。劳动资料不仅是人类劳动力发展的测量器，而且是劳动借以进行的社会关系的指示器。"② 马克思将机器体系概括为发动机、传动装置和工具机。从近代社会以来发生的几次大的技术和产业革命可以分别由机器体系的某个方面的作用来说明。第一次产业革命以产生蒸汽机为标志。这场发动机革命的直接效应是机器替代"人手"。即以工具机来取代人手。第二次产业革命发生在交通和电气化领域，这一变革不仅提升了发动机的能力，而且产生了传动装置的革命，现代技术通过电力和交通传输到更为广阔的领域。20 世纪后期产生的科技革命发生在电子、信息技术领域。电脑和互联网的产生和结合作用的直接效应是电脑代替"人脑"。

长期以来，在政治经济学教科书中大都把生产力归结为劳动、劳动资料和劳动对象三要素。卫兴华教授近来多次提出这三要素概括过于简单。根据马克思的概括，决定劳动生产力的因素包括："工人的平均熟练程度，科学的发展水平和它在工艺上应用的程度，生产过程的社会结合，生产资料的规模和效能，以及自然条件。"③ 这个定义对生产力要素的概括就全面。由此出发，社会生产力的发展就来源于三个方面："归结为发挥着作用的劳动的社会性质，归结为社会内部的分工，归结为脑力劳动特别是自然科学的发展。"④ 所有这些要素正是发展生产力，从而实现经济发展的重要因素。

经济发展也就是财富创造，马克思主义政治经济学不仅研究了价值创造过程，也研究了财富创造过程。研究经济发展需要特别关注马克思财富创造过程。财富创造过程就是劳动过程本身，"是制造使用价值的有目的的活动，是为了人类的需要而对自然物的占有，是人和自然之间的物质变换的一般条件，是人类生活的永恒的自然条件"⑤。其中，对当前的经济发展理论建设有重大影响的财富创造要素除了劳动以外突出在以下方面：

① 马克思：《资本论》第 2 卷，人民出版社 2004 年版，第 44 页。
② 马克思：《资本论》第 1 卷，人民出版社 2004 年版，第 210 页。
③ 马克思：《资本论》第 1 卷，人民出版社 2004 年版，第 53 页。
④ 马克思：《资本论》第 3 卷，人民出版社 2004 年版，第 96 页。
⑤ 马克思：《资本论》第 1 卷，人民出版社 2004 年版，第 215 页。

第一是科学技术，也就是马克思说的，科学的发展水平和它在工艺上应用的程度。由科技进步带来的社会劳动生产力的提高，对价值创造来说，可能带来价值量的下降，而对财富创造来说，则可能带来财富的增进。其作用在于以下几个方面。第一，随着劳动生产率的提高，体现一定量剩余价值的产品量也会提高。例如，"使用一架强有力的自动机劳动的英国人一周的产品的价值和只使用一架手摇纺车的中国人一周的产品的价值，仍有大得惊人的差别。"第二，从机器设备的更新来说，"旧的机器、工具、器皿等为效率更高的、从功效来说更便宜的机器、工具和器皿所代替。"第三，是从对原料等劳动对象的影响。科技的每一个进步，不仅增加有用物质的数量和用途，从而扩大投资领域，"它还教人们把生产过程和消费过程中的废料投回到再生产过程的循环中去，从而无须预先支出资本，就能创造新的资本材料。"① 这也就是我们今天讲的循环经济思想。概括起来就是，科学和技术使执行职能的资本具有一种不以它的一定的量为转移的扩张能力。在现阶段，科学技术的作用越来越明显，成为第一生产力。科技的作用不仅表现为劳动者、生产资料等生产力的实体要素的质量的提高，而且作为内生的要素直接推动生产力水平的提高。

第二是管理。也就是马克思说的生产过程的社会结合和社会内部的分工。管理的基础是存在社会分工和协作。社会分工曾经对社会生产力的进步起过决定性作用，社会分工的深化现在仍然是生产力发展的决定因素。有分工就需要协作，相应的就需要管理，涉及宏观管理和企业内的管理。就如马克思指出的："一切规模较大的直接社会劳动或共同劳动，都或多或少地需要指挥，以协调个人的活动，并执行生产总体的运动"；因此，管理不仅是"资本的价值增殖过程"的管理活动，还是"制造产品的社会劳动过程"的管理活动②。与剩余价值生产的管理不同，财富创造的管理活动，不只是管理劳动，更为重要的是组织和配置投入生产过程的各种要素，我们现在所讲的全要素生产率就是以管理制度和由此产生的管理效率为基础的。全要素生产率的高低直接影响财富的创造和增进的水平。

第三是自然条件。马克思认为，在财富创造中"人和自然，是携手并进的"③。人在劳动过程本身中"还要经常依靠自然力的帮助"，因此"正像威廉·配第所说，劳动是财富之父，土地是财富之母。"④ 马克思从经济上将外界自然条件分为两大类：一类是生活资料的自然富源，例如土壤的肥力、鱼产丰富的水等。另

---

① 马克思：《资本论》第 1 卷，人民出版社 2004 年版，第 699 页。
② 马克思：《资本论》第 1 卷，人民出版社 2004 年版，第 384～385 页。
③ 马克思：《资本论》第 1 卷，人民出版社 2004 年版，第 696 页。
④ 马克思：《资本论》第 1 卷，人民出版社 2004 年版，第 56～57 页。

一类是劳动资料的自然富源，如奔腾的瀑布、可以航行的河流、森林、金属、煤炭，等等。这两类自然富源在不同的发展阶段上起着不同的决定性作用。"在文化初期，第一类自然富源具有决定性的意义；在较高的发展阶段，第二类自然富源具有决定性的意义。"① 当然，财富创造不能依赖自然，也不意味着自然越富饶，经济越发展，财富越多。恰恰是"过于富饶的自然使人离不开自然的手，就像小孩子离不开引带一样。"② 自然资源对增进财富作用，"不是土壤的绝对肥力，而是它的差异性和它的自然产品的多样性，形成社会分工的自然基础，并且通过人所处的自然环境的变化，促使他们自己的需要、能力、劳动资料和劳动方式趋于多样化。社会地控制自然力，从而节约地利用自然力，用人力兴建大规模的工程占有或驯服自然力，——这种必要性在产业史上起着最有决定性的作用。"③ 马克思在这里实际上指出人和自然关系的两个方面规定：一是适应自然。二是控制自然。现在则要进入第三个阶段，即人和自然和谐共生。

　　第四是经济发展方式。马克思在《资本论》中明确区分了扩大再生产的两种方式。一种区分是外延的扩大再生产和内涵的扩大再生产。"如果生产场所扩大了，就是在外延上扩大；如果生产资料效率提高了，就是在内涵上扩大。"④ 另一种区分是将农业中的耕作方法区分为粗放经营和集约化耕作两种："那些新近开垦、以前从未耕种过、相对地说比较不肥沃的土地，至少已在土壤表层积累了许多易溶解的植物养料，以致它无须施用肥料，甚至只要进行粗放耕作，也能长期获得收成。"⑤ 而集约型耕作，"无非是指资本集中在同一块土地上，而不是分散在若干毗连的土地上。"⑥ 概括起来，经济增长来源于两个方面：一方面是要素投入的增长；另一方面是要素使用效率的提高。若经济增长主要靠要素投入的增长来推动，则可称之为粗放型经济增长方式，若经济增长主要依靠要素效率的提高，则可称之为集约型增长方式。资本更多地投在要素数量投入上还是投在提高要素质量上，所起的提高生产力的作用是不一样的。这反映增长方式的区别。提高劳动生产率的途径是"变革劳动过程的技术条件和社会条件，从而变革生产方式本身"⑦。根据马克思的分析，经济发展方式还涉及协调发展的要求：一是各个部门的比例关系的协调。两大部类平衡理论要求部门之间在全面协调的基础

　　① 马克思：《资本论》第 1 卷，人民出版社 2004 年版，第 586 页。
　　② 马克思：《资本论》第 1 卷，人民出版社 2004 年版，第 587 页。
　　③ 马克思：《资本论》第 1 卷，人民出版社 2004 年版，第 587~588 页。
　　④ 马克思：《资本论》第 2 卷，人民出版社 2004 年版，第 192 页。
　　⑤ 《马克思恩格斯文集》第 7 卷，人民出版社 2009 年版，第 756 页。
　　⑥ 马克思：《资本论》第 3 卷，人民出版社 2004 年版，第 756、760 页。
　　⑦ 马克思：《资本论》第 1 卷，人民出版社 2004 年版，第 366 页。

上实现按比例发展。二是生产和消费的协调。《资本论》提出社会消费力概念与生产力相对应。在资本主义条件下，社会消费力"取决于以对抗性的分配关系为基础的消费力；这种分配关系，使社会上大多数人的消费缩小到只能在相当狭小的界限以内变动的最低限度。其次，这个消费力还受到追求积累的欲望扩大资本和扩大剩余价值生产规模的欲望的限制"。因此，"生产力越发展，它就越和消费关系的狭隘基础发生冲突"。① 这些论述反过来就是要求社会主义条件下的经济发展目的是满足人民群众日益增长的物质和文化需要，既要从根本上改变对抗性分配制度，又要克服"为生产而生产"和片面追求高积累的发展理念。

马克思还预见到，随着社会的进步、经济的发展，"科学日益被自觉地应用于技术方面，土地日益被有计划地利用，劳动资料日益转化为只能共同使用的劳动资料，一切生产资料因作为结合的、社会的劳动的生产资料使用而日益节省"②。

所有上述马克思分析的财富创造，从而发展生产力理论都可以成为中国特色社会主义政治经济学的经济发展理论构建的指导思想和基本的话语体系。

三、经济发展理论的来源和话语体系构建

经济发展理论要能进入中国特色社会主义政治经济学理论体系，本身也要符合政治经济学的学术规范，尤其是其话语体系构建。

习近平总书记要求构建的中国特色哲学社会科学，在指导思想、学科体系、学术体系、话语体系等方面充分体现中国特色、中国风格、中国气派。就构建中国特色社会主义经济发展理论来说，要以马克思主义政治经济学为指导，总结和提炼我国改革开放和社会主义现代化建设的伟大实践经验，同时借鉴西方经济学的有益成分。

构建中国特色的经济发展理论的学术体系和话语体系首先在马克思主义经济学的理论宝库中挖掘其系统的发展生产力理论，使其成为经济发展理论建构的指导思想和方法论基础。如前所述，以《资本论》为代表的马克思主义政治经济学联系生产力研究生产关系时所阐述的一系列关于生产力的原理，是中国特色社会主义政治经济学体系中的经济发展理论的来源和话语体系的基础。

科学的理论源于实践。中国经济发展的实践也是中国特色经济发展理论的重

---

① 马克思：《资本论》第 3 卷，人民出版社 2004 年版，第 273 页。
② 马克思：《资本论》第 1 卷，人民出版社 2004 年版，第 874 页。

要来源。特别要指出的是，中国特色社会主义政治经济学的经济发展理论面对的是当代中国的经济发展。当代中国的经济发展虽然仍然要以马克思主义政治经济学理论来指导，但一系列新的实践不可能都用经典的马克思主义政治经济学理论来说明。尤其是现实的社会主义经济发展的实践需要有创新的发展理论来说明。不仅如此，讲中国故事，体现中国智慧，只能用中国的理论来进行总结和概括，而不可能用西方的哪种经济学来说明。以中国的工业化、城市化为例。中国是在二元结构没有得到根本改造带着庞大的落后的农业的背景下推进工业化和城市化的。而且当时，不仅农村落后，城市也落后，容纳不了从土地上转移出来的亿万农业剩余劳动力。在此背景下，工业化和城市化不能走西方走过的道路。中国农民创造了农村工业化和城镇化的道路，并且取得了成功。在此基础上中国又创造性地提出新型城镇化道路，相应地提出工业反哺农业、城市支持农村的城乡一体发展的道路。概括这些伟大创造和实践的经济发展理论不仅彰显了中国特色社会主义政治经济学的中国特色，而且将对世界做出贡献。

新中国成立以后，中国探索中国特色社会主义包含了对中国特色社会主义经济发展理论的探索。习近平在主持中共中央政治局就马克思主义政治经济学基本原理和方法论进行第二十八次集体学习时，列举了我们党在探索社会主义建设道路过程中提出的独创性的观点，如统筹兼顾、注意综合平衡，以农业为基础、工业为主导、农轻重协调发展等重要观点。

尤其是在党的十一届三中全会以来，马克思主义政治经济学基本原理同改革开放新的实践结合起来，不断丰富和发展马克思主义政治经济学，形成的当代中国马克思主义政治经济学的许多重要理论成果，比如，关于树立和落实创新、协调、绿色、开放、共享的发展理念的理论，关于我国经济发展进入新常态的理论，关于推动新型工业化、信息化、城镇化、农业现代化相互协调的理论，关于用好国际国内两个市场、两种资源的理论，关于促进社会公平正义、逐步实现全体人民共同富裕的理论，关于供给侧结构性改革和发展的理论，等等。这些理论成果，是适应当代中国国情和时代特点的政治经济学，不仅有力指导了我国经济发展实践，而且开拓了马克思主义政治经济学新境界。

构建中国特色的经济发展理论不排斥批判地吸收世界先进的发展理论。发展中国家的发展问题是世界性问题，以发展中国家发展为对象的发展经济学，以增长为对象的增长经济学（包括新增长理论）不乏积极的成果可以为我所用。例如，二元结构理论、中等收入陷阱理论、全要素生产率理论、可持续发展理论、知识经济理论、国家创新体系理论等。这些理论要能成为中国特色经济发展理论的来源需要同中国实际结合，首先是人口众多的发展中国家的实际，其次是处于社会主义初级阶段的实际，最后是进入中等收入发展阶段的实际。不考虑到这些实际，不对这些理论进行中国化的改造，生搬硬套的西方发展理论是不能成为中国特色的经济发展理论体系的来源和话语的。

四、新发展理念推动经济发展理论创新

习近平总书记提出的创新、协调、绿色、开放、共享五大新发展理念，是基于对中国经济发展实践的理论总结，是中国特色社会主义经济发展理论的重大创新。新发展理念贯彻到新阶段经济发展理论的构建中，必然推动一系列的理论创新。

创新、协调、绿色、开放、共享这几个词过去也常用，在已有的发展理论中也常用这几个范畴。现在作为新发展理念提出来，所有这些范畴则有更为深刻的内涵：第一，有深厚的政治经济学理论基础；第二，反映经济发展新阶段的新特征；第三，对经济发展理论创新提出了新目标。

创新是引领发展的第一动力，创新发展的理念推动发展动力理论的创新。最早的创新思想反映在马克思的《资本论》中。根据马克思的概括，"智力劳动特别是自然科学的发展"是社会生产力发展的重要来源①。进入中等收入阶段以后，随着资源和低成本劳动力方面的供给推动力消退，需求的拉动力尤其是消费需求的拉动力得到了高度重视，但不能就此以为经济增长的动力只是在需求侧，从而轻视供给侧的动力。影响实际增长率的潜在经济增长率的供给要素，除了物质和劳动力要素投入外，还有技术、结构、效率等方面的要素。现阶段消退的供给侧的推动力只是物质资源和低成本劳动力。而在供给侧还有其他动力可以开发，如创新驱动、结构调整、提高效率等。与此同时，世界上新一轮科技和产业革命蓄势待发，重大颠覆性技术不断涌现，谁在创新上先行一步，谁就能拥有发展的主动权。在此背景下提出创新发展的理念，所推动的发展动力理论创新可以概括为：第一，创新是引领发展的第一动力，发展的基点。第二，创新是新的发展方式。现阶段所要转向的发展方式不是现成的，需要创新。包括创新驱动产业结构转向中高端，创新驱动生产方式和消费方式，创新驱动绿色化。第三，创新发展的核心是科技创新。我国的科技创新已经从以跟踪为主转向跟踪和并跑、领跑并存的新阶段。第四，科技创新成为产业创新的动力，产业创新需要解决好与科技创新的有效对接，突出科技成果向生产力的转化，采取产学研协同创新方式

---

① 马克思：《资本论》第3卷，人民出版社2004年版，第97页。

研发和孵化新技术，形成大众创新、万众创业的氛围。

协调是持续健康发展的内在要求，协调发展的理念推动发展结构理论的创新。马克思的社会再生产理论可以归结为协调发展理论。两大部类平衡理论就是要求部门之间在全面协调的基础上实现按比例发展。在由低收入阶段迈向中等收入阶段，为了充分释放生产力，推进工业化和城市化，实施不同区域的发展战略，沿海开放，这些实际上属于不平衡发展战略。进入中等收入阶段后，国民经济不平衡问题突出，需要适时转向协调发展，也就是转向平衡发展，增强发展的整体性。协调发展理念要求产业结构、城乡结构、区域结构以及相应的发展战略趋向均衡。其中包括拉动经济增长的消费、投资和出口的"三驾马车"作用的协调，三次产业的协调。针对存在的经济发展不平衡问题，按协调发展的理念着力补齐短板。其中包括：第一，补齐农业现代化短板，促进新型工业化、信息化、城镇化、农业现代化同步发展；第二，补齐贫困地区短板，促进城乡区域协调发展；第三，补齐社会发展的短板，促进经济社会协调发展。

绿色是永续发展的必要条件和人民对美好生活追求的重要体现，绿色发展的理念推动财富理论的创新。传统的财富观只是指物质财富。马克思当时就告诫：自然资源的"丰饶度往往随着社会条件所决定的生产率的提高而相应地减低。……例如，我们只要想一想决定大部分原料产量的季节的影响，森林、煤矿、铁矿的枯竭等等，就明白了。"① 在低收入阶段所推进的工业化、城市化、重工业化，不可避免的可能造成资源的耗竭及不可持续供给，由此形成发展的代价。这就是恩格斯指出的："我们不要过分陶醉于我们人类对自然界的胜利。对于每一次这样的胜利，自然界都对我们进行报复。"② 如果人类不保持自身与自然的和谐统一，就会危及自身的生存发展。这种状况就是习近平总书记所指出的："人类社会在生产力落后、物质生活贫困的时期，由于对生态系统没有大的破坏，人类社会延续了几千年。而从工业文明开始到现在仅三百多年，人类社会巨大的生产力创造了少数发达国家的西方式现代化，但已威胁到人类的生存和地球生物的延续。"③ 绿色发展理念强调人与自然和谐共生。它所推动的财富理论创新就在于：第一，明确生态和环境也是财富。干净的水，清新的空气，绿色的环境是宝贵财富，青山绿水就是金山银山。第二，与西方国家当年的道路不同，中国的现代化不仅需要获取更多的物质财富，还要获取更多的生态财富。第三，

---

① 马克思：《资本论》第 3 卷，人民出版社 2004 年版，第 289 页。
② 恩格斯：《自然辩证法》，引自《马克思恩格斯文集》第 9 卷，人民出版社 2009 年版，第 559 ~ 560 页。
③ 习近平：《之江新语》，浙江人民出版社 2013 年版，第 119 页。

推动形成绿色发展方式和生活方式。人类的生产生活方式以最适宜的文明方式影响和介入自然，可以换取自然对生产力的最佳反馈。这正是改善生态环境就是发展生产力理念的体现，较可持续发展理论更进了一步。

开放是国家繁荣发展的必由之路，开放发展的理念推动经济全球化理论创新。马克思当年在《资本论》中就揭示了"各国人民日益被卷入世界市场网"的经济全球化趋势。[①] 改革开放以来我国利用经济全球化机遇，发展开放型经济，充分利用国内和国外两种资源，开拓国内和国外两个市场，获得了全球化的红利。但是，同其他发展中国家一样，我国是以资源禀赋的比较优势嵌入经济全球化和全球价值链的，处于价值链的中低端。从总体上说，我国处于全球化的从属地位。现在中国成为世界第二大经济体，开放发展的理念则要求从世界经济大国地位出发，由经济全球化的从属地位转变为主导地位。相应的开放战略需要调整：一方面进一步提升国际竞争力，提高开放型经济的质量和水平。国际分工要由比较优势转向竞争优势，攀升全球价值链中高端。另一方面要积极参与并主导全球经济治理。包括通过"一带一路"、亚投行等路径积极参与全球经济治理，提高我国在全球经济治理中的制度性话语权，发挥在经济全球化中的主导作用。

共享是中国特色社会主义的本质要求，共享发展的理念推动发展目的理论创新，体现以人民为中心的发展思想。马克思当年预见的未来社会是"生产将以所有人的富裕为目的"。[②] 后来的政治经济学明确的社会主义生产目的也是最大限度地满足人民群众的物质和文化的需要。现在提出共享发展的理念，是中国特色社会主义的本质要求。我国实行了多年的允许一部分人先富起来的大政策，充分释放了发展的活力，同时也伴有收入差距的扩大。在此基础上提出的共享发展理念，就是要在发展中共享，在共享中发展，实现改革和发展成果全民共享、全面共享、共建共享。人民群众分享改革发展的成果，得到看得见的利益，在民生改善中有更多的"获得感"。这是进一步深化改革发展的动力源泉所在。贯彻这种发展理念的发展具体体现在：第一，克服"为生产而生产"和片面追求高积累的发展理念，提高人民群众的消费力，突出消费对经济增长的拉动作用，本身就是经济发展的动力源泉。第二，完善基本收入制度，提高居民收入在国民收入分配中的比重。初次分配和再分配都要处理好公平和效率的关系，再分配更加注重公平。第三，基本公共服务均等化，不仅要横向公平还要纵向公平，使低收入群体能平等地享用基本公共服务，共享发展成果。人民群众在民生改善中能够共享改

---

① 马克思：《资本论》第 1 卷，人民出版社 2004 年版，第 874 页。
② 马克思：《经济学手稿（1857—1858）》，引自《马克思恩格斯全集》第 46 卷（下），人民出版社 1980 年版，第 222 页。

革发展的成果，得到看得见的利益。第四，在各种要素按贡献取得报酬的分配体制中，收入的差距主要由各自拥有的包括技术等方面的要素差异所致。为此要解决好在生产要素参与收入分配条件下劳动要素共享发展成果问题。其路径包括通过教育公平等途径缩小各个参与主体所拥有的要素差距，从而使普通劳动者也能得到复杂劳动的收入，同时创造条件让广大居民获得更多的财产性收入，分配结果的差距也可能进一步缩小。第五，共享发展的基础是共建。人民是共享的主体，也是共建的主体。共享发展不能只是指望政府提供。现实中产生的以"互联网＋"所提供的分享经济应该成为共享发展的组成部分。

以上新发展理念分别对经济发展的目的、动力、可持续发展、经济结构和经济全球化方面的理论贡献，涉及现阶段经济发展理论的核心部分。其中每一个理念都有深厚的马克思主义政治经济学的理论基础。因此，新发展理念的提出开辟了中国特色社会主义政治经济学的新境界。

基于社会主义初级阶段的社会主义本质要求，基于中等收入阶段的发展目标将发展和保护生产力结合起来形成系统化的经济发展学说，可以说是中国特色社会主义政治经济学的开创性研究，有重大的理论和现实意义。由此构建的经济发展理论可以充分体现中国特色、中国风格、中国气派。

第一章 社会主义初级阶段的根本任务

科学认识实践中的社会主义及其任务，需要明确身处的社会主义初级阶段。党的十八大报告强调："我国仍处于并将长期处于社会主义初级阶段的基本国情没有变，人民日益增长的物质文化需要同落后的社会生产之间的矛盾这一社会主要矛盾没有变，我国是世界上最大的发展中国家的国际地位没有变。发展仍然是解决我国所有问题的关键。"根据这个基本国情，处于初级阶段的社会主义的根本任务是发展生产力、推动经济发展。

一、社会主义代替资本主义的物质基础

马克思所指出的："无论哪一个社会形态，在它所能容纳的全部生产力发挥出来以前，是决不会灭亡的；而新的更高的生产关系，在它的物质存在条件在旧社会的胞胎里成熟以前，是决不会出现的。"[1] 这意味着社会主义社会的建立，社会主义替代资本主义都有明确的物质基础要求，所谓物质基础也就是生产力发展水平。这里需要明确，社会主义社会可能在经济较为落后国家建立，但社会主义最终战胜资本主义必须要有高于资本主义的生产力发展水平的物质基础。

马克思是从生产力和生产关系的矛盾运动来说明一定社会生产关系的物质基础的。有什么样的生产力，就有什么样的生产关系。尤其是生产工具的作用。就如马克思说，"各种经济时代的区别，不在于生产什么，而在于怎样生产，用什么劳动资料生产"[2]。劳动资料即生产工具是一定经济社会的指示器。形象地说，"手工磨产生的是封建主为首的社会，蒸汽磨产生的是工业资本家为首的社会"[3]。这也就是说，资本主义社会替代封建社会的物质基础是产业革命所推动的蒸汽磨代替了手工磨。同样道理，社会主义社会要能最终替代资本主义社会的

---

[1] 马克思：《马克思恩格斯选集》第 2 卷，人民出版社 1995 年版，第 33 页。
[2] 马克思：《资本论》第 1 卷，人民出版社 2004 年版，第 210 页。
[3] 马克思：《马克思恩格斯文集》第 1 卷，人民出版社 2009 年版，第 602 页。

物质基础，应该是比资本主义更高的社会生产力水平。

马克思在《资本论》中对未来社会的基本特征作出预见性规定后，紧接着就指出，这些规定性的实现，"需要有一定的社会物质基础或一系列物质生存条件，而这些条件本身又是长期的、痛苦的发展史自然产物。"① 这里既指出了新社会需要一定的物质基础，又指出这些物质基础的形成需要长期的历史发展。社会主义的物质基础实际上涉及两个方面：一是社会主义社会建立所需要的物质基础；二是社会主义最终代替资本主义所需要的物质基础。根据"一国胜利学说"，社会主义可以在帝国主义最薄弱的环节、在经济落后的国家首先取得胜利并建立社会主义社会。但社会主义社会最终建成，社会主义最终取代资本主义则需要有比资本主义国家更高的社会生产力水平这一物质基础。

社会主义代替资本主义的必然性可以用生产力和生产关系的矛盾来说明，社会主义社会的完善和发展也要以社会生产力的发展来说明。原因是未来社会是对资本主义社会的积极扬弃，它应该是建立在资本主义制度已经容纳不了自身生产力的物质基础之上，使"新生产形式的物质基础发展到一定的高度，是资本主义生产方式的历史使命"②。

所谓新社会的物质基础，根据马克思的思想，必须是高于资本主义条件下所达到的生产力水平。马克思所认为的发达的资本主义是社会主义入口，也是从生产力发展水平讲的。马克思当时认为，社会主义经济制度与资本主义经济制度是前后相继的两个社会。资本主义生产方式是公有制借以产生的生产力基础。马克思在《共产党宣言》中讲到资产阶级在它的不到一百年的阶级统治中所创造的生产力，比过去一切世代创造的全部生产力还要多，还要大。也就为紧接着的社会主义社会创造了物质基础。

为什么社会主义社会的物质基础是高于资本主义社会的生产力水平？原因是在社会主义社会，人民群众的物质和文化的需求需要得到充分满足。"一方面，社会的个人的需要将成为必要劳动时间的尺度，另一方面，社会生产力的发展将如此迅速，以致尽管生产将以所有的人富裕为目的，所有的人的可以自由支配的时间还是会增加。因为真正的财富就是所有个人的发达的生产力。"③ 自由人联合体的经济活动以促进每个人全面而自由的发展为基本目的。因此，自由人联合体不能只考虑到某些人、某个群体的利益要求，而必须重视每个人从而社会全体成员的利益要求，否则，将违背自由人联合体的"基本原则"。为了满足人民群

---

① 马克思：《资本论》第 1 卷，人民出版社 2004 年版，第 97 页。
② 马克思：《资本论》第 3 卷，人民出版社 2004 年版，第 500 页。
③ 马克思：《马克思恩格斯全集》第 46 卷（下），人民出版社 1980 年版，第 222 页。

众多方面的并且日益增长的需要，要求由生产力的充分发展所创造出来的物质财富绝对充裕。"充裕既包括使用价值的量，也包括使用价值的多样性，这又决定作为生产者的人的高度发展，决定他的生产能力的全面发展。"①

应该肯定资本主义的充分发展为社会主义社会的建立创造了物质基础。这就是马克思说的："发展社会劳动的生产力，是资本的历史任务和存在理由。资本正是以此不自觉地创造着一种更高级的生产形式的物质条件。"② 资本不仅是资本主义社会中一切矛盾的集中体现，又是资本主义社会物质财富积累的助推器。力求无限地增加生产力是资本无限追求发财致富的逻辑结果。资本是通过驾驭生产来实现对利润追求的。资本的成长与国民财富的日益增进是互为条件的。没有国民财富的日益增长就不可能培育出更多的资本，而没有资本的增长和大量存在，国民财富就难以大幅度地实现持续的增进。马克思对资本的肯定在于："资本的文明面之一是，它榨取剩余劳动的方式和条件，同以前的奴隶制、农奴制等形式相比，都更有利于生产力的发展，有利于社会关系的发展，有利于更高级的新形态的各种要素的创造。"③ 虽然在资本主义社会内部不可能产生公有制形式的社会主义生产关系，但它能发展起社会主义生产关系所依托的社会生产力水平。这就是马克思说的："在物质生产力和与之相适应的社会生产形式的一定的发展阶段上，一种新的生产方式怎样会自然而然地从一种生产方式中发展并形成起来。"④ 不过，"一个社会即使探索到了本身运动的自然规律"，"还是既不能跳过也不能用法令取消自然的发展阶段"，但是"它能缩短和减轻分娩的痛苦。"⑤

在马克思看来，发达的资本主义是社会主义的入口，作为入口的生产方式表现在以下方面：

第一是生产社会化程度达到相当的高度。"规模不断扩大的劳动过程的协作形式日益发展，科学日益被自觉地应用于技术方面，土地日益被有计划地利用，劳动资料日益转化为只能共同使用的劳动资料，一些生产资料因作为结合的社会劳动的生产资料使用而日益节省，各国人民日益被卷入世界市场网，从而资本主义制度日益具有国际的性质。"⑥

第二是社会经济结构的变革。"只有资本主义的商品生产，才成为一个划时代的剥削方式，这种剥削方式在它的历史发展中，由于劳动过程的组织和技术的

① 马克思：《马克思恩格斯全集》第26卷（Ⅲ），人民出版社1974年版，第54页。
② 马克思：《资本论》第3卷，人民出版社2004年版，第288页。
③ 马克思：《资本论》第3卷，人民出版社2004年版，第925~926页。
④ 马克思：《资本论》第3卷，人民出版社2004年版，第499页。
⑤ 马克思：《资本论》第1卷，人民出版社2004年版，第9~10页。
⑥ 马克思：《资本论》第1卷，人民出版社2004年版，第874页。

巨大成就，使社会的整个经济结构发生变革，并且不可比拟地超越了以前的一切时期。"①

第三是信用制度的高度发达。"信用制度加速了生产力的物质上的发展和世界市场的形成，使这二者作为新生产形式的物质基础发展到一定高度，是资本主义生产方式的历史使命。同时，信用加速了这种矛盾的暴力的爆发，即危机，因而促进了旧生产方式解体的各要素。"②

第四是股份制经济的发展。其作用，一是在股份公司内，职能已经同资本所有权分离，"资本主义生产极度发展的这个结果，是资本再转化为生产者的财产所必需的过渡点，不过这种财产不再是各个互相分离的生产者的私有财产，而是联合起来的生产者的财产，即直接的社会财产。"③ 二是提供联合的生产方式。"资本主义的股份企业，也和合作工厂一样，应当被看作是由资本主义生产方式转化为联合的生产方式的过渡形式"④。

恩格斯在对马克思关于信用在资本主义经济中的作用部分的增补中，根据当时垄断的发展，发现生产社会化的进一步提高，自由竞争日暮途穷。"在每个国家里，一定部门的大工业家会联合成一个卡特尔，以便调节生产。一个委员会确定每个企业的产量，并最后分配接到的订货"，他从中发现一种趋势："竞争已经为垄断所代替，并且已经最令人鼓舞地为将来由整个社会即全民族来实行剥夺做好了准备。"⑤

将马克思的上述分析归结起来，资本主义经济的发展为社会主义经济制度的建立创造的必要的条件包括：（1）在资本主义条件下高度发展的科学技术、生产力和社会财富，是社会主义经济制度得以建立的重要物质基础。（2）在资本主义制度下发展起来并日臻完善的信用制度是转到一种新生产方式的过渡形式。（3）在资本主义制度下发展起来的股份经济及所形成的垄断，是进入社会主义的重要"入口"。发达的资本主义成为社会主义的"入口作用"就在于马克思说的，"发展社会劳动的生产力，是资本的历史任务和存在理由。资本正是以此不自觉地创造着一种更高级的生产形式的物质条件。"⑥

显然，根据经典的马克思主义理论，社会主义社会是比资本主义社会更高的社会发展阶段，社会主义革命应该在发达的资本主义国家发生。而在实践中，进

---

① 马克思：《资本论》第 2 卷，人民出版社 2004 年版，第 44 页。
② 马克思：《资本论》第 3 卷，人民出版社 2004 年版，第 500 页。
③ 马克思：《资本论》第 3 卷，人民出版社 2004 年版，第 495 页。
④ 马克思：《资本论》第 3 卷，人民出版社 2004 年版，第 499 页。
⑤ 马克思：《资本论》第 3 卷，人民出版社 2004 年版，第 496~497 页。
⑥ 马克思：《资本论》第 3 卷，人民出版社 2004 年版，第 288 页。

入帝国主义和无产阶级革命的时代后，列宁领导的十月社会主义革命率先在经济文化相对落后国家发生并取得成功。我国的新民主主义革命并进而推进的社会主义革命也是在半殖民地半封建的国家发生并取得成功。这表明社会主义可以首先在帝国主义链条最为薄弱的环节取得胜利。尽管如此，列宁还是认为，高于资本主义条件下的劳动生产率是社会主义战胜资本主义的条件。

马克思创立的政治经济学对未来社会基本特征的设想或基本规定性，对后来社会主义国家的实践起了方向性指导作用。但是有两个方面原因需要中国的创造。一方面，马克思当时预见的社会主义经济制度与现实的社会主义实践存在很大的差别。在半殖民地和半封建社会基础上建立起来的社会主义中国，在实践马克思关于社会主义的要求时，就不能教条式地搬用这些规定。另一方面，马克思当时只是规定未来社会基本特征，并没有对未来社会的经济体制作具体规定，这也需要中国创造。这意味着在中国这样的发展中大国建设社会主义，没有现成的理论和经验。需要将马克思主义的基本理论与中国社会主义建设的实际结合，推进马克思主义的中国化，并以中国化的马克思主义来指导中国特色社会主义伟大事业。

以上分析明确了社会主义最终取代资本主义的物质条件是其生产力水平达到并超过资本主义的水平，相应的社会主义入口是发达的资本主义。而在现实中社会主义社会没有一个建立在发达资本主义基础上的，是在帝国主义链条的最薄弱的环节首先取得社会主义革命的胜利。我国是在半殖民地半封建国家取得社会主义的胜利。这就是说，我国具备了建立社会主义社会的基本条件，但是还不能说具备社会主义最终战胜并取代资本主义的物质条件。必须明确，在当代实践中，社会主义和资本主义不是时间先后的，而是空间并存的。与社会主义社会并存的资本主义社会中有相当部分是发达国家，其生产力水平高于并存的社会主义国家。就我国来说生产力水平已经大大超过了旧中国，但还落后于发达的资本主义国家。这意味着社会主义最终战胜资本主义的物质基础没有完全建立起来。社会主义革命可以在经济落后国家取得胜利，但社会主义不能在经济落后国家最终建成。某个社会经济制度可以跨越，但决定制度的生产力发展阶段不能跨越。需要通过发展社会生产力，创造出更高的社会生产力水平来建立这种物质基础。

二、由生产力水平决定的社会主义初级阶段

马克思主义经济学所预见的社会主义经济的生产力水平高于发达的资本主义，因此以此为基础的经济制度和体制特征是：生产资料全社会公有制，以国家

为主导的计划经济，单纯的按劳分配，等等。我国在改革开放以前的经济体制实践了这种理论模式，结果是经济效率低下、人民生活普遍贫困。改革开放一开始以邓小平理论为代表对这种超阶段的社会主义经济模式的反思牵动了对社会主义发展阶段的思考。

从时空观分析，马克思是在资本主义社会研究资本主义，当时还没有出现社会主义国家。他所预见的社会主义经济同资本主义经济是在时间上继起的两个社会。而现时代，社会主义和资本主义空间中并存。在国际上是社会主义国家和资本主义国家并存，在国内是作为主体的社会主义经济与多种所有制经济并存。

从物质基础分析，马克思当时认为，发达的资本主义是社会主义的入口，这与发达的生产力水平相关。而旧中国生产力落后，新中国成立以后，经过社会主义建设，虽然新中国的生产力水平超过了旧中国，显示出社会主义制度的优越性，但科技和产业水平没有达到并超过发达的资本主义国家，这意味着社会主义的物质基础没有完全建立起来。

从发展阶段分析，我国是在半殖民地和半封建社会基础上一跃进入社会主义社会的，没有经历能够促使生产力大发展的发达的资本主义和发达的市场经济阶段。其结果类似马克思当时针对相对落后的国家所说的，"不仅苦于资本主义生产的发展，而且苦于资本主义生产的不发展。除了现代的灾难而外，压迫着我们的还有许多遗留下来的灾难，这些灾难的产生，是由于古老的陈旧的生产方式以及伴随着它们的过时的社会关系和政治关系还在苟延残喘。"① 在新中国成立初期，我国也试图将这些社会主义的生产关系一网打尽，结果是遭到了破坏生产力的惩罚。

根据马克思主义经济学的上述原理和我国的实际，我国进入社会主义社会以后就需要有个初级阶段。这除了由生产力水平决定外，还由资本主义和市场经济的不发展决定的。因此，社会主义初级阶段，它不是泛指任何国家进入社会主义都会经历的起始阶段，而是特指我国在生产力落后，商品经济不发达条件下建设社会主义必然要经历的特定阶段。需要通过这个阶段完成别的国家在资本主义条件下完成的工业化、市场化和现代化的任务。这个阶段起始于社会主义基本制度确立，终结于社会主义现代化实现，生产力水平达到并超过发达的资本主义国家。

既然我国处于社会主义初级阶段是基于现阶段的生产力水平所作出的界定，那么社会主义初级阶段的基本矛盾就是：人民日益增长的物质文化需要同落后的

---

① 马克思：《资本论》第 1 卷，人民出版社 2004 年版，第 11 页。

社会生产之间的矛盾。也就是，生产力发展水平不能满足人民群众不断增长的物质和文化需要。这表明，社会主义革命取得胜利以后的首要任务是发展生产力，而不是继续革命。社会主义的本质就是解放和发展生产力，消灭剥削，消除两极分化，逐步达到共同富裕。这样，社会主义初级阶段的界定，既涉及现阶段生产关系的界定，又涉及生产力的界定。

一是利用社会主义生产关系发展生产力。在社会主义初级阶段居主导地位的是公有制为主体、按劳分配为主体。利用好这两个主体发展生产力突出在两个方面：一方面，公有制为主体，尤其是国有经济为主导，可以提供举国体制做大事，进行跨区域的生产力布局。另一方面，按劳分配为主体，能够使广大的劳动者受益，可以有效地调动劳动者的劳动积极性，并提高劳动效率。

二是根据生产力水平调整生产关系，改革超越发展阶段的生产关系。主要目标是解放生产力增进社会财富，涉及几个方面：第一，所有制结构的调整。在社会主义初级阶段的社会主义不是完全消灭私有制，要在公有制为主体的前提下利用多种私有制经济发展生产力。第二，收入分配结构的调整，在坚持按劳分配为主体的前提下，生产要素按贡献参与分配。放手让一切劳动、知识、技术、管理和资本的活力竞相迸发，让一切创造社会财富的源泉充分涌流。第三，资源配置结构的调整。发展社会主义市场经济，市场对资源配置起决定性作用，同时政府更好发挥作用。这样，许多有利于生产力发展和生产市场化、社会化、现代化的东西不能被当作资本主义的东西，被排除在社会主义现阶段的经济过程之外。对多种所有制经济的着眼点不是不同所有制之间的斗争，不是谁战胜谁的问题，而是寻求共同发展的有效路径。

三是根据生产力的发展规律发展生产力。生产力水平的提高不只是基于生产关系的调整。生产力发展有自身的发展规律。就像马克思在《资本论》中所指出的，决定劳动生产力的要素包括："工人的平均熟练程度，科学的发展水平和它在工艺上应用的程度，生产过程的社会结合，生产资料的规模和效能，以及自然条件"[①]。这是以下所要分析的内容。

三、发展生产力成为初级阶段社会主义的本质要求

从社会主义初级阶段出发，邓小平同志对社会主义本质有一个经典的概括，

---

① 马克思：《资本论》第1卷，人民出版社2004年版，第53页。理论界对生产力要素有两要素和三要素之说，卫兴华教授不认同，他认为生产力要素应该用这里引用的劳动生产力的内容。

这就是"社会主义的本质，是解放生产力，发展生产力，消灭剥削，消除两极分化，最终达到共同富裕"。

社会主义本来属于生产关系的范畴，把发展生产力作为社会主义的本质要求和根本任务提出来，这是针对社会主义初级阶段而言的。面对人民日益增长的物质文化需要同落后的社会生产之间的矛盾。社会主义初级阶段的根本任务是发展生产力，以满足人民群众物质文化需要，发展生产力本身就是发展社会主义。社会主义初级阶段，作为逐步摆脱不发达状态，基本实现社会主义现代化的历史阶段，中心任务是经济发展。

消灭剥削、消除两极分化最终达到共同富裕是社会主义的基本要求，这个要求"逐步达到"，并最终实现，意味着可以在社会主义初级阶段允许一部分地区和一部分人先富起来。但这有个度，如果收入差距扩大超过一个度，出现贫富两极分化，那就不是社会主义了。先富帮后富逐步实现共同富裕是社会主义的本质要求。尤其是近期习近平总书记明确要求："消除贫困、改善民生、实现共同富裕，是社会主义的本质要求，是我们党的重要使命。"[1]

社会主义初级阶段不能只讲发展生产力，应该把解放生产力和发展生产力两个方面讲全了。这就明确了社会主义初级阶段发展中国特色社会主义事业的两大任务。所谓解放生产力，这就是根据我国所处的社会主义发展阶段的特征，推进改革开放，从根本上改变束缚生产力发展的经济体制。对社会主义提出中国特色不是降低社会主义的要求，而是要使现阶段的社会主义制度安排适应生产力发展水平，并有利于生产力的发展。所谓发展生产力，这就是根据社会主义初级阶段的主要矛盾和主要任务，党的中心工作转向经济建设，按生产力发展规律发展生产力，推进中国的现代化。

新中国成立以来我们党在探索社会主义建设道路过程中对发展我国经济提出了独创性的观点，就如习近平总书记总结的：提出社会主义社会的基本矛盾理论，提出统筹兼顾、注意综合平衡，以农业为基础、工业为主导、农轻重协调发展等重要观点。这些都是我们党对马克思主义政治经济学的创造性发展。改革开放以来当代中国马克思主义政治经济学的重要理论成果包括：关于社会主义本质的理论；关于社会主义初级阶段基本经济制度的理论；关于树立和落实创新、协调、绿色、开放、共享的发展理念的理论；关于发展社会主义市场经济、使市场在资源配置中起决定性作用和更好发挥政府作用的理论；关于我国经济发展进入新常态的理论；关于推动新型工业化、信息化、城镇化、农业现代化相互协调的

---

[1]　习近平在部分省区市党委主要负责同志座谈会上强调《人民日报》2015 年 6 月 20 日 01 版。

理论；关于用好国际国内两个市场、两种资源的理论；关于促进社会公平正义、逐步实现全体人民共同富裕的理论；等等。这些重大理论成果对社会主义初级阶段发展生产力具有重大的指导价值。

四、社会主义初级阶段发展生产力的基本任务

根据关于社会主义战胜资本主义的物质基础的界定，以及社会主义初级阶段的界定，发展生产力涉及三大任务：一是现代化；二是市场化；三是对外开放。

现代化就是要实现由传统社会向现代化社会的转型，就是在经济和科技上追赶发达国家。在农业国基础上的现代化包括工业化、城市化和高科技化等方面的转型。具体来说，包括以下转型：由农业人口占很大比重、主要依靠手工劳动的农业国向非农业人口占多数、包括现代农业和现代服务业的工业化国家的转型；由自然经济和半自然经济占很大比重的经济向经济市场化程度较高的市场经济的转型；由文盲和半文盲人口占很大比重、科技教育文化落后的社会向科技教育文化发达的社会的转型；由贫困人口占很大比重、人民生活水平比较低的阶段向全体人民生活比较富裕的阶段的转型。后起的发展中国家有必要遵循现代化的一般规律，走先行现代化的国家所经过的基本道路，但又必须结合本国的国情及新的国际国内经济社会政治环境走出具有自己特色的现代化道路。

关于我国的现代化发展阶段。邓小平提出了现代化建设的"三步走"战略步骤。第一步，解决人民的温饱问题；第二步，到 20 世纪末，国民生产总值比 1980 年翻两番，人民生活达到小康水平；第三步，到 21 世纪中叶，人均国民生产总值达到中等发达国家水平，人民生活比较富裕，基本实现现代化。党的十六大报告又提出全面小康的概念，要求在 21 世纪头 20 年全面建设惠及十几亿人口的小康社会，到 21 世纪中叶基本实现现代化。在现代化建设的第一步目标已经基本实现的基础上，党的十八大以来，以习近平为核心的党中央明确提出了两个一百年奋斗目标："一是到 2020 年国内生产总值和城乡居民人均收入比 2010 年翻一番，全面建成惠及十几亿人口的小康社会。二是到 2049 年新中国成立 100 年时建成富强民主文明和谐的社会主义现代化国家。"①

市场化实际上涉及马克思当年所提出的作为社会主义入口的经济形式，如信用制度、股份经济等。这些可以归结为资本主义条件下所达到的市场化水平。市场经济是发展生产力不可逾越的发展阶段。在今天所讲的就是发展市场经济。对

---

① 2013 年 3 月习近平总书记在"金砖国家"领导人会议上的主旨讲话。

我国来说：一是要打破阻碍生产力发展的自然经济之类的落后生产方式；二是要破除超越生产力发展阶段因而破坏生产力发展的计划经济。发展市场经济，关键是明确市场对资源配置的决定性作用。无论是马克思主义经济学还是西方经济学，共同的结论是，在市场经济条件下，只有市场机制才能实现资源的有效配置，马克思对此的说明是：社会劳动时间在各个部门的有效分配的标准是每个部门耗费的劳动时间总量是社会必要劳动。其实现依赖于价值规律的充分作用，市场机制是价值规律的作用机制。"竞争，同供求比例的变动相适应的市场价格的波动，总是力图把耗费在每有着商品的总量归结到这个标准上来"[①]。西方经济学对此的说明是福利经济学的定律，即每一个竞争性经济都具有帕累托效率，每一种具有帕累托效率的资源配置都可以通过市场机制实现。市场按效率原则竞争性地配置资源，能促使资源流向效率高的地区、部门和企业。

市场决定资源配置有两大功能：一是优胜劣汰的选择机制；二是奖惩分明的激励机制。市场配置资源的基本含义是依据市场规则、市场价格、市场竞争配置资源，实现效益最大化和效率最优化。其现实表现是市场决定生产什么、怎样生产、为谁生产。前提是消费者主权、机会均等、自由竞争、企业自主经营、资源自由流动。显然，转向市场决定资源配置的体制和机制会牵动一系列的改革。

所谓市场决定生产什么，是指生产什么东西取决于消费者的货币选票。市场要起到决定作用，不仅要求生产者企业自主经营和决策，还要求消费者主权，消费者自由选择。生产者按消费者需求，按市场需要决定生产什么，才能真正提供社会所需要的产品。与此相应，就要取消各种政府对企业生产什么的审批。

所谓市场决定如何生产，是指企业自主决定自己的经营方式，自主决定自己的技术改进和技术选择。在充分竞争的市场环境中，生产者会选择最先进的技术，最科学的经营方式，最便宜的生产方法。竞争越是充分，资源配置效率越高。与此相应的体制安排是打破各种保护和垄断，优胜劣汰，生产者真正承担经营风险。

所谓市场决定为谁生产，是指生产成果在要素所有者之间的分配，取决于各种生产要素市场上的供求关系。市场配置的资源涉及劳动、资本、技术、管理和自然资源。各种资源都有供求关系和相应的价格，相互之间既可能替代又可能补充。由此就提出资源配置效率的一个重要方面：最稀缺的资源得到最节约的使用并且能增加有效供给，最丰裕的资源得到最充分的使用。这种调节目标是由各个要素市场的供求关系所形成的要素价格所调节的。要素使用者依据由市场决定的

———————

[①]　马克思：《资本论》第 3 卷，人民出版社 2009 年版，第 214 页。

生产要素价格对投入要素进行成本和收益的比较，以最低的成本使用生产要素，要素供给者则依据要素市场价格来调整自己的供给。与此相应的体制安排是各种要素都进入市场，各种要素的价格都在市场上形成，并能准确地反映各种生产要素的稀缺性，并能调节要素的供求。与此相应的制度安排是生产要素都进入市场。

确认市场对资源配置起决定性作用只是明确我国经济体制改革的新方向，决不意味着一放开市场作用就能实现资源配置的高效率。现代市场经济理论指出了市场经济本身也有缺陷。例如交易费用理论说明了市场交易是有成本的，意味着市场配置资源是有成本的。现实中的市场不只是竞争不充分，也可能存在过度竞争，市场上过度的"血拼式竞争"会导致社会资源的严重浪费和社会的不稳定。信息不完全理论说明了市场的不完全。市场信息不完全既可能导致逆向选择、道德风险、免费搭车、欠债不还等机会主义行为，也可能导致市场劣币驱逐良币的现象。我国的市场经济，就如习近平总书记所说：是由计划经济转型而来，市场体系和市场秩序的混乱现象更为严重，难以实现市场配置资源的有效性。秩序混乱的市场决定的资源配置不可能达到帕累托最优。指出上述市场的不完全和不完善，不是不要市场决定资源配置，而是要求通过一系列的制度安排建设和完善市场秩序，使市场更为有效地对资源配置起决定性作用。就我国现阶段来说，完善市场机制主要涉及三个方面：一是规范市场秩序；二是完善市场体系；三是培育市场主体。

对外开放，实际上是利用国际资源和国际市场发展生产力。马克思创立科学社会主义时面对的资本主义和社会主义是时间上继起的。就是说他当时处在资本主义社会，推导当时还不存在的未来的社会主义经济。而在现实中资本主义与社会主义是在空间上长期并存的两种社会制度，社会主义国家不但年轻，而且没有产生于资本主义发达国家。而资本主义有上百年的历史，几次重大的产业革命和科学技术革命均首先产生在资本主义国家，代表先进社会生产力的经济组织和经济形式也首先产生在资本主义国家，因此服从于发展社会生产力特别是先进社会生产力的目标，社会主义国家需要借鉴和利用资本主义发达国家的先进技术和管理经验，需要积极参与国际经济合作和竞争，尤其是要与包括发达国家在内的资本主义国家竞争。为了增强自身的国际竞争力，需要通过对外开放吸引外国资本的进入，需要采用一切有利于发展生产力的经济形式，哪怕是在资本主义经济中采取的经济形式。而且，中国的经济开放，不仅是打开国门，让我国资本和产品进入，也要走出去，参与国际竞争，不仅是融入还要参与治理全球化经济。

我国前30年的对外开放实际上是以资源禀赋的比较优势融入全球化的。除了扩大进出口外，再就是引进外资。其效果是明显的。我国的开放型经济进行了30多年后的今天谈中国的开放战略，必须注意到以资源禀赋的比较优势嵌入全球化经济的红利明显趋减，资源禀赋的比较优势所产生的积极效应已到尽头。就全球化的态势来说，过去的全球化是由美欧等发达国家主导的，其从全球化中得到的利益更大。2008年爆发世界金融危机以及接着爆发的欧美主权债务危机以来，欧美国家经济处于长期的衰退和低迷状态。与其经济衰退相伴，以美国为代表推行再工业化和保护主义，实际上是逆全球化。与此相反，作为世界第二大经济体的中国扛起了继续推动全球化的大旗。随着"一带一路"战略的实施，中国将以参与全球经济治理的方式推动全球化。参与全球经济治理意味着参与并主导国际经济规则的制定和完善。由中国在经济全球化中的地位改变所决定，开放战略需要由比较优势转向竞争优势，着力培育以技术、品牌、质量、服务为核心竞争力的新优势。现在中国的科技创新已经进入同发达国家并跑和领跑阶段。与此相应，我国企业所处的全球价值链地位也应相应提升，攀升全球价值链中高端，争取在价值链中的主导地位就成为开放发展的新动力。

第二章　中国特色的社会主义现代化

根据科学社会主义创始人马克思的观点，发达的资本主义是社会主义的入口，社会主义社会应该是建立在资本主义制度已经容纳不了自身生产力的物质基础之上的。因此，社会主义社会的物质基础是高于资本主义条件下所达到的生产力水平。但在现实中，进入社会主义社会的国家都是经济科技相对落后的国家，而且在空间上与资本主义国家并存。现在中国达到的生产力水平，已经大大超过马克思当年所处的资本主义国家的水平，也超过了旧中国，但仍然不能说中国的社会主义的物质基础已经建立起来，其中的重要原因是已有的几次重大的科技和产业革命都发生在欧美发达的资本主义国家，由此其生产力达到了更高的水平。已有的社会主义国家都是在经济社会落后的条件下建立起来的，又同这几次科技和产业革命擦肩而过。因此，社会主义的物质基础尚未建立起来，需要利用社会主义的制度优势以现代化为目标，着力发展生产力。到中华人民共和国成立 100 年时建成富强民主文明和谐的社会主义现代化国家。

一、社会主义的现代化

现代化是当代每一个发展中国家的共同目标，但各个国家的现代化的进程是参差不齐的。成功地进行现代化的社会，具有许多相同的特征。这意味着，探求那些使得现代化成为可能的共同条件是大有益处的。后起的发展中国家有必要遵循现代化的一般规律。中国的现代化作为世界现代化进程中的重要组成部分，折射出现代化的诸多共性，反映了现代化过程中的一般性规律。但是，每个国家都有自己的国情和文化，各自的现代化道路也有自己的特色。中国作为处于社会主义初级阶段的发展中国家，尊重现代化的一般性规律，重视从其他国家现代化的成败得失中总结经验和教训。但是，作为一个发展阶段、政治制度、经济体制和文化背景迥异于西方的国家，中国现代化历程不可能是西方现代化的"翻版"，必然渗透着本民族的张力和"中国特色"。

（一）现代化的一般要义

"现代化"这一概念在经济学以外的社会科学学科中使用较多。从历史学的角度来定义现代化，指的是发达国家所经历的从传统到现代、从不发达到发达的历史过程。具体地说，是指人类社会从传统的农业社会向现代工业社会转变的历史过程。从社会学的角度定义现代化，指的是在科技革命推动下社会已经和正在发生的转变过程；不仅涉及经济，还涉及政治、社会、文化、心理等方面的变化。

经济学对现代化的研究并不完全关注其结果的评价指标，更为关注其进程和发展战略。在现代增长经济学和发展经济学中，常常用"现代经济增长"、"起飞"、"经济成长阶段"、"发展"等概念来描述现代化及其进程。

诺贝尔经济学奖获得者库兹涅茨没有直接使用"现代化"的概念，而是用"现代经济增长阶段"的概念。他在考察欧美发达国家近百年经济发展的进程基础上，把对现代经济增长阶段的发展的程度概括为"巨大的结构性变化"。其内容包括：产品的来源和资源的去处从农业活动转向非农业生产活动，即工业化过程；城市和乡村之间的人口比例发生了变化，即城市化过程；一国之中各个集团的相对经济地位发生了变化；产品在居民消费、资本形成、政府消费之间的分配发生了变化。他也注意到，在现代经济增长的进程中，技术、社会和时代精神变化之间的相互关系显得特别重要。没有制度上的变革，不可能产生科学在技术上的应用。

美国经济学家罗斯托的经济成长阶段论直接使用了"经济现代化"的概念。他界定：一个国家从贫穷走上富有，从传统走上现代，分为六个阶段：（1）传统社会。（2）为起飞创造条件的阶段。（3）起飞阶段。（4）向成熟推进阶段。（5）高额群众消费阶段。（6）追求生活质量阶段。其中，起飞阶段是传统社会与现代社会的分水岭。在经过起飞阶段以后的三个阶段的各个特征尽管有时间先后显示，但都可以看做是进入经济现代化阶段后的各种表现。例如，"向成熟推进阶段"是指现代技术在各个经济领域中广泛使用，实现经济长时期的持续的增长。"高额群众消费阶段"是指资源越来越倾向于被引导到耐用消费品的生产和大众化服务的普及。"追求生活质量阶段"涉及自然（居民生活环境的美化和净化）和社会（教育、卫生保健、交通、生活服务、社会风尚、社会秩序）两个方面：一方面，与医疗、教育、文化娱乐、旅游有关的服务部门加速发展，成为主导部门；另一方面，认真处理和解决环境污染、城市交通拥挤和人口过密等问题。

以上所述的各种关于现代化的定义都是以发达国家的现代化进程为蓝本的。其走过的道路对后起的发展中国家推进现代化有一定的参考价值，其所达到的现代化水平也成为发展中国家现代化的参照系。就像马克思在《资本论》中所说："工业较发达的国家向工业较不发达的国家所显示的，只是后者未来的景象。"①但是，对经济文化相对落后的发展中国家来说。现代化就是追赶先行现代化国家的过程。基本实现现代化以中等发达国家为追赶目标，全面现代化则要以高度发达国家为追赶目标。

观察发达国家的现代化进程，可以发现，现代化已有了三次浪潮，每次现代化浪潮都是由产业革命或科技革命推动的。18 世纪后期，以蒸汽机的使用为标志的第一次产业革命推动了第一次现代化浪潮，英国搭上了这班现代化列车，成为现代工业的中心，然后其工业化浪潮向西欧扩散，把西欧国家卷入现代化浪潮。第二次产业革命发生在 19 世纪下半叶至 20 世纪初，以电力和钢铁为标志。它所推动的第二次产业革命推动了第二次现代化浪潮。年轻的美国搭上了这班现代化列车，一跃超过英国成为最发达的现代化国家。前两次现代化浪潮都将落伍的国家沦为殖民地和半殖民地。第三次现代化浪潮发生在第二次世界大战结束以后，一方面继续延续第二次产业革命的成果；另一方面产生了以电子信息为代表的新科技革命。这次现代化浪潮影响之大和作用之深是前所未有的。在亚洲，先是日本，紧接着韩国、新加坡等国搭上了现代化的列车。与此同时，先行现代化的美国和西欧国家又在电子信息革命的推动下，现代化水平达到了新的高度。

中国之所以在经济和文化上长期落后，重要原因是几次直接影响世界现代化进程的产业革命没有产生在中国，或者说中国这几次没有搭上现代化的列车。马克思在一百多年前写的《资本论》就将中国落后的生产力水平与英国作了比较：使用一架强有力的自动机劳动的英国人一周产品的价值与只使用一架手摇纺车的中国人一周的产品的价值有着大得惊人的差别。当时是第一次产业革命以后的状况，后来的第二次产业革命中国也没有赶上。中国的生产力水平进一步落伍。因此，现代化只能是存在于中国人的梦想中。

根据 2016 年 G20 杭州峰会通过的《二十国集团创新增长蓝图》，当前世界范围的新产业革命表现在两个方面：一是新工业革命为工业特别是制造业及其相关服务业转变生产过程和商业模式、推动中长期经济增长提供了新机遇。物联网、大数据、云计算、人工智能、机器人、增材制造、新材料、增强现实、纳米技术和生物技术等很多新兴技术取得重大进展。这些技术进步正推动智能制造、个性定制、协同生产和其他新型生产方式和商业模式的发展。二是互联网经济时代的数字经济。数字经济是指以信息和知识的数字化为关键生产要素，以现代信

① 马克思：《资本论》第 1 卷，人民出版社 2004 年版，第 8 页。

息网络为重要载体、以有效利用信息通信技术为提升效率和优化经济结构重要动力的广泛经济活动。

顺应现代化的新浪潮，中国需要搭上现代化的列车。要搭上现代化的列车，就需要采用最新现代技术：不仅要利用第二次产业革命的信息化成果，还需要研发并采用当前的新工业革命产生的新技术，如智能化、数字经济。过去几次现代化浪潮都是与中国擦肩而过的，这次绝不能失之交臂。否则，永远赶不上发达国家，更谈不上现代化了。

正如库兹涅茨所分析的，在现代增长阶段，创新的知识和技术可以在世界范围进行全面传播。一个国家经济的增长日益受到别国新知识和新技术的影响。较晚进入现代经济增长阶段的国家，可以选择和利用的世界知识和技术的存量丰富，因而有可能有较高的经济增长率，其现代化所需的时间也不需要先行现代化国家那么长。这是后发国家的后发优势。关键是后起国家要具备相应的学习和利用世界创新的知识和技术的机制。因此，发展中国家的对外开放参与全球化经济是后发国家现代化的必经之路。

（二）现代化的社会主义要求

中国经过 30 多年的改革开放以及进行的全面小康社会建设，实际上与其他新兴工业化国家一道进入了现代化的轨道。首先，所有现代化理论都有一个共识，就是先有社会制度的改革和创新，才会有技术创新及相应的现代化进程。中国以社会主义市场经济为方向的改革实际上为经济起飞和现代化铺就了"跑道"。其次，中国经过 30 多年的改革开放取得了突飞猛进的经济成就。GDP（国内生产总值）总量 2010 年达 40.1 万亿人民币（5.88 万亿美元），成为世界第二大经济体。2011 年，人均"GDP"35083 元（5432 美元），进入中等收入国家行列；农业比重降到 10.1%；工业比重达 46.8%，已经从农业国变为工业国；城市化率达到 51.27%，进入城市化中期。与此同时，以人民生活水平衡量，不仅告别了温饱阶段，总体上达到小康水平，部分地区实现了全面小康，到 2020 年全国将达到全面小康社会水平。在此条件下，开启现代化的进程是历史的必然。

中国的现代化涉及经济、社会、文化各个方面，但中国的现代化需要以经济现代化作为先导，然后渐次拓展。先解决人民的物质富裕，然后解决人民的精神富裕，从而使现代化的进程由经济向政治、生态、社会多个维度延伸。这也符合马克思当年的设想：只有在生产力发展了，才能给所有的人腾出时间，并创造出手段，让个人在艺术、科学等方面达到发展。

中国的现代化，既要体现世界现代化发展的一般特征，更要突出社会主义特征。尤其是社会主义突出社会公平与正义，这个要求理应体现在现代化的进程中。

先行现代化国家在现代化进程中普遍出现了贫富差距进一步扩大的问题。这被称为现代化的社会代价。库兹涅茨在《现代经济增长》一文中指出了某些表现：城市化造成的生活条件的变化，显然包含有各种各样的损失和收益；从乡村迁往城市，要承受巨大的损失；学习新的技能并失去过去所掌握技能的价值，是一种浪费；结构调整会使农民、小生产者和土地所有者地位下降；现代化会导致利益结构的调整，一些群体过去存在的相对地位如果持续地处于动荡中，便孕育着冲突；等等。因此，所有的推进现代化的国家都会面临着防止和克服现代化的摩擦和冲突的任务。马克思当年所揭示的资本主义积累的规律就是，一极是财富的积累，另一极是贫困的积累。这也可以说是资本主义现代化的规律。基于这些，库兹涅茨又指出："既然为了现代经济增长不得不把由于经济和社会结构的迅速变化而不断产生的冲突在萌芽状态中加以解决，那么，现代的经济增长便可以说是有控制的革命过程。"[①]

面对这种状况，不少发展经济学家提出了发展是否值得的疑虑。收入差距过小，平均主义的分配会牺牲效率，延缓经济增长；收入差距过大，贫富悬殊，会导致有增长而无发展，最终也是牺牲效率。因为个人的满足并不仅仅取决于绝对收入，同时也取决于他和其他人收入的相对水平。持续不等的收入增长率会引起社会的紧张，经济的增长会受到处于相对贫困地位的集团和阶层的抵触。要特别注意，在人均 GDP 处于低水平时，如果收入差距过大，最低收入组的收入不能满足基本生活需要，不可避免地会产生社会冲突，从而成为现代化的障碍。

1987 年，邓小平在部署中国现代化建设发展战略所明确的中国基本实现现代化的标准，不仅要求人均 GDP 达到中等发达国家水平，还要求人民生活比较富裕。富裕，无疑包括人民收入水平的大幅度提高。除此以外，还涉及以下几个方面：一是居民家庭财产明显增加，居民的财产性收入随之增加。二是居民享有的公共财富明显增加，特别是社会保障覆盖面扩大，城乡基本公共服务均等化。三是居民消费水平明显提高，这是人民富裕程度的集中表现。

中国是社会主义国家，共同富裕是社会主义的本质特征。发动经济增长时允许一部分人先富起来，很大程度上解决了发展的动力。现在推进现代化，就要明确提出缩小收入差距的要求，由允许一部分人先富起来转向大多数人富裕起来。人民群众在每个发展阶段都要能够共享发展的成果。尤其是农民，享受城市文明的程度就成为现代化的重要评价指标。为了实现共同富裕，要关注城乡一体化和

---

① ［美］库兹涅茨：《现代经济增长》，引自《比较现代化》，上海译文出版社 1996 年版，第 280 页。

区域协调发展，关注达到中等收入的人口比重，关注社会保障普及率，避免平均数掩盖的收入差距。

社会主义现代化体现以人为本，更加突出发挥社会每个成员的潜能，更加突出每个人都能获得全面的发展。人的自由的全面发展，就是人的现代化。人的现代化，指的是人的身体素质、文化素质、道德素质达到现代化水平。人是现代化的主体，现代化最终是由人来推动的；如果人的素质没有达到现代水平，也就不可能有现代化。

人的现代化对经济现代化具有决定性意义。首先是人的观念与现代技术的关系。1974 年度诺贝尔经济学奖得主缪尔达尔（K. G. Myrdal，1898～1987）提出了人的"现代化的思想"问题。他说："测验一个国家的先进程度，就看它利用现代技术到什么程度。现代技术不是得到和使用一种工具问题。现代技术跟随现代思想而出现。你不能以古代的思想去掌握现代工具。"① 其次是人的道德素质与现代文明的关系。市场经济以追求个人利益为基础，但不意味着所有的社会利益和社会责任都是在人们追求自身利益中达到的。许多社会利益和社会责任应该成为人们主动追求的目标，这就与人们的道德素质和文明程度相关。遵守共同的道德准则，有共同的道德观和价值观这是现代人的基本素质。

一般来说，人的道德素质与人的受教育程度相关。正如发展经济学家森德鲁姆所说："现代经济行为的扩散和人吸收现代技术的能力，并以教育、社会基础和制度为基础。根据这个观点，一个社会，它的成员的教育程度较高，它提供的基础结构较大，它的经济制度较好，能鼓励现代技术的学习与运用，它才能认为是较发达的社会。"② 显然，发展教育，提高全民族的文化水平，推动人的现代化是现代化的必要过程。正如马克思所设想的未来社会，不仅需要社会生产力的高度发展，存在可以自由支配的时间，用于创造科学、艺术等活动，也需要生产劳动同智育和体育相结合，造就全面发展的人，还需要发展支持人的全面发展的文化、教育和科学。因此，在经济发展的基础上充分重视社会发展，是中国特色的现代化的应有之义。

二、中国现代化的追赶目标

中国作为发展中国家，追赶发达国家现代化水平的目标涉及两个方面：一是

---

① ［瑞典］缪尔达尔：《亚洲的戏剧》，引自《经济发展思想史》，商务印书馆 1999 年版，第 199 页。
② ［美］森德鲁姆：《发展经济学：分析和政策的框架》，引自《经济发展思想史》，商务印书馆 1999 年版，第 201 页。

参照系的选择应该分阶段，基本实现现代化是追赶中等发达国家（如韩国），全面现代化则是追赶发达国家（如美国）。二是被追赶国家所达到的现代化水平，涉及科学技术、经济结构、人口素质等方面的水平。这个水平是动态的，不是静态的。例如，邓小平在1987年提出的基本实现现代化，是以中等发达国家作为追赶目标。由于发达国家经济也在发展中，发展中国家的现代化目标和参照系也是动态的，因此，中国现代化的追赶目标既不能定格在1987年的中等发达国家所达到的现代化水平，也不能定格在这些国家当年进入现代化国家行列时的水平，应该是以这些国家现代化的最新水平作为参照系。经典的现代化理论曾经把工业化和城市化作为现代化水平的主要标志。中国的这一发展水平基本上在全面小康社会建设阶段就可完成。现代化应该有更高的参照系。其发展的内容，不仅涉及工业化、城市化，还涉及信息化和绿色化。

（一）现代化的关注点

长期以来，人们对现代化水平的评价往往偏爱数量指标，尤其是人均GDP指标。不可否认，人均GDP大致反映一国的经济增长水平和能力。世界银行以国民人均年收入为主要标准。根据2013年7月的核定标准：人均国民总收入达12616美元属于高收入国家；低于1035美元为低收入国家；4085美元则为中上和中下收入国家的分界线。而高收入国家一般被认为是现代化国家。目前，全世界范围内有近50个高收入国家。中国2013年为6767美元，2016年过了8800美元。处于上中等收入国家水平。这样，中国在人均GDP上的追赶目标可以分两个阶段：先是基本实现现代化，以人均GDP达到中等发达国家水平为追赶目标。在基本实现现代化后，则要以高收入的发达国家为追赶目标。

人均GDP指标在衡量经济增长时存在着功能性缺陷：第一，它不能反映生产成果的结构，因而不能反映人民群众对多方面需要的满足程度；第二，它不能反映为取得这些成果付出的代价，包括人力、物力及各种各样"牺牲"的代价；第三，它不能反映增长成果的分配，哪些人在增长中得到更大的利益和共同富裕的程度。增长不等于发展。社会主义现代化不只关注增长指标，更为关注长期发展的能力，更为关注人民群众在现代化中的获得感。按此要求，社会主义现代化的内容涉及以下四个方面：

一是人民生活富裕。邓小平同志1987年部署的我国现代化建设发展战略时所明确的我国基本实现现代化标准，不仅要求人均GDP达到中等发达国家水平，还要求人民生活比较富裕。现代化既要发展生产力，又要培育消费力。人民群众消费水平达到现代水平是现代化的标志。为了满足人民群众多方面的并且日益增长的需要，就要求由生产力的充分发展所创造出充裕的物质财富。充裕既包括使用价值的量，也包括使用价值的多样性，这又决定作为生产者的人的现代化水平，决定人的全面发展。联合国开发计划署编制的人类发展指数，从健康长寿、教育水平、体面生活三大维度衡量经济社会发展水平。据 2011 年世界银行资料，人类发展指数的整体数值，美国为 0.936，与澳大利亚并列第二；韩国为 0.907，在世界上排名第 12 位，仅次于日本和加拿大，均属于"极高人类发展指数"国家之列。中国为 0.695，世界排名第 89 位；而现代化水平较高的中国苏南地区的人类发展指数为 0.813，恰好为"极高人类发展指数"国家的下限，与世界排名第 43 位经济体的水平相当。可见在人民幸福方面，社会主义的中国还有较大的发展空间。

二是产业结构现代化。对发展中国家来说，现代化是经济结构剧烈变革的过程，突出表现在三个方面：第一，克服城乡二元结构。目前，中国农业还是现代化的"四化同步"的短板，农村还是建成小康社会的短板。根据"木桶"原理，现代化的整体水平最终是由"短板"决定的。在历史进程中，工业化可能会丢弃"三农"，而现代化就不能丢弃"三农"。现代化的核心问题是克服二元结构，包括城乡二元结构、工农业二元结构，使农业和农村进入一元的现代化经济。现代化则需要从根本上克服农业的弱势状态，改变农村的落后状态，提高农民的发展水平。第二，三次产业结构的转型升级。随着现代化国家先后进入高额群众消费和追求生活质量阶段，三次产业中服务业比重明显提高，中等收入国家普遍过了50%，高收入国家则达到 70% 的水平。例如，韩国达到 58%，中国的服务业2016 年才接近 52%。这意味着，中国的服务业需要有大的发展。第三，制造业的现代化。虽然中国的制造业中大部分产品居世界第一，但现代部门产品并不都占优势。例如，美国是在飞机制造、特种工业材料、医疗设备、生物技术等高科技领域占据更大份额，中国是在纺织、服装、化工、家用电器等较低的制造业科技领域享有领先地位。即使是高科技产业，相当部分还不掌握核心技术和关键技术。这意味着，现代化过程在中国将是现代部门快速增长并成为主导和支柱产业的过程。

三是科学技术现代化。2013 年 7 月 17 日，习近平在中国科学院考察工作时指出："现代以来，西方国家之所以能称雄世界，一个重要原因就是掌握了高端科技。真正的核心技术是买不来的。正所谓'国之利器，不可以示人'。只有拥有强大的科技创新能力，才能提高我国国际竞争力。"科学技术现代化有两个层次：第一，科学技术本身的现代化；第二，生产和服务领域掌握现代科学技术。这是现代化的基础和推动力。库兹涅茨在描述现代经济增长特征时特别关注科技创新：“知识和技术的创新是任何重大经济增长的前提。但是在现代的经济增长中，这种创新的频率显然快得多了，并且为速度更高的总体增长提供了基础。”①在创新的时代，发展中国家的现代化不是一般意义上的技术进步，更不是采用在发达国家已经过时的技术。对发展中国家来说，面对先行国家创新的现代科学技术，其现代化的一个必要途径是分享和利用国际最新科学技术。也就是学习和直接利用国际性技术和社会知识的问题。就像现在发达国家进入了以信息技术和智能化产业为代表的阶段，中国现在的经济发展就应直接瞄准国际最新技术，以信息化智能化带动工业化，实现跨越式发展。但是，只是学习和利用国外最新技术是不够的。现在我们已经同发达国家进入同一创新起跑线，科学技术现代化还是要立足于自主创新。从现代化角度界定的科技进步，突出的是科学的应用，高科技的产业化。创新高科技和高科技产业化已经成为科学技术现代化不可分割的两个方面。中国正在实施的创新驱动发展战略就是以科技创新来驱动现代化。

四是社会发展水平现代化。现代化不只是体现在经济现代化，同时也要在社会发展方面体现出来。中国确定的建成全面小康社会标准中就有两个社会发展指标：人人享有基本医疗卫生服务，教育率先基本实现现代化。从社会现代化角度，与参照系国家进行比较，中国还有明显的差距：第一，城市化率，美国已达82%，韩国达83%，中国才达57.35%（2016年）；第二，人均预期寿命，美国达78.64岁，韩国达80.87岁，中国为75岁（2014年）；第三，每千人拥有医生数，美国为2.7人，韩国为1.7人，中国为1.8人；第四，高等教育毛入学率，美国为82%，韩国为96%，中国为40%（2016年）；第五，研发投入占“GDP”的比例，美国为2.79%，韩国为3.70%，中国为2.1%（2015年）；第六，单位GDP二氧化碳排放量，美国4.1吨/万美元，韩国4.8吨/万美元，中国8.0吨/万美元；第七，基础设施，以高速公路里程为例，美国达88700公里，韩国达3215公里，中国为85323公里，尽管中国与美国基本持平，但按国土面积和人口数平均，差距仍然很大。随着中国现代化建设的深入，社会发展现代化将越来越成为现代化建设的重点。

现代化的目标是动态的。由于发达国家的经济也在发展中，发展中国家以某个发达国家的经济发展水平作为现代化的参照系，其参照系也应是动态的，现代化目标必须是分阶段的；因此，现代化更为重视其过程意义上的规定，即将“化”看做是过程。

---

① ［美］库兹涅茨：《现代经济增长》，引自《比较现代化》，上海译文出版社1996年版，第281页。

（二）两个"一百年"发展目标

我国在 20 世纪末基本实现小康社会后，提出了新世纪的"三步走"发展目标：第一个十年实现国民生产总值比 2000 年翻一番，使人民的小康生活更加宽裕，形成比较完善的社会主义市场经济体制；再经过十年的努力，到建党一百年时，全面建成小康社会，使国民经济更加发展，各项制度更加完善；到 21 世纪中叶新中国成立一百年时，基本实现现代化，建成富强、民主、文明的社会主义现代化国家。

在新世纪第一个十年发展目标顺利完成后，我国的发展目标进一步明确界定为"两个一百年"的发展目标。习近平同志提出中华民族伟大复兴的"中国梦"之后，"两个一百年"的发展目标就与中华民族伟大复兴的"中国梦"统一起来。这是因为，"中国梦"的本质，就是国家富强、民族振兴和人民幸福。"两个一百年"的发展目标，就是实现"中国梦"的两个不同发展阶段。

第一个"一百年"发展目标，即建党一百年时（2021 年前后）的发展目标，是全面建成小康社会。其在经济发展方面的基本要求是：在转变经济发展方式取得重大进展，在发展平衡性、协调性、可持续性明显增强的基础上，实现国内生产总值和城乡居民人均收入比 2010 年翻一番。经济体制改革在重点领域和关键环节取得决定性成果，形成系统完备、科学规范、运行有效的制度体系，使各方面制度更加成熟、更加定型。科技进步对经济增长的贡献率大幅上升，进入创新型国家行列。工业化基本实现，信息化水平大幅提升，城镇化质量明显提高，农业现代化和社会主义新农村建设成效显著，区域协调发展机制基本形成。对外开放水平进一步提高，国际竞争力明显增强。全球经济治理参与度大幅提高，提高我国在全球经济治理中的制度性话语权。

第二个"一百年"发展目标，即在新中国成立一百年时（2049 年前后）的发展目标是建成富强、民主、文明、和谐的社会主义现代化国家。在经济发展方面的具体指标主要有：人均 GDP 达到中等发达国家的水平。由于我国人口众多，人均 GDP 达到中等发达国家水平，意味着我国的经济实力和综合国力、国际地位和国际影响力将得到极大提升。基本实现农业现代化；工业化与信息化高度融合，实现新型工业化；新兴战略产业和高新技术产业成为支柱和主导产业，产业技术和竞争力达到世界先进水平，成为科技强国；服务业在三次产业中所占比重达到 70% 左右，服务业部门中的现代服务业在国际上更具有竞争优势。人民生活更加富裕幸福。居民收入达到中等发达国家的水平，居民收入差距大幅缩小，共同富裕目标基本实现；教育、卫生保健、文化、体育、娱乐、生活服务、社会治安得到快速发展，人民生活质量显著提高。资源节约型、环境友好型社会基本成型。新能源和清洁能源产业快速发展，能源结构转向环境友好型；资源节约型、环境友好型技术达到世界先进水平，资源消耗和碳排放大幅下降。现代化进程从经济向政治、社会、文化、生态等多方面扩展，最终实现全面的现代化。

全面建成小康社会和基本实现现代化，是我国在实现中华民族伟大复兴"中国梦"进程中两个不同的发展阶段。这两个前后继起的发展阶段，都统一于实现中华民族伟大复兴"中国梦"的进程中。全面建成小康社会为基本实现现代化奠定坚实的基础和条件，成为重要的历史新起点；基本实现现代化是全面建成小康社会的升级版，是我国实现现代化的攻坚期、关键期。

全面建成小康社会，标志着我国经济社会彻底摆脱了贫穷落后，国家经济实力和综合国力显著提升，全体人民过上了幸福美满的小康生活。但这时我们还应清醒地认识到，我国的经济实力和综合国力与发达国家相比还存在相当大的差距，人均收入还排在世界后列，工业化、城市化、信息化和农业现代化还远没有实现。因此，这时我国仍处于社会主义初级阶段的基本国情没有变，人民日益增长的物质文化需要同落后的社会生产之间的矛盾这一社会主要矛盾没有变，我国是世界最大发展中国家的国际地位没有变。这就要求我们在任何情况下都要牢牢把握社会主义初级阶段这个最大国情，推进任何方面的改革和发展都要牢牢立足社会主义初级阶段这个最大实际。

全面小康与基本实现现代化是中国特色社会主义现代化建设过程中互相联系、前后衔接、由低到高的两个不同的发展阶段。全面小康社会上承温饱社会，下启基本实现现代化，是社会主义初级阶段中一个人民丰衣足食、生活较为富裕的历史时期。全面小康是初步现代化，是实现现代化的第一个阶段；基本现代化是中度现代化，是实现现代化的第二个阶段。

全面小康有中国特色，现代化不仅有中国特色还有国际标准。基本现代化是在全面小康基础上提出的更新更高更强的奋斗目标，是一次新提升和新跨越。人均 GDP 达到中等发达国家水平即基本现代化，它是实现基本现代化的基础。

全面小康满足人民的经济要求，基本现代化突出满足人民的幸福感。人民的幸福感不仅仅要看收入，还有文化、精神、健康等多方面的需求。这些需求，需要在实现现代化阶段满足。对社会主义现代化来说，无论是哪些现代化指标都要以人民的富裕幸福作为出发点和落脚点。

基本现代化不是简单的延续全面小康社会建设的要求，相对于全面小康社会现代化不是数量上的简单扩大，而是质的飞跃和提升。社会发展的要求，人的现代化要求的实现在全面小康阶段不可能成为重点，而在基本现代化阶段越来越成为重点。

三、"四化同步"的现代化道路

现代化是人类社会发展的必然趋势，现阶段的现代化是基于全球化、工业化、信息化、城镇化推动的。现代化本身是一个不断运动的过程，现代化的水平是不断提升的，内涵是不断丰富的。对于发展中国家而言，现代化是以发达国家作为参照系的。在不同的发展阶段、不同的国家有不同的发展道路，也会打上不同社会制度的烙印。中国特色的社会主义现代化，无论是其目标内涵还是道路选择都需要探索。既要发挥自己的后发优势，又要避开先行现代化国家所走过的弯路，走出一条有别于西方的中国特色的现代化道路。

（一）文明发展的现代化道路

文明发展道路简单地可概括为：生产发展、生活富裕、生态文明。

发达国家走过的现代化历程，往往伴有现代病：两极分化，城市拥挤，农村凋敝，环境污染，等等。作为社会主义的现代化，一开始就要防止和克服这些现代病。

先行现代化国家在过去的一百多年中推进工业化时，地球上有很大一部分还处于传统农业社会，是其附属国或殖民地，先行国家可以无所顾忌、无障碍地掠夺国外资源来支持其粗放方式的工业化。而现在，发展中国家作为后起的国家已经没有先行国家当时那种资源环境，不仅是物质资源的供给严重不足，环境资源的供给也受到严厉的约束。作为后发国家，中国的现代化过程不能走西方国家所走过的浪费和掠夺资源的现代化道路，必须走低消耗、低排放的新型工业化道路。蓝天白云、青山绿水是老百姓能够切身感受到的现代化水平。

中国的现代化进程需要解决好可持续发展问题。只有在资源得到充分而有效的利用、环境污染得到有效的控制、劳动者的闲暇时间增加的基础上实现的增长才是有价值的。中国在发展初期采取过掠夺性增长方式，虽然在全面小康社会建设中已经注意到可持续发展问题，但长期的过度开发所遗留的环境和生态破坏问题必须推进现代化阶段解决。其基本要求是，把生态文明建设融入经济建设、政治建设、文化建设、社会建设各方面和全过程。在空间格局、产业结构、生产方式、生活方式等源头上扭转生态环境恶化趋势，推进生态现代化的进程。由此提出的可持续发展，就是寻求一条新的发展道路，既满足当代人的福利又不损害子孙后代福利的发展的可持续发展的道路。需要转变经济发展的模式，最为突出的是改变传统的片面追求产值、偏重工业偏废农业的发展模式。改变在 20 世纪西方国家现代化过程中为极大地提高生活水平的以矿物燃料为基础、一次性物品充斥的西方工业模式。

中国特色的现代化需要全面协调。现代化涉及方方面面。根据不平衡发展的原理，在全面建设小康社会时，不可避免会产生某个（某些）方面的建设超前、某个（某些）方面相对滞后的状况，一般都是经济建设快于其他方面。在达到全面小康社会水平后推进现代化，就需要针对这些"短板"进行重点建设，实现各个方面建设的相互协调。经济建设、政治建设、文化建设、社会建设、生态文明建设"五位一体"总体布局，同时也是现代化建设的总体布局。既然是"五位一体"，就意味着这五大建设必须全面推进。

经济现代化涉及工业化、信息化、城镇化、农业现代化。中国特色的社会主义现代化道路是这"四化"同步的现代化。

（二）新型工业化和信息化的融合

所有的先行现代化国家的现代化进程，无一例外都是从工业化起步的。就如马克思当年指出的，18 世纪后半期的蒸汽机和棉花加工机的发明推动了产业革命，产业革命同时又引起了市民社会的全面变革。这就是由工业革命所发动的现代化。现在发达国家都是工业发达的国家，尽管一些发达国家农业有较大比重。因此已有的现代化理论都明确认为，现代化的实质就是工业化。可以说，由工业化走向现代化，无论是东方国家还是西方国家都是必由之路。

我国原先是农业大国，先后经过 20 世纪 50 年代的国家工业化和 80 年代开始的农村工业化，到 2010 年，在 GDP 总量达到世界第二的同时，农业比重降到 10.1%，工业比重达 46.8%，标志着从农业国变为工业国。从世界制造业市场份额来看，2012 年全球出口产品市场占有率居第一的产品有 1485 个，总量居世界之首。但不能说我国的工业达到现代化了，我国工业与发达国家的差距突出表现在以下两个方面：一是工业的科技含量和档次低；二是制造业产品中，"中国创造"部分少，品牌也是用外国的多，这意味着中国制造业处于价值链的低端，附加价值不高。

我国进一步的工业化和工业现代化需要走一条新型的工业化道路。新型有两个含义：第一相对于我国原有的粗放的、资源消耗型的工业化道路是新型的；第二相对于西方发达国家走过的掠夺资源的工业化道路是新型的。新型工业化的内涵是：科技含量高、经济效益好、资源消耗低、环境污染少、人力资源优势得到充分发挥的新型工业化道路。

新型工业化的实质是转变经济发展的模式。最为突出的是两个方面：一是提高科技含量。依靠最新科学技术不仅可以使工业化水平一下子进入国际前沿，同时可以以其对物质资源的替代和节省，实现低物质消耗，以其带来的清洁生产而降低污染；而且依靠高的科技含量可以获取高的附加价值。二是建立现代产业体系。在现代，竞争力从而现代化水准是以产业为度量单位的。国家的竞争力在于其产业创新与升级的能力。因此，一个国家和地区的竞争优势，是发展该时代处于领先地位的新兴产业，形成具有自主创新能力的现代产业体系。所谓现代产业体系，基本特征是结构优化、技术先进、清洁安全、附加值高、吸纳就业能力强。

现在的工业化正在进入信息化阶段。信息化是充分利用信息技术，开发利用信息资源，促进信息交流和知识共享，提高经济增长质量，推动经济社会发展转型的历史进程。在美国等发达国家，信息和网络技术、信息和网络服务正在成为经济发展的主要推动力，也正在使工业等产业的技术基础发生革命性变化。新经济时代的主导和支柱产业是以信息技术产业为代表的新兴的高科技产业，即以电子信息技术为领头的集计算机技术、通信技术、光电子技术、人工智能技术、机电控制技术于一体的高科技群。现阶段的信息化已经发展到移动互联网化，即人们所讲的"互联网 +"和人工智能的时代。

在世界现代化的历史进程中，先有工业化后有信息化，信息化是继工业化后的现代化新阶段，因而有工业化和信息化两次现代化之说。我国当前所推动的现代化不能把工业化和信息化两者截然分开。信息化是工业化的更高阶段，工业化与信息化融合（在实践中称为"两化融合"），信息化带动工业化，就可以实现工业化的跨越式发展。

信息化的产业特征是信息技术产业，绝不意味着信息化就只是发展信息技术产业，严格地说是发展以信息技术产业领头或者说是以信息技术为基础的高科技产业。在经济全球化的背景下，高科技产业有国际标准，即国际合作组织（OECD）的标准：一方面，计算机、电子、通讯、新材料、生物工程等新兴产业是知识经济时代具有特征性意义的高科技产业；另一方面，知识密集的服务部门发展非常迅速。特别要注意到，移动互联网的广泛应用，产生的"互联网 +"平台不仅创新了新产业，而且使许多传统产业部门一跃进入现代产业体系，突出在以下方面：

首先是到了信息社会，信息和大数据成为最关键的战略资源，将被转化为现代的智力工具。以"制造业数字化"为核心的科技革命，是要研制和应用智能计算机和智能机器人，实施生产的自动化、智能化。因此，信息技术的研发水平和信息产业的发展规模直接影响我国的现代化水平。

其次是依靠信息技术推动产业创新，推动高科技产业化。信息化的内涵包括建立在最新信息技术基础上的产业创新。当前工业现代化的一个重要内容是推进高科技产业化。不仅要在现有产业中采用高科技，提高产业的高科技含量，更为重要的是直接发展一部分高科技产业，如微电子产业、信息产业、生物工程产业、新材料产业，等等。这些战略性新兴产业，实际上都离不开信息和互联网技术。

最后是以信息技术全面改造传统产业，提高全社会生产率。信息化没有完全摒弃传统产业，其重要功能是对传统经济的整合和改造，通过信息技术对传统产业的渗透，很多传统产业部门一跃进入信息化社会。信息技术具有覆盖面广、渗透力强、带动作用明显等优势。利用信息技术围绕工业产品研发设计、流程控制、企业管理、市场营销等环节，提升自动化、智能化和管理现代化水平，促进传统产业结构调整和改造升级。我国现阶段许多传统产业产品有市场，但高消耗、高排放。这些产业只有靠信息化才能得到绿色技术的改造进入现代化社会。

（三）城镇化和农业现代化的互动

改革开放以来，针对面广量大的传统农业，我国采取了以工业化来转移农业剩余劳动力，以城镇化来克服城市病，以农业现代化来繁荣农村的方式，创造了城镇化的城市化道路，取得了明显的效果。但是，相比工业化、信息化、城镇化，我国的农业现代化仍然是"四化"同步的短板。因此，我国现代化的重点和难点在农业、农民和农村。

现阶段我国的"三农"问题可归结为：农业生产方式落后，农产品不能满足人民群众日益增长的需求；农民收入太低，农民消费能力太低；农村居民的生活条件严重落后于城市。

在历史进程中，工业化的初期甚至中期可能会丢弃"三农"，而在工业化中后期推进现代化时则不能丢弃"三农"。就如习近平同志所指出的：即使将来城镇化达到70%以上，还有四五亿人在农村，农村绝不能成为荒芜的农村、留守的农村、记忆中的故园，城镇化要发展，农业现代化和新农村建设也要发展，同步发展才能相得益彰。

已有的农村工业化和城镇化只是在转移出农业剩余劳动力的基础上提高农业生产力，只是在乡镇企业发达的区域实现城镇化，并没有从根本上改变农业和农村的落后状态。现在推进的现代化则需要从根本上克服农业的弱势状态，改变农村的落后状态。这意味着，在新的历史起点上推进"三农"现代化，要直接以农业、农民和农村为发展对象。

　　中国要强，农业必须强。做强农业，就要实现农业现代化。基于农业在国民经济中的基础地位，农业现代化要满足全社会现代化进程中不断增长的对农产品的量和质的需要。农业现代化即发展现代农业，主要涉及两个方面：一是从根本上改变其落后的生产方式和经营方式，不只是提高劳动生产率，还要提高包括资本和土地的生产率，并且提高全要素生产率，从而提高农民收入。二是发展优质、高效、高附加值农业，涉及农产品品种的优化、品质的提升、农产品由初级品向最终产品的延伸。相应地需要构建现代农业产业体系、生产体系和经营体系，促进农业全产业链中的产品附加值提升，构建农产品品种、品质结构与居民消费快速升级相适应的高质高效的现代化农业产业体系。这种发展范式下的农业可能改变自身的弱势地位。

　　农业现代化的基本路径就是习近平同志指出的，农业现代化关键在科技进步。我们必须比以往任何时候都更加重视和依靠农业科技进步，走内涵式发展道路。矛盾和问题是科技创新的导向。要适时调整农业技术进步路线，加强农业科技人才队伍建设，培养新型职业农民。

　　农业现代化不仅要靠技术进步，更要靠制度创新。20世纪80年代开始的农村改革，实行农村土地家庭承包责任制，调动了农民的积极性，并且很快解决了农民的温饱问题。紧接着农业剩余劳动力从土地中转移出来，进一步提高了农业劳动生产率。在农业和农村全面转向市场经济的背景下推进农业现代化，需要有进一步的制度创新。这就是建立土地经营权流转制度。坚持土地集体所有权和农民家庭土地承包权，允许通过流转、让渡经营权等市场化方式，将土地经营权向优势生产主体进行转移。这种制度安排还保证了农户家庭在新型农业经营体系中应有的主导性地位，使农户权益在改革中得以保障、财产性收入在改革中得以拓展。

　　中国要富，农民必须富。农民的富裕不仅表现在收入水平、物质的富裕，还应该表现在文化和精神生活的富裕。农民现代化的目标是培养新型职业农民。发展现代农业不能只是靠现有的留在农村的以老人和妇女为主体的农民，而要靠通过人力资本投资培养的新型职业农民。经营农业的农民需要接受现代文化的教育，接受现代市场经济的熏陶。实现农业现代化，要靠有知识、有创新精神的农民，称职的科研和技术人员，有远见的公共行政管理人员和企业家。

　　农民的城镇化不仅仅是农民进城镇，更重要的是农民的市民化，进一步说是农民的现代化。农业现代化重点为在科技进步基础上的农产品品质的现代化，农村现代化重点为城乡一体化基础上的农村生活和居住环境的现代化，农民现代化重点为城镇化基础上的农民市民化。在这个高度上推进"三农"现代化，需要外力推动，需要建立以工促农、以城带乡、工农互惠、城乡一体的新型工农、城乡关系。

中国要美，农村必须美。农村现代化不是消灭农村，而是如习近平同志所要求的，农村绝不能成为荒芜的农村、留守的农村、记忆中的故园。农村要留得住青山绿水，留得住乡愁。城镇化、农业现代化和新农村需要同步发展。对农业现代化来说，城镇化与之互动的意义，不仅在于吸收转移的农业剩余劳动力，更重要的是吸引包括较高人力资本在内的城市发展要素参与农业现代化建设。

我国已有的城市化包括两个方面：一是人口转移意义上的城市化，即农民"化"为城市人；二是地域城市化，即农地"化"为城市土地。这两个方面都体现了农村对城市化的支持。现在，农业人口向城市转移意义上的城市化已经接近甚至到达"刘易斯转折点"，农业劳动力向非农业产业转移速度明显减慢。地域城市化也随着农村土地的不可持续供给而到了尽头。因此，现在讲的城市化，则是倒过来，推动城市发展的势头和要素"化"到农村，从根本上改变农村的落后面貌。这是城市要素的城镇化。过去的城市化是农民进城，城乡发展一体化则要求城市发展要素出城，城市要素、城市生活方式向农村扩展。

农村现代化的目标是城乡发展一体化。我国的二元结构不仅表现在现代工业和传统农业并存的结构，还表现在现代城市和落后农村并存的结构。与农业弱势相一致，无论是基础设施还是教育、文化和医疗设施，广大而又分散的农村都处于落后状态，农民在农村享受不到城市人享受的现代生活方式和文明。城乡发展一体化不是消灭农村，更不是消灭农业，而是克服城乡之间经济社会发展水平的差距，消除要素流动的制度性障碍，在城乡之间按照产业本身的自然特性形成产业分工与产业布局。

现代化对我国的城镇建设的要求是增强城镇的产业发展、公共服务、吸纳就业、人口集聚功能，以此来满足三方面要求：一是吸引大中城市转移的产业和人口进入城镇，以推进城镇现代化；二是吸引周边农民进入城镇，享受市民权利，实现人的城镇化；三是集聚发展要素推进周边农业现代化。

以上"四化"是相互促进的。如信息化与工业化相互融合，工业化和城镇化相互促进，农业现代化和城镇化相互配合，可以大大降低现代化的成本，缩短现代化的进程。以"四化"同步的理念推动现代化就是要用工业化理念来谋划现代农业发展，促进工业与农业的产业对接；坚持用新型城镇化来消解二元体制张力，促进城乡协调融合发展；坚持利用信息化成果，改造传统产业。

第三章　经济发展新阶段的重大发展问题

问题导向是马克思主义的鲜明特点。作为导向的问题与所处的发展阶段密切相关。恩格斯指出："我们的理论是发展着的理论。"[1] 每一个时代的理论思维，都是一种历史的产物，"它在不同的时代具有完全不同的形式，同时具有完全不同的内容。"[2] 政治经济学理论更要关注所面对的经济处于什么发展阶段。原因是处于什么阶段就有什么样的发展目标、什么样的发展方式、什么样的发展环境以及什么样的发展动力。

中国特色社会主义政治经济学在生产关系层面上明确了处于社会主义初级阶段的生产关系，由此创新的理论正确地指导了我国 30 多年的改革开放。在生产力层面上同样需要明确我国当前所处的经济发展阶段以创新发展理论。我国的 GDP 总量 2010 年起达到世界第二，人均 GDP 水平 2011 年达 5447 美元，2012 年达 6093 美元，2013 年为 6767 美元，2016 年达到 8800 美元。表明我国已经从低收入国家转变为中等收入国家。发展当代中国的马克思主义经济学的一个重要方面就是从当代中国所处的发展阶段出发建立中国特色的经济发展理论。

一、潜在经济增长率的改变

一种经济状态成为常态一定是合乎规律的状态。只有带有经济发展新阶段特征的内在必然性的状态才能称为新状态。新常态是新阶段的客观必然性。当前中国进入了新的发展阶段，尤其是由低收入国家进入中等收入发展阶段，在经济形态上必然会产生出一系列与以往阶段不同的特点，从中抽象出带有客观必然性的新常态，具有重要的理论和实践意义。

① 《马克思恩格斯选集》第 4 卷，人民出版社 1995 年版，第 681 页。
② 《马克思恩格斯选集》第 4 卷，人民出版社 1995 年版，第 284 页。

潜在经济增长率是宏观经济学的重要概念。所谓潜在经济增长率，是指一国在各种资源得到最优和充分配置条件下，所能达到的最大经济增长率。具体地说，一国的经济增长率取决于以下要素：劳动数量和质量的提高（通过人口增长和教育）；资本的增长（通过储蓄和投资）；技术进步。① 除此以外，经济结构的改变、资源的可持续供给以及市场需求容量变化都会影响潜在经济增长率。经济过热和过冷表现为：现实经济增长率大于或小于潜在经济增长率。认识我国经济的新常态需要充分认识我国潜在经济增长率在进入现阶段后的改变。现阶段对潜在增长率的影响因素主要是经济结构、技术基础和资源的可持续供给。

我国从改革开放起到 2010 年的 31 年中 GDP 增长率平均为 9.9%，可以说是持续的高速增长。从 2012 年起我国经济增长正式告别 9% 以上的快速增长，2012年和 2013 年的增速均为 7.7%，2014 年为 7.4%，2015 年为 7%，2016 年为6.7%。与过去的高速增长不同，这种速度属于中高速增长。中高速增长成为我国新阶段的新常态有其客观必然性，基本上反映了上述潜在经济增长率的变化。其主要说明是改革开放解放了潜在的生产要素，从而支持了较为长期的潜在经济增长率。经过这么多年的高速增长，潜在的增长要素已经得到了充分释放，如果没有新的要素被动员出来，潜在经济增长率就有下降的趋势，主要表现是：

第一，剩余劳动力支持的低成本劳动力供给明显减少。过去的 30 多年经济的高速增长尤其是工业化的快速推进，很大程度上靠的是农业剩余劳动力转向非农部门推动的。农村工业化和城市化在进行 30 多年后，到今天虽然没有完成，但由于城市化率已过了 50%，剩余劳动力转移速度明显减慢，在沿海地区民工荒开始显现。与此相关的一个问题是农民工的低工资难以持续。这不仅是因为农业剩余劳动力供给减少，还因为农民工进入第二代后，其生活水平要求也相应提高。表现为农民工工资水平提高，2009 年平均为 1783 元，是 2001 年的 2 倍。近年来更高。这意味着低成本劳动力供给基本上不再存在。

第二，支持高投资、高储蓄的人口红利明显减少。过去 30 多年因实施独生子女的计划生育政策产生了人口红利的效应，劳动者赡养人口少而有较高的储蓄率。现在，一是老龄化社会已经到来。65 岁以上人口比重已从 1982 年的 4.9%上升到 2010 年的 8.87%，该比例近几年还在继续提高。二是从 20 世纪 70 年代末实行的独生子女政策所产生的 14 岁以下人口从 1982 年的 33.59% 降到 2010 年的 16.6%。虽然这个比例意味着劳动力抚养的儿童数量减少，同时其受教育的年龄进一步延长，要注意的是现在进入劳动年龄的人口已明显减少。据国家统计局

---

① ［美］迈克尔·托达罗、斯蒂芬·史密斯：《发展经济学》，机械工业出版社 2014 年版，第 86 页。

数字，2012年，中国15岁以上不满60周岁的劳动年龄人口绝对数减少了345万人。2013年劳动年龄人口统计范围由15岁提升到16岁，数量依然净减244万人。2014年，统计范围还是以16~60岁为分界线，净减371万人。内地2016年底16~59岁（含不满60周岁）年龄人口总数较前年底减少349万人，至9.07亿人，在全国人口中占比65.6%，2015年底为66.3%。由此带来劳动力抚养人口数量的增加，现在是3~4个劳动力抚养一个人，到2030年将是2个劳动力抚养一个人。

第三，随着住房、汽车等高额消费品进入普通居民家庭，中国的高额消费阶段也正在到来，居民边际消费倾向有提高的趋势。就如卡尔·格特在《世界追随中国的步伐》一书中所说，中国学习发达国家首先是仿效美国消费文化。它越来越像发达国家，生活水平在提高，劳动力成本也在提高，这迟早会导致中国产品在世界市场和中国市场失去竞争力。受此影响，城乡人民币储蓄存款余额平均增长速度明显下降：1979~2010年为25.5%，1991~2010年为20.6%，2001~2010年则进一步降到16.8%，当然其中有存款向股票市场搬家的因素。

第四，物质要素供给的不可持续发展问题越来越突出。能源、资源、环境的"瓶颈"约束正在制约经济增长。以能源为例，2009年中国GDP占世界的8.6%，能源消费占世界的19.5%。这种高能源消耗是无力支持经济持续增长的。无论是世界范围还是我国，节能减排的制度性约束日益刚性。为了保证中国人的吃饭问题，基本建设用地面积也成为刚性指标，可建设用地明显紧张，土地价格也在明显上升。所有这些资源和环境的约束，越来越成为增长的自然界限。要想突破这些界限，只能是另辟蹊径，转变发展方式。

对发展中国家来说，影响潜在经济增长率的不只是前述要素供给，还有结构问题。就如现代发展经济学所指出的："一国要实现从传统经济系统转变为现代经济系统，除了需要资本积累（包括物质资本和人力资本）以外，还需要一系列相互联系的经济结构的变革。这些经济结构变革涉及几乎所有经济函数的改变，包括生产方式的转变和消费者需求的构成、国际贸易和资源利用的变化，以及诸项社会经济因素的变化，如城市化和国家人口的增长以及分布等。"[1] 这意味着对发展中国家的发展来说，发展不只是增长速度问题，还有另一个重要问题是结构变化问题。不仅表现为产业结构处于中低端，还表现为供求结构失衡。结构优化升级能够支持长期的发展，变化缓慢可能会降低潜在经济增长率。

以上分析表明，我国现在的潜在增长率只能是中高速增长率。研究潜在增长

---

[1] ［美］迈克尔·托达罗、斯蒂芬·史密斯：《发展经济学》，机械工业出版社2014年版，第81页。

率的意义在于：一是不盲目追求高于潜在增长率的速度；二是现实增长率要使潜在增长率充分释放。

二、进入中等收入阶段后的经济新常态

经济增长速度由高速转向中高速，是新发展阶段的新常态。如何正确认识新常态，习近平总书记指出的："我国发展仍处于重要战略机遇期，我们要增强信心，从当前我国经济发展的阶段性特征出发，适应新常态，保持战略上的平常心态。"从战略机遇期视角观察新常态，就不能只是把新常态解释为速度放缓，还需要发现发展的机遇。

（一）中高速增长速度的新常态

应该明确，中高速增长的新常态是我国告别低收入阶段进入中等收入发展阶段后的常态。其原因除了上述进入中等收入阶段后的潜在经济增长率外，还有两点：第一，就增长的基数来说，我国 GDP 在 2010 年 397983 亿元人民币、2012 年 519470 亿元的基础上，2016 年达 744127 亿元，在这么高的基数上，每年仍然能够以接近 7% 的速度增长，实属不易。原因是 GDP 基数扩大后不可能长久保持原来水平的高速增长。第二，在进入中等收入国家发展阶段后，向高收入国家发展的目标不只是经济增长的数量问题，更是质量和结构问题，发展的目标更为广泛，不只是单一的 GDP 经济增长目标，一些用于增长的资源需要用于发展的其他目标。

从发展的角度研究新常态，新常态不是不要速度，它不仅要求实际的增长速度能够达到潜在经济增长率决定的中高速增长，还要使反映现阶段发展水平的潜在经济增长率可持续，甚至要努力使潜在增长率保持在中高速的较高水平。因此对中高速增长的新常态，需要有新的战略思考：

第一，虽然新常态表现为中高速增长，但经济持续下行绝不是新常态。如果速度持续下行，中高速增长不能维持，可能带来一系列风险。其中包括：产能过剩风险，企业资金链断裂风险，债务违约风险，局部性金融风险，房地产市场和股票市场走势分化引发的风险，以及财政收入增长放缓所产生的地方政府债务风险。基于此，习近平总书记在党的十八届四中全会的讲话中明确了速度的底线：确保到 2020 年实现国内生产总值和城乡居民人均收入比 2010 年翻一番的目标，必须保持必要的增长速度。因此，2016 ~ 2020 年经济年均增长底线是 6.5% 以上。只有在实体经济止跌并回升，在稳增长实现后，才有条件尽快实

现发展方式的转变。

第二，中高速增长不是降低发展的要求，而是提高发展的质量，实现中高速增长的可持续。这就涉及增长速度基础的转变。这就是习近平在解释增长速度新常态时所科学概括的，发展方式从规模速度型转向质量效率型。就是说，过去的高速增长是规模速度型的，现在所要转向的中高速增长是质量效率型的。在低收入发展阶段所采取的单纯的以高投入谋求高速度的发展方式不能再延续到中等收入发展阶段。

第三，中高速增长不是自然形成的，是需要经过努力才能达到的。它需要一系列新常态支撑，或者说需要其他方面的新常态与中高速增长新常态相互支撑。因此，经济增长由高速换挡为中高速，尽管可能带来短期的阵痛，但只要在经济结构上、发展动力上形成的支撑要素并能够成为常态，就可能凤凰涅槃，可以带来腾笼换鸟的效果，支持经济的长期稳定增长。

中高速增长成为新常态，与发展战略的常态相关。在低收入阶段谋求高速增长的发展战略常态是高投入、高消耗。如果现在也采取这种发展战略，速度也可能冲到原先的高速增长水平，但这是不可持续的。现在转向中高速增长的新常态，实际上是倒逼改变发展战略，为加快转变经济发展方式提供空间。根据潜在经济增长率的内涵，现在需要从经济结构、技术基础、资源供给的可持续方面推动潜在经济增长率的提高。这就是习近平总书记概括的：经济新常态除了以上所述速度变化外，还有两个表现：一是结构优化；二是动力转换。

（二）经济结构优化的新常态

我国经济新常态不只是转向中高速的速度状态，调结构也成为新常态。结构优化的新常态表现为：经济结构调整从增量扩能为主转向调整存量、做优增量并举。

速度的中高速需要结构的中高端支撑。现有的经济结构还是低收入发展阶段的结构，与追求高速增长的发展战略相适应。其特征：一是产业结构中制造业尤其是传统制造业比重高，服务业尤其是现代服务业比重过低。二是制造业主要处于中低端，即使是在高科技制造业中，大部分也处于"微笑曲线"的低端，关键技术和核心技术在国外，其结果是高产值、低附加值。三是产能结构性问题突出，一方面提供满足居民在健康、安全、质量等方面需求的有效供给不足；另一方面过剩产能占用了大量资源。特别是在追求高速增长的格局下，留下了一大批过剩的生产能力。四是在技术结构中，很大部分采用的是高消耗、高污染技术，产生了资源供给不可持续的问题。这些结构性问题归结为供给侧的结构性问题。

上述结构性问题显然与中高速增长的新常态是不协调的。进入中等收入发展阶段，经济增长转向中高速的新常态后，经济结构的再平衡就成为应有之义。其目标就是向中高端转型。涉及四个方面：第一，提高服务业尤其是现代服务业的比重，推动三次产业结构水准进入中高端。第二，以科技含量衡量的产业类型进入中高端，包括发展战略性新兴产业。第三，高科技产品的中国制造环节进入全球价值链的中高端，改变了高产值、低收益的状况。第四，各个传统产业采用新技术，包括信息化、"互联网＋"、"智能化＋"和绿色化等。

以往的结构调整基本上采取增量结构调整的方式，也就是靠新增投资结构来调节结构。需要发展的就增加投资，不需要发展的就少增加投资或不投资，这就是所谓的增量扩能方式。这种调整的方式后果是长期形成的过剩产能、污染产能和落后产能得不到淘汰和化解，日积月累，占用了大量的资源，严重拖累产业结构的转型升级。

作为新常态的结构调整与以往的结构调整不同，是要在转型升级中进行结构调整。产业结构的中高端化，是建立在产业和科技创新基础上的转型升级。因此，作为新常态的结构调整是存量结构的调整。经济结构调整从增量扩能为主转向调整存量、做优增量并举成为新常态，一方面，需要着力优胜劣汰，淘汰过剩产能、污染产能、落后产能，同时要通过产业链的调整提高附加值。另一方面，需要腾笼换鸟、凤凰涅槃，腾出发展的空间和资源发展新产业、新业态，使产业结构得到根本性转型和提升。

（三）经济发展动力的新常态

经济新常态的第三个表现是发展动力转换，即发展动力要从主要依靠资源和低成本劳动力等要素投入转向创新驱动。

在低收入阶段，受技术和资本缺乏的限制，物质资源和低成本劳动力相对宽松，经济增长的驱动力的常态是依靠物质资源和低成本劳动力投入，对外开放也主要靠资源禀赋的劳动力和物质资源方面的比较优势。

进入中等收入阶段后，资源环境和低成本劳动力供给不可持续造成了经济增长的自然极限。突破这个极限的途径就是我国经济增长的驱动力需要由要素和投资驱动转向创新驱动。这个发展动力就成为新常态。所谓创新驱动就是利用知识、技术、企业组织制度和商业模式等创新要素对现有的资本、劳动力、物质资源等有形要素进行新组合，以创新的知识和技术改造物质资本、提高劳动者素质和科学管理。各种物质要素经过新知识和新发明的介入和组合提高了创新能力，就成为驱动增长的新动力。创新驱动发展战略对中高速增长的贡献在于，研发并采用绿色技术，节能减排，实现可持续发展；创新战略性新兴产业，攀升高科技产业价值链中高端，推动产业结构中高端化，增强国家的整体竞争力。

作为新常态创新驱动还必须是内生的，不是建立在模仿基础上的外生的。我国已经成为世界第二大经济体，有能力也有必要与发达国家进入同一创新起跑线，占领科技和产业的世界制高点。我国所参与的国际分工也要由比较优势转向创新支持的竞争优势，实现由跟随创新到引领创新的转变。因此所转向的创新驱动的新常态，突出的是科学新发现转化为新技术的自主创新。由此形成创新驱动的内生增长。相应的体制安排是建设和完善国家创新体系，推动产学研协同创新，建立激励创新的体制机制。

以上分析表明，与中高速增长的新常态相伴，结构优化和创新驱动也成为新常态支撑中高速增长的新常态。由此，增长的质量和效益更高，增长的可持续性更强。我国经济发展进入新阶段还会产生许多新的经济现象，还会有新的经济现象成为新常态。经济学研究需要不断在经济规律性上对不断出现的新常态作出说明，从而不断地为经济发展新战略提供理论支撑。

三、进入中等收入阶段后的重大发展问题

已有的发展理论基本上是基于低收入阶段的。中国在低收入阶段向中等收入阶段迈进阶段面临的发展问题，是摆脱贫困进入小康。发展的重要路径是推进工业化和城市化。相应的发展理论主要涉及：追求 GDP 的增长，高积累低消费，以高投入追求高速度，粗放型发展方式，农业剩余劳动力转移，等等。应该说，这些发展理论对我国摆脱贫困，由低收入阶段进入中等收入阶段有着重要的理论指导意义。但是，当我国进入中等收入阶段后，继续延续这些发展理论指导，没有发展理论的创新，就难以指引新的发展阶段的发展，甚至可能陷入"中等收入陷阱"。

根据国际通行的标准，现在我国经济已具明显的中等收入阶段特征。一是我国的经济总量已经成为世界第二大经济体；二是我国人均 GDP 过了 8000 美元，已经达到上中等收入国家的水平；三是农业增加值比重降到 10% 以下，我国已经由农业国变为工业国；四是城镇人口过了 50%，我国已经进入了城市化国家。在此新的历史起点上，随着小康社会的全面建成，发展任务是要由中等收入国家向高收入国家迈进。

与过去的低收入阶段相比，中等收入阶段的经济已经和正在发生重大转型，中等收入阶段提出了一系列新的重大发展问题。新的发展任务也随之提出。概括

起来，进入中等收入发展阶段后面临的重大发展问题主要涉及以下几个方面：

第一是经济发展目标的转变问题。过去作为发展中大国在低收入阶段实施赶超战略，以 GDP 总量增长为导向，发展问题实际上只是增长问题，目标单一。而在进入中等收入阶段以后，GDP 总量达到世界第二大，发展就不只是增长问题，增长不等于发展。如果经济增长了，但是环境被破坏了，人民的健康受损了，贫富分化了，这种增长是无意义的。因此有必要从根本上克服 GDP 崇拜，停止长期实施的投资推动的 GDP 赶超战略。经济发展比经济增长有更广泛的含义，涉及经济社会的各个层面，不仅是摆脱贫困，公平分配、增加社会福利、生态文明都要进入发展目标。经济发展所关心的是长期持续的经济增长，不仅包括数量和规模的增长，还包括实现持续经济增长所依赖的技术的进步、制度的优化和文化创新。发展必须追求人民的幸福，这反映我国经济发展目标由"强国"到"富民"的转型。

第二是中高速增长的可持续问题。进入中等收入阶段，经济就进入新常态，增长速度从高速转向中高速。我国的增长速度转向中高速是不可避免的，但中高速得以可持续并建立在质量和效率基础上需要转变经济发展方式。进入中等收入阶段后，解决了温饱问题后居民的消费需求开始转型，更为关注健康、安全、卫生、档次方面的需求。而生产和服务还停留在低收入阶段的供给，追求数量，不重视质量，为生产而生产，势必产生有效供给不足与无效供给和低端供给所产生的库存和过剩问题。要使中高速增长得以持续，需要转变发展方式。支持中高速增长的发展方式不只是集约型方式，更为重要的是创新发展方式。需要推进供给侧的结构性改革，寻求新的发展动力。需要追求经济增长的最小成本。只有在资源得到有效的利用、环境污染得到有效的控制、社会福利增进的基础上实现的增长才是有价值的。

第三是要跨越"中等收入陷阱"。"中等收入陷阱"是发展中国家进入中等收入阶段后普遍遇到的。"中等收入陷阱"涉及发展模式问题。进入中等收入阶段后难以摆脱低收入阶段的发展模式，后果是，既无法在收入方面与低收入国家竞争，又无法在尖端技术研制方面与富裕国家竞争。这种发展模式造成"中等收入陷阱"的三大威胁：一是收入差距达到了库兹涅茨倒"U"型曲线的顶点，难以出现向下的态势；现在这种矛盾在我国也开始显现，突出表现是，区域、城乡之间经济社会发展不平衡，收入差距明显扩大。显然，我国在进入中等收入国家水平后，为了避开"中等收入陷阱"必须致力于扭转收入差距进一步扩大的趋势。二是腐败案频发，腐败问题也到了库兹涅茨倒"U"型曲线的顶点。三是环境污染问题也到了库兹涅茨倒"U"型曲线的顶点，难以出现向下的态势。特别是进入中等收入阶段后，随着文明程度的提高，居民不可能容忍由权利的不公平导致的收入差距的扩大，更为关注健康和教育，相应的维权意识也大大增强。实践证明，并不是所有的国家和地区都会陷入这个陷阱的。像新加坡、韩国等靠现代化的过程跨过了这个陷阱，我们有这个威胁，不等于我们一定要进入这个陷阱。我们意识到了这个陷阱，就需要在正确的发展理论指导下通过发展来跨越它。

第四是经济发展的平衡性问题。我国的经济发展开创了中国特色新型工业化、信息化、城镇化、农业现代化"四化"同步的现代化道路。全面建成的小康社会是惠及全体人民的小康，而且全面小康涉及经济、社会、文化、政治和生态各个方面的协调发展。在低收入阶段为迅速摆脱贫困，追求 GDP 的快速增长，允许一部分地区一部分人先富起来，实际上实行的是不平衡发展战略。进入中等收入阶段以后，不平衡问题突出，短板也逐渐显露。全面建成小康社会并推进现代化需要根据共享和协调的要求补齐短板。其中包括：其一，要补齐农业现代化这个短板；其二，补齐农村发展的短板以克服城乡二元结构；其三，补齐贫困地区和贫困人口的短板；其四，补齐生态文明的短板；其五，补齐人的发展的短板。这些短板不补齐，很难说全面建成小康社会，更难说进入高收入阶段了。

上述进入中等收入阶段后的重大发展问题，同时凸显了新阶段发展的难题：传统的依靠资源投入的发展动力衰减的难题，资源环境供给达到极限的难题，收入差距严重扩大的难题，经济结构严重失衡的难题，处于全球价值链低端的开放质量不高的难题，人民对经济发展的获得感不足的难题。

四、回应新阶段重大发展问题的发展战略调整

进入中等收入阶段后面对的上述重大的发展问题是创新发展理论的起点和动力源。习近平总书记提出的"创新、协调、绿色、开放和共享"的新理念就是对新阶段重大发展问题的理念。其中，创新是引领发展的第一动力，回应上述中高速增长的可持续问题。协调是持续健康发展的内在要求，回应上述国民经济的平衡性问题。绿色是永续发展的必要条件和人民对美好生活追求的重要体现，回应上述跨越中等收入陷阱问题。开放是国家繁荣发展的必由之路，回应上述中高速增长的可持续问题。共享是中国特色社会主义的本质要求，回应上述经济发展目标和跨越中等收入陷阱问题。按照新发展理念，进入中等收入发展阶段后发展战略的调整主要涉及以下方面：

一是发展的引擎改变。诺贝尔经济学奖获得者斯蒂格利茨前几年就告诫中

国：国内经济应该成为增长的发动机。具体来说，随着经济增长和全球经济环境的变化，那种主要依靠出口和国外直接投资来推动经济增长的战略的重要性将降低。同时，中国面临着继续改善资源配置和生产力挑战。应对这个挑战的对策，就是使国内经济成为增长和平等的发动机，扩大内需成为中国今后长期增长的主引擎。这同我国从经济大国向经济强国转变相关。历史的教训是：经济大国不一定是经济强国，甚至还可能挨打。1820 年中国的 GDP 世界第一，占世界的32.9%，是英国的 7 倍，却在鸦片战争被英国打败了。1913 年中国的 GDP 世界第二，被八国联军打败。1936 年中国的 GDP 是日本的 1.9～2.8 倍，被日本侵占。因此，扩大内需要放在建设经济强国中考虑。与我国成为世界第二大经济体相适应，我国国内市场总体规模位居世界前列。扩大内需的潜力主要在四个方面：第一是消费需求成为扩大内需的战略重点；第二是城市化的深化会创造新的需求；第三是对巨大的不平衡发展的区域进行协调会产生巨大的市场需求；第四是经济结构的转型升级本身又会创造新的需求。很显然，扩大内需不只是解决经济增长的新动力问题，本身又是新时期的重大发展问题。

二是经济结构的转型。世界金融危机爆发以来，各个国家都在反思自己的发展模式，都在寻求经济转型升级的方向，也就是在转型中寻找全球经济增长新动力。研究全球经济格局，可以按照其经济结构分为三类国家：一类是消费和金融主导型国家，如美国和英国等，这类国家是世界上最富有的。另一类是制造业和出口主导型国家，如我国等新兴的市场经济国家，这类国家的特点是经济规模大，但不一定富。还有一类是资源型国家，如中东等石油生产国。这些国家富裕但不强。这场金融危机爆发以后，谁都遇到问题，谁都在痛定思痛，都在经济结构上寻求新的发展动力。具体来说，消费和金融主导型国家明确提出发展制造业和扩大出口转型目标，基本上是出自扩大就业的需要。当然，美国等发达国家在金融危机以后提出，发展制造业不是简单的回到原来的制造业，而是发展知识密集的和绿色的制造业。那些资源型国家不满足于出卖资源，开始强调发展资源加工制造业，以提高附加值。这两类国家的转型无疑会增加制造业和出口主导型国家的竞争压力，从而迫使像我国这样的制造业和出口主导型国家的转型，即提出扩大消费并发展金融业的目标。当然，这种转型不只是应对压力，更主要的是同中国作为世界第二大经济体的地位是相称的。这种转型可以明显提高我国的国际竞争力和国际影响力，推动我国经济由大到强的转变。从世界各国来看，转型的方向都是产业结构多元化，这种结构可增强各自的抗风险能力。

三是全球价值链环节的攀升。经济全球化发展到现阶段的突出表现是，国际分工发展为产品内分工，即同一种产品不完全在同一个国家生产，而是在全球范围内各个国家和地区布局产品的生产、流通和营销环节，并且形成中间投入品贸易即产品内贸易，相应地形成连接研发、生产、销售、服务等过程的全球价值链。能够作为全球价值链布局的产品一般是当时科技含量高、市场需求大并且较为稳定的产品。全球价值链的各个环节在全球布局，是要吸纳和整合全球最优资源和市场。在哪个国家布局价值链的何种环节，就看该地能否为特定的环节提供最合适的资源和配套条件。因此，一个国家的产业水准和产业竞争力，很大程度上看其在全球价值链中所处的位置或阶段。相应的，国际竞争突出表现为全球价值链竞争。一方面是全球价值链之间的竞争；另一方面是全球价值链内部的竞争，表现为争夺其中的主导地位和高附加值环节的竞争。长期以来欧美发达国家的跨国公司大都处于全球价值链的研发和营销环节两端，掌握核心技术和关键技术，因而在全球价值链中居主导地位。跨国公司依靠其在全球价值链中的主导和掌控地位所形成的核心竞争力占据了国际竞争制高点，并且通过对价值链的各个环节在各个国家进行深度分解和全球资源的不断战略组合，成为全球价值链的治理者。我国作为发展中国家在发展现代产业的起步阶段以资源禀赋的比较优势吸引外资从而吸引全球价值链的进入，并且以这种比较优势进入全球价值链的加工组装之类的低端环节。我国发展进入新阶段后，劳动力和资源环境不再具有比较优势，而且随着劳动和土地价格的上涨，附加值进一步降低。这就是说，处于价值链低端的制造环节难以为继。

现在我国经济进入了新常态，增长速度转向中高速，新常态对增长的质量和效益提出要求，由追求数量增长转向附加值的增长。相应的对我国产业在全球价值链中所处的位置提出的要求是，跳出比较优势陷阱，从根本上扭转我国处于全球价值链纵向分工体系中的不利地位。其目标就是克服价值链的低端锁定，攀升全球价值链中高端。在全球价值链上攀升中高端的方向主要有三个方面：一是由低端的加工组装环节递次攀升进入技术和质量要求更高、附加值更高的元器件制造环节。就如近年来国外知名品牌的轿车组装的零部件国产化。二是直接攀升研发、设计环节，掌握价值链中有自主知识产权的核心技术和关键技术。就如汽车的发动机、计算机芯片、时装的设计等。三是建立以我为主的全球价值链。面对近来盛行的贸易保护主义，更需要推动拥有自主知识产权的核心技术的优势产业价值链走出去。具体来说，我国已经具有竞争优势并掌握自主知识产权的核心技术、关键技术的高铁、装备制造业、电子信息产业等，也包括服装、家电等传统产业采取全球价值链的方式在全球布局。以我为主导的全球价值链参与国际竞争，能够获取更大的全球化利益，可以在一定程度上避开相关国家的保护主义，开发全球生产要素和市场的潜在价值，极大地释放了全球生产力。

四是开放战略调整，由比较优势转向竞争优势。过去我们的开放突出自身的比较优势，即廉价劳动力和廉价的自然资源（土地和环境），以此来换取发达国家具有比较优势的资本和技术。这种依据比较优势的开放战略虽然能够得到开放效益，但不能改变自身对发达国家的经济技术和市场的依附地位，不能缩小与发达国家的经济技术差距。在我国成为世界第二大经济体后就不能满足于比较优势，而需要以自身的竞争优势增强国际竞争力。

实际上，我国已有的比较优势的"优势"地位已经不突出。"加薪潮"和更有保障的劳工权益，使"血汗工资制度"难以为继。农民工逐步换代，农业剩余劳动力的转移也不再是"无限供给"，可供土地减少，环境要求严格，相比其他也不具优势。再加上发达国家面对自身的就业压力也在发展劳动密集型产业，形成与发展中国家的竞争。所有这些状况也倒逼我国不能维持现有的比较优势去利用国际资源和参与国际竞争。在对外开放中谋求竞争优势就是把科技进步和创新列为重点，培育以技术、品牌、质量、服务为核心竞争力的新优势。尤其是突出产业竞争优势，就如波特所说的："一国产业是否拥有可与世界级竞争对手较劲的竞争优势"。

谋求竞争优势意味着对外开放不只是利用国际市场，更要利用国际资源，尤其是谋求竞争优势的创新型经济需要利用开放来支撑。其必要性和可能性在于，当今的国际经济是要素流动为主导的经济。尤其是创新要素，不可能都从国内取得，需要通过对外开放从国外获得。由于历史和发展水平的原因，先进的创新资源主要还集聚在发达国家。过去的发展重点在增长，基本上是资本推动的，其他如技术和管理等发展要素基本上是跟着资本走的。相应的开放型经济基本上是通过引进外资来利用其他国际资源（国外先进的技术和管理）。现在发展的重点转向创新驱动，各种创新要素是跟着人才走的。相应地，发展创新型经济需要通过引进高端创新人才来利用其他国际创新要素。

总而言之，进入中等收入阶段后面对的上述重大的发展问题是创新发展理论的起点和动力源。回应这些重大发展问题的理念，就是习近平总书记提出的创新、协调、绿色、开放、共享五大新发展理念。适应由低收入阶段转向中等收入阶段的重大转变，需要用新发展理念来推动经济发展理论的创新。

第四章 经济发展的质量和经济发展方式

新常态是对我国经济发展进入新阶段的特征判断。中国经济发展在进入新常态后呈现出来的特征是由高速发展转向中高速发展。但不能认为新常态只是速度状态，它涉及新阶段经济发展质量的提高以及相应的发展方式改变和发展动力的转换。

一、新常态反映经济发展的阶段性变化

经济发展进入新常态，是我国经济发展阶段性特征的必然反映，呈现出速度变化、结构优化、动力转换等诸多新的特征。增长速度要从高速转向中高速，发展方式要从规模速度型转向质量效率型，经济结构调整要从增量扩张为主转向调整存量，发展动力要从主要依靠要素投入转向创新驱动。

（一）由低收入阶段转向中等收入发展阶段

经济发展是有阶段的，在不同的发展阶段，经济发展依赖的资源禀赋条件不同、目标不同、任务不同，进而呈现出了不同的发展特征。2010 年我国 GDP 总量达到 40.1 万亿元人民币（5.88 万亿美元），超过日本的 5.47 万亿美元，成为仅次于美国的世界第二大经济体。而且 2016 年我国 GDP 达到 744127 亿元，远超日本，排名世界第 2 位；人均 GDP 53980 元（8865.9 美元）在世界上排 69 位，已经过了一般意义上的中等收入国家人均 5000 美元的标准，进入中等收入国家行列。部分发达省市的经济总量和人均 GDP 已经超过世界上中等发达国家的水平。

进入新的发展阶段，经济发展面临着一些新的问题和新的发展任务，虽然已经成为世界经济大国，但还不是经济强国。目前人均收入仍然偏低、整体经济素质不高、科技创新能力不足、产业结构层次低、城市化发展滞后、金融体系不发达。步入中等收入国家行列之后，也面临着"中等收入陷阱"的风险。

过去较长时间经济快速发展过程中所积累的矛盾集中暴露出来，原有的增长机制和发展模式无法有效应对由此形成的系统性风险，经济增长容易出现大幅波动或陷入停滞。

面对上述问题，进入中等收入发展阶段以后，我们需要从追求经济发展的数量向追求经济发展的质量转变。一方面加强自主创新，借鉴一些国家成功跨越"中等收入陷阱"的经验，加大教育和研发投入，提高国民受教育程度和劳动力素质，提高自主创新能力，进而大幅提高劳动生产率。另一方面要深化改革，消除资源有效配置的障碍。提高城镇化水平，打破劳动力市场城乡分割，推动劳动力从生产率较低的农业部门转移到工业和服务业部门，实现工业化、城镇化和农业现代化的协调发展。同时激励产业升级，包括发展新兴产业，也包括在已有产业中采用新装备、新技术，同时还表现为在产业价值链上的提升，更加注重设计、研发、品牌等。通过产业升级促进中高级生产要素开发和利用，全面提升人力资本质量，从而促进我国经济全面由数量追赶向质量追赶转型。

（二）经济增长的极限

经济增长实质是财富的增长，而财富要用资源生产出来。因此经济增长过程中，资源环境代价越高表明增长的质量就越低。改革开放以来我国持续多年的追赶战略，使得经济发展的人口、资源和环境条件发生了巨大的变化。

就人口增长来说，改革开放开始后的 30 多年中，我国实行独生子女的计划生育政策，生育率下降，社会抚养比不断降低，大量的适龄劳动人口从农村流入城市，形成了经济增长的人口结构禀赋。充足的劳动力供给和低抚养比形成的高储蓄率被称为"人口红利"，极大地加速了中国工业化进程。但人口红利只是人口转变过程中的一个短暂机遇期，随着中国逐渐步入老龄化社会，中国的人口结构禀赋出现了新变化：从劳动力供给角度看，2011 年中国适龄劳动人口比重 10 年来首次出现下降，全国第六次人口普查数据显示人口老龄率为 8.9%，预计到 2050 年左右将高达 30%。这表明 2010 年以后，适龄劳动人口比重已经持续下降，劳动力成本不断提升，整个经济进入人力要素成本上升阶段。

就自然资源供给来说，在发动经济增长的初期，廉价的自然资源供给为中国制造业的发展提供了强大的比较优势基础，但也导致了经济增长中的高能耗、高污染和低效率现象。到现在，自然资源禀赋出现了新变化：一是多数自然资源具有不可再生的特性，许多资源开采过度出现枯竭；二是资源开采对生态环境的破坏付出了过度的生态环境代价。

我国正处在工业化中期，由于过去导致高耗能、高污染、高投入的重化工业在第二产业中的比例相对较高，轻重工业比例不合理，不仅限制了战略性新兴产业的发展，也加剧了温室气体的排放，导致了生态环境恶化。经济增长过程中伴有严重的环境污染和生态平衡的破坏，加之世界范围的高碳排放造成全球气候异常。这些现象表明以不断耗竭资源为代价的经济增长模式必将不可持续，人口、资源和环境的变化所造成的经济增长的极限也显现出来。

人口、资源和环境的变化所造成的经济增长的极限说明，我国现有的资源容量难以支撑主要依靠物质要素投入的经济的持续增长，必须寻求经济增长新的驱动力。从提高可持续发展能力考虑，控制环境污染，减少碳排放，以及修复被破坏的生态，需要依靠科技创新发展绿色技术，开发低碳技术、能源清洁化技术，发展循环经济、发展环保产业。人口、资源和环境的变化倒逼我们的经济发展要从数量转型质量，实施创新驱动战略，创新经济发展方式。对现有的资本、劳动力、物质资源等有形要素进行新组合，以创新的知识和技术改造物质资本、创新管理，提高物质资源的生产率，从而形成对物质资源的节省和替代。

（三）数量型增长转向质量效益型增长

长期以来，我国经济增长主要依靠外需和投资拉动，形成了高投入、高消耗、高污染、低产出的粗放型经济增长方式，不仅造成资源的极大浪费和环境的严重污染，而且极易受到国际市场波动的影响。这就要求我们必须由数量型增长转向质量效益型增长。

世界银行 2000 年发展报告强调增长的质量和速度同样重要，增长的来源和模式影响着发展的效果。提示经济增长质量要求将促进经济增长的政策与普及教育、加强环保、增加公民自由、强化反腐败措施相结合，使人民生活水平得到显著提高。

习近平同志强调，增长必须是实实在在和没有水分的增长，是有效益、有质量、可持续的增长。新常态背景下的经济发展与过去发展模式最大的区别就是要建立在质量效益的基础上。新的发展模式要实现经济结构在诸多领域的全面升级，同时经济发展方式逐步由粗放的发展模式向集约的发展模式转变，最终提高经济发展的质量和效益。在这一转变过程中，经济结构将逐步改善，消费的贡献率逐步上升，环境规制强度会逐步增强，发展将从单纯的速度提升变为速度与质量效益的同步提升。新常态下长期的持续快速增长才能使国民经济发生根本性变化，而保持较高的增长质量是经济长期持续增长的重要保障。经济增长不能仅靠以 GDP 为标准，更重要的是要提高居民的生活质量，让居民共同享受经济增长的成果，减少贫富差距和城乡差距。

转变增长方式的着力点在于摒弃单纯追求数量的增长，更多地强调经济增长质量，从数量型增长转向质量效益型增长。一是促进经济结构优化，通过新型工业化、城市化和破解市场分割等手段来实现经济结构的优化。促进资本、劳动力、土地和技术等生产要素从低附加值、低效率和高消耗的生产部门或产业链环节进入到高附加值、高效率、低消耗的生产部门或产业链环节。大力推动制造业朝信息化、智能化、绿色化和服务化方向升级。二是注重经济的稳定性。经济稳定是一个国家乃至全球经济社会发展的必要前提，也是经济增长质量的表现。没有稳定，发展就不会稳固，也不会持久。熨平经济周期，避免经济增长的大起大落。保持经济社会发展在合理区间内运行，更要将政策重点落在调结构和促进改革上。三是追求经济可持续发展。积极进行技术创新，促进自然、经济、社会复合系统的协调发展。降低能耗，保护生态，减少经济发展的生态环境代价。提高各种经济资源的使用效率，建立"资源节约型"和"环境友好型"的国民经济体系，减轻经济增长对资源和环境的压力。四是广大居民能够共享改革和发展的成果。"十三五"规划《建议》指出"坚持共享发展，必须坚持发展为了人民、发展依靠人民、发展成果由人民共享，作出更有效的制度安排，使全体人民在共建共享发展中有更多获得感，增强发展动力，增进人民团结，朝着共同富裕方向稳步前进。"为此需要更加注重实现人人共享中国改革和发展成果，更加强调人民的获得感。

（四）摆脱贫困转向基本实现现代化

处于低收入发展阶段时，经济发展的主要任务是摆脱贫困，因此经济发展过程中把全部的资源集中配置到经济建设上来，以追赶战略为导向，以经济的数量型增长为目标，努力摆脱贫困。进入中等收入国家行列以后，经济发展的目标就要由摆脱贫困转向基本实现现代化。基本实现现代化的标准，就是邓小平所界定的："人均 GNP 达到中等发达国家水平，人民生活比较富裕"。

基本实现现代化的内容包括人民幸福、高科技化、人的现代化、经济结构的现代化和社会发展水平的现代化。

一是人民幸福。基本实现现代化突出满足人民的幸福感，强调人民的生活质量，涉及提高营养水平、健康水平和受教育程度。人民的幸福感不仅仅要看收入，还有文化、精神、健康等多方面的需求。包括人民收入水平的提高；居民家庭财富明显增加，居民的财产性收入随之增加；公民享有的公共财富明显增加，城乡公共服务均等化。

二是高科技化。现代化不是简单的数据，而是要有现代化的企业和产业。形成现代化新科技企业、形成现代化的产业体系，特别是要形成最新的技术，代表世界先进方向的新兴产业。

三是人的现代化。现代化的核心在于人的现代化，没有人的现代化就没有真正意义上的现代化。实现人的现代化，就是推进人从传统向现代的转型，即推进包括人的思想观念、素质能力、行为方式、社会关系等方面的现代转型。要坚持推进思想解放、促进人的观念意识现代化，为改革攻坚提供新的精神动力。要坚持把人的全面发展摆在重要位置，全面推进公民素质能力方面的现代化，促进人的全面发展。

四是经济结构的现代化。经济结构的现代化的核心问题是克服二元结构，包括城乡二元结构、工农业二元结构。解决二元结构的起步阶段路径是工业化和城市化，降低农业和农民比重。进一步是城市现代化，即城市在发展现代服务业的基础上，提升城市功能；在此基础上推进城乡一体化，促进城市发展要素进入农村，实现城市现代化。

五是社会发展水平的现代化。包括生态现代化、文化、教育和医疗卫生发展水平的现代化等。在生态现代化方面，现代化社会形态是资源节约型、环境友好型社会。环境和生态的国际标准就成为基本实现现代化的主要评价指标。文化、教育和医疗卫生发展水平的现代化，反映了一个国家的软实力，是人民幸福的主要标志，也是现代化的重要领域。

二、新阶段经济发展的质量要求

经济新常态意味着我们必须摒弃过去数量型的经济发展模式，探索质量型的发展路径。新常态下经济发展要形成新竞争优势，必须以提高经济发展质量为核心，把质量当成基础性和关键性的变量。把转方式、调结构、创新发展放到更加重要的位置，把中国经济发展引入提高经济发展质量的轨道之中。

（一）增长不等于发展

经济增长和经济发展既有区别，又有联系。首先，增长并不等于发展。经济增长强调社会财富数量的增加，注重物质方面的进步和生活水准的提高；而经济发展则包含了质量的概念，在质和量的范畴中更注重经济的升级和优化，强调社会的全面进步，其重点不仅在于国民生产总值的增长，还要求经济结构的优化以及社会深层次的发展。其次，经济增长是经济发展的前提，经济发展是经济增长的最终目标。经济增长是一个量变的过程，经济发展则是在量变基础上实现质变的过程。既要关心经济的发展，又要关心人的发展。没有增长就谈不上发展，但是有经济增长却未必带来经济发展。联合国开发计划署（UNDP）在《人类发展报告》中讨论了五种有增长无发展的情况，即无工作的增长、无声的增长、无情的增长、无根的增长、无未来的增长，都是无视人作为发展的目的，我们盲目重视数量增长而忽视发展也会出现这种无发展的增长。

新常态下的经济发展要遵循经济规律，不仅要关注增长数量，更要关注经济增长质量。除了经济结构上要不断合理与优化外，资源消耗和能源消耗要低，对生态环境的破坏要小，知识含量要高，在总体效益的获取上要好。始终强调人口、资源、生态环境与经济发展的协调，重视科技进步在经济发展中的作用。通过制度创新，使人类的发展与生态环境能够和谐发展。

经济发展的目标从追求速度的发展转向追求质量的发展转变。过去30多年，我国经济长期保持两位数发展，经济新常态的一个基本表现形式就是增速的换挡。经济增速逐渐回落到中高速发展区间，形成一种可持续的经济发展速度。新常态背景下的经济发展与过去发展模式最大的区别就是建立在质量效益的基础上。新的发展模式要实现经济结构在诸多领域的全面升级，在这一转变过程中，经济结构将逐步改善，消费的贡献率逐步上升，环境规制强度会逐步增强，发展将从单纯的速度提升变为速度与质量效益的同步提升。

新常态下制约中国经济发展的核心因素从过去的投资规模扩张转向产业结构升级、技术进步和人力资本作用的发挥。以知识和技术为主的现代产业部门将得到快速发展，以促进产业结构的高级化和合理化。经济发展的主题不再是单纯追求经济发展的数量，而是要通过产业结构高级化追求经济发展的质量。

新常态下企业行为也将发生变化，新常态下企业的核心竞争力将从比较优势转向竞争优势，创新将成为企业获得竞争优势的源泉，获得利润的要素从依靠低劳动力成本和资源投入转向依靠信息、知识和技术这些新要素，企业要通过产品创新、技术创新、商业模式创新、管理创新，加快企业转型升级，依靠创新获得核心竞争优势，以竞争优势来获取利润。

（二）供给的有效性

供给是否有效是相对需求而言的。满足人民群众不断增长的物质和文化需求是社会主义条件下对供给有效性的基本要求。在低收入阶段，满足需求主要是数量问题。而进入中等收入阶段后，满足需求的供给主要是结构和质量问题。现实中存在的供给问题突出表现在有效供给不足和无效产能过剩并存。

有效供给不足，是供给侧的结构性问题，可以说是发展中国家的通病。进入中等收入阶段后，解决了温饱问题的居民需求更为多元化、个性化，需求层次更高。而供给仍然采取低收入阶段的方式，只是追求数量，不追求质量，不注重技术进步，为生产而生产，势必造成有效供给不足和无效产能过剩。显然，提高经济增长质量的关键是解决供给的有效性问题。中国经济增长要通过供给的改善来追求更加有质量的经济增长。主要有以下路径：

一是加快产业和产品结构调整，改善产品供给。从社会供求角度来看，当经济发展到一定程度，社会需求结构就会发生变动，相应的就需要供给结构与之相适应。这时，就需要对产业结构进行及时调整，对资源在社会生产各部门、各行业重新进行更有效的配置，提高单位资源的产出效益。除了产业结构调整外，特别要重视产品结构的调整。实践中适应需求多元化和个性化而创造的定制生产、体验性服务就能很好地解决供给的有效性问题。当然，供给结构不是被动地适应消费结构，供给也能创造消费者、引领消费结构的升级。

二是推进科技和产业创新，改善技术供给。有效供给不足的一个重要原因是供给侧由于技术水平的限制不能适应进入中等收入阶段以后消费需求的新变化：解决了温饱问题后居民的消费需求开始转型升级，更为关注供给的产品和服务的档次、质量、健康、安全、卫生等。要满足这些方面转型升级的消费需求，就需要推进科技和产业创新。这要求：一要提高企业自主创新能力，促进科技成果向现实生产力的转化，同时应注重企业的人力资本积累，倡导科技、知识和技术在部门产出增长中发挥主导作用；二要加快传统部门改造，加大传统部门技术和人力资本投入，同时要促进产业结构升级，促使企业或整个行业从原先的资本驱动型或劳动驱动型增长向知识驱动型转变，产业结构从低层次向高层次过渡；三要促进科技和教育制度创新，为改善供给和提高经济增长质量提供知识、技术和人才支持。通过科技制度创新鼓励在经济发展的关键技术领域和前沿核心技术领域进行创新，努力形成一批拥有自主知识产权的关键技术。通过教育体制的创新，培养高素质的人才，优化教育结构，推行素质教育，扩大教育资源，加快创新人才的培养。

三是启动民间投资，改善供给主体结构。民间投资完全受市场需求导向。启动民间投资有利于优化投资主体结构和供给主体结构，改变供给过分依靠政府投资的状况，增强民间投资对经济增长的拉动力。启动民间投资，关键在于：一要进一步向民间投资开放更多的投资领域。按照产业政策规划、结构调整的要求，积极引导、推动民间企业对基础产业、支柱产业和高新技术产业领域投资，适当开放公共设施投资领域，吸引民间投资。二要加强对民间投资的服务管理。政府要帮助民间投资主体提高项目的技术含量，加强对民间投资的政策引导。鼓励社会中介组织设立专门的信息服务中心、技术创新中心、投资咨询中心等机构，为民间投资提供信息等方面给予支持。三要为民间投资营造良好的投资环境。建立与国际惯例接轨的优质、高效、良好的投资环境，在人才培养、劳动、保险等方面为民间投资营造良好的投资环境。

（三）公平性发展

发展在本质上是一个效率不断提高、社会公平程度不断提高的过程。在低收入阶段强调效率优先，进入中等收入阶段后，发展的首要问题是促进公平正义。

公平体现在政治、经济、文化三个层面，在经济层面上，公平是效率的基础。公平与效率本质上是统一的，有公平，劳动付出能得到合理回报，就会有更多的劳动投入到生产过程中去，生产效率自然增加。在政治层面上，公平是建立完善的民主政治的重要基础，没有公平很难建立完善的民主政治。在社会层面上，公平是提高社会幸福度的有效途径，只有在公平的社会，人们才会感到更幸福。从经济发展的意义上来看，社会公平可提高经济发展效率，公平发展的最终目标是为了实现马克思所说的"人的自由而全面的发展"。

按照公平发展的要求，我国新阶段的经济发展突出需要推进收入分配体制的创新，完善各项社会保障制度。加强政府对收入分配的调节职能，调节差距过大的收入；规范分配秩序，合理调节少数垄断性行业的过高收入。扩大中等收入者比重，提高低收入者收入水平，保障城镇贫困阶层和农村贫困人口的基本生活。具体涉及以下三个方面：

一是在初次分配领域建立提高劳动报酬比重的机制。党的十八届三中全会《决定》提出，着重保护劳动所得，努力实现劳动报酬增长和劳动生产率提高同步，提高劳动报酬在初次分配中的比重。我们过去为了要发展多种所有制经济，特别强调资本、技术、管理在收入分配中间的比重，现在收入分配要重点讨论劳动者的报酬问题，我们的收入分配不能够只是市场调节，需要其他方面的调节，其中包括维护劳动权益的法律调节、企业内部工资集体协商机制调整，等等。需要在初次分配领域建立提高劳动报酬比重的机制：第一，坚持劳动者报酬增长与劳动生产率提高同步的原则，没有劳动生产率的提高，工资增长就成了无源之水；而工资不能与劳动生产率同步增长，最终也会伤害企业创新力和竞争力。但是劳动力市场本身并不能解决要素之间合理分配的问题，劳动者报酬增长与劳动生产率两者之间并非自然而然地保持同步，需要以政府为主导坚持和落实劳动者报酬增长与劳动生产率提高同步的原则。第二，健全扩大就业增加劳动收入的发展环境和制度条件，提高一线劳动者的报酬水平。逐步提高最低工资标准，推动工资集体协商，形成职工工资正常增长机制和支付保障机制，建立和谐的劳动关系。

二是在再分配领域强化公平分配的机制，建立以政府为主导的先富帮后富的机制。共同富裕是我国社会主义的根本原则，是社会主义制度区别于资本主义制度的基本特征。实现共同富裕，体现了中国共产党始终代表中国最广大人民的根本利益。因此，国家在鼓励一部分人、一部分地区通过诚实合法劳动先富起来的同时，还要引导先富者带动后富者，逐步实现共同富裕。为此，要加强政府再分配调节。政府要通过税收调节收入分配，提高基本公共服务均等化水平，缩小社会成员之间的收入和生活保障水平差异，提高低收入家庭收入和合理调节高收入。一方面，积极推进东西部扶贫协作。不仅国家对贫困地区要加大投入，东部地区也要加大对西部地区的投入；另一方面，积极落实精准扶贫。习近平总书记在 2013 年 11 月于湖南湘西考察时，首次提出了"精准扶贫"，习近平精准扶贫思想是中国政府当前和今后一个时期关于贫困治理的指导性思想，其理论基础是"共同富裕"根本原则，现实基础是"全面建成小康社会"的宏伟目标，是落实公平发展的重要方面。精准扶贫包括了精准识别、精准帮扶、精准管理和精准考核，其核心要义就是精准化理念，要求将精准化理念作为扶贫工作的基本理念，贯穿于扶贫工作的全过程。在精准扶贫中，要坚持开发式扶贫方针，把发展作为解决贫困的根本途径，既扶贫又扶志，调动扶贫对象的积极性，提高其发展能力，发挥其主体作用。

三是解决好财富公平的问题。现在收入分配不公平很大程度上来源于财富占有的不公平，党的十八大以来的改革承认财产性收入，这是改革的一大进展。我们的改革不能走剥夺私人财产的老路，但是我们要解决财富公平的问题。第一，在体制上提供增加居民财产从而增加居民财产性收入的途径，为居民提供更多的私人投资渠道。要鼓励私人创业，保护知识产权及其收入，要完善企业股权结构，允许员工持股，鼓励企业家持股和科技入股，农民可以通过土地流转来获取土地收入。在此基础上扩大中等收入群体。第二，发育生产要素市场，包括资本市场、技术市场、土地使用权流转市场、房产市场和经理人市场等，并保障这类市场的规范化。第三，多渠道增加居民财产性收入，依法加强对公民财产权的保护，确保公民财产权利和财富增值权利不受侵犯。

（四）生态文明

生产力不仅包括人及其创造力、生产工具，而且包括生态环境。现代财富观明确生态也是财富。"绿水青山"也是"金山银山"。这就是习近平总书记指出的："我们既要绿水青山，也要金山银山。宁要绿水青山，不要金山银山，而且绿水青山就是金山银山。"① 因此，生态环境也是生产力，坚持绿色发展也能提

---

① 习近平：《宁可要绿水青山 不要金山银山》，载于《人民日报》2013 年 9 月 7 日。

高生产力水平。习近平总书记强调了生态文明建设是"五位一体"总体布局和"四个全面"战略布局的重要内容。而且习近平还强调,"生态文明建设事关中华民族永续发展和'两个一百年'奋斗目标的实现,保护生态环境就是保护生产力,改善生态环境就是发展生产力。""绿色"的发展理念把生态文明建设作为我国经济社会发展的要义。可见,生态文明建设事关经济社会发展全局和人民群众切身利益,是实现可持续发展的重要基石,是提高发展质量的重要保证。因此,要以生态文明建设为目标,提高经济发展的质量。

提高经济发展质量,必须进行生态文明建设,构建生态经济发展新模式,走出一条经济发展与生态文明建设相协调的发展道路。具体包括以下内容:

(1)优化国土空间开发格局。按照人口资源环境相均衡、经济社会生态效益相统一的原则,统筹人口分布、经济布局、国土利用、生态环境保护,科学布局生产空间、生活空间、生态空间,给自然留下更多修复空间。

(2)加快实施主体功能区战略。加快完善主体功能区政策体系,实行差异化绩效考核,推动各地区依据主体功能区定位发展,严格实施环境功能区划,构建科学合理的城镇化推进格局、农业发展格局、生态安全格局,保障国家和区域生态安全,提高生态服务功能。

(3)全面促进资源节约。从资源使用这个源头抓起,把节约资源作为根本之策。树立节约集约循环利用的资源观,推动资源利用方式根本转变,加强全过程节约管理,实行能源和水资源消耗、建设用地等总量和强度双控行动,大幅提高资源利用综合效益。

(4)建立严格的生态环境保护制度。建设生态文明,是一场涉及生产方式、生活方式、思维方式和价值观念的革命性变革。实现这样的变革,必须依靠制度和法治,构建产权清晰、多元参与、激励约束并重、系统完整的生态文明制度体系,把生态文明建设纳入法治化、制度化轨道。

(5)深度参与全球气候治理。在推进国内生态文明建设的同时,要深度参与全球气候治理,积极参与应对全球气候变化谈判。从全球视野加快推进生态文明建设,把绿色发展转化为新的综合国力和国际竞争新优势,为推动世界绿色发展、维护全球生态安全做出积极贡献。

中国的经济增长面临着严重的资源环境约束,因此要妥善处理资源、环境、经济、社会的关系,实现提高经济增长质量的总体目标,关键在于加强对资源的管理:一是实现资源的资产化管理。资源的资产化管理就是要依据各种要素对增长的贡献大小和我国资源禀赋状态,不断提高经济增长中要素的组合质量和配置质量。二是科学地评价与引导经济发展过程对于资源、环境的正负面影响,确保实现资源、环境、经济、社会等的最佳配置状态，把保护资源放在突出位置，严格执行现有的国土资源规划，强化对资源的管理约束，加强对资源配置的调节，提高资源的利用效率。三是进一步完善资源开发利用的补偿机制和生态环境恢复的补偿机制，使等量的投入能够带来更多的产出，改善要素供给。

（五）人的现代化

提高发展质量不仅仅表现为经济发展水平的进一步提升和人民生活水平的进一步提高，还更加强调经济社会的协调发展，更加体现以人为本，强调人的现代化。人的现代化是促进国家发展的精神动力，中国特色社会主义经济发展，不仅承载着现代化建设的时代重任，也同时承载着持续推进人的现代化、促进人的全面发展的历史使命。

人的现代化有一系列衡量指数，联合国开发计划署在《1990 年人文发展报告》中提出了人类发展指数，以"预期寿命、教育水平和生活质量"三项基础变量，按照一定的计算方法，得出的综合指标。将经济指标与社会指标相结合，揭示了经济增长与社会发展的不平衡，指出人文发展状况，即人的健康长寿、受教育机会、生活水平、生存环境和自由程度等指标的综合发展状况，是衡量一个国家综合国力的重要指标。此后联合国开发计划署每年都发布世界各国的人类发展指数（HDI），并在《人类发展报告》中使用它来衡量各个国家人类发展水平。从人的主体性角度看，实现人的现代化，就是推进人从传统向现代的转型，即推进包括人的思想观念、素质能力、行为方式、社会关系等方面的现代转型。在联合国开发计划署的报告中，中国的人类发展指数比较低，在教育年数、预期寿命、人均的因素，地域发展不平衡，贫富差距等问题上存在着一些问题。因此，在新常态下提高经济发展质量，要重视人的现代化。

人的现代化包括：（1）提高人的思想观念的现代化。思想观念的现代化，是指人的思想观念和心理状态从传统向现代的转化，它主要包括人的价值观念、精神态度、思想意识、思维方式等方面的现代化。要通过树立科学的世界观、人生观、价值观，弘扬与时俱进、改革创新的时代精神，培育现代公民的主体意识、竞争意识、责任意识、法治意识、可持续发展意识等来实现人的思想观念的现代化，为改革攻坚和新常态的经济发展提供新的精神动力。（2）提高人的素质能力的现代化。国家治理的最终目的是人的自由全面发展，促进人的全面发展也是马克思主义的重要思想和目标追求。人的素质能力主要包括品质、体质、智能和潜能。通过发展各类教育，提高受教育年限，加强人力资源开放等多种方式提高人的素质，努力使我国由传统的人口大国转化为人才资源强国，把人口压力转化为人才优势，从人口红利向人力资本红利转变，实现人的素质能力的现代化。在推进全面小康社会建设中，又把人才提升到"第一资源"的战略高度，全力推进人才强国战略。（3）以制度创新为保证实现人的现代化。制度创新是人的现代化的保证。人的观念更新，人的能力提高，只有在现代制度条件下和制度创新过程中真正实现。只有制度创新才能有效消解旧的传统制度的强大惯性对人的发展阻抗，才能规范人在新的经济、政治、文化生活领域的发展行为。以制度创新为人的现代化提供保证，以人的发展为中心的系统，外接社会的经济、政治、文化制度，内连人的发展的各种行为构建促进人的发展制度体系。

（六）发展质量评价的指标体系

经济发展质量是指一定时期内一个国家或地区国民经济发展的优劣程度，即经济内部以及经济与社会之间的协调状态。提高经济发展质量是一项带有全局性和长期性的战略任务。任何单一指标都无法对经济发展质量做出全面、准确的评价，需要构建综合性的评价指标体系。

关于经济发展质量指标体系的构建，学术界进行了多方面的研究，国际上最初的指标体系就是联合国开发署提出的人类发展指数，国内一些学者提出"从经济发展的有效性、充分性、协调性、持续性、创新性、稳定性和分享性出发，构建经济发展质量评价指标体系。"① 也有人构建了由综合经济效益、创新发展、协调发展、绿色发展、开放发展、共享发展等六个评价子系统35项指标组成的经济发展质量评价体系②。还有人从经济增长的稳定性、经济结构、社会总需求、科技进步、资源环境、民生改善六个方面30个指标构成的指标体系③。

目前学界认为影响经济发展质量的主要因素有：经济增长、经济结构优化、技术进步、人力资本、资源配置状况、收入分配状况、城市的发展状况等。我们认为经济增长与经济发展是有区别的，以上这些因素不是独立存在，相互作用、相互影响。研究经济发展质量，还需要考虑环境因素、制度因素、市场的开放性等。我们认为经济发展质量的评价指标不但应包含经济增长的效率，还有包含质上的改变，即经济社会结构的优化、创新能力提升、经济可持续发展、国民经济平稳运行、居民生活质量的提高。

依据经济发展质量的内涵，经济发展质量的评价维度可以包括经济效益、社会效益和生态效益三个方面，从这三个方面出发构建衡量经济发展的指标体系。

---

① 冷崇总：《关于构建经济发展质量评价指标体系的思考》，载于《宏观经济管理》2008年第4期。
② 刘兴远：《江苏经济发展质量的比较研究》，载于《统计科学与实践》2016年第1期。
③ 许永兵：《河北省经济发展质量评价》，载于《河北经贸大学学报》2013年第1期。

（1）经济效益即资源最小投入获得最大的产出，投入产出的效率达到最大。表现为经济增长的效率、经济结构的优化、创新能力的提升和国民经济平稳运行等；（2）社会效益指的是居民生活质量的提高，不但包含居民收入和福利水平的提高，还包含劳动力就业水平的提高，城乡发展差距、区域发展差距和产业发展差距的缩小等；（3）生态效益，即环境效益，在经济发展过程中资源是否达到最大化利用，环境污染的程度是否达到最小化，经济发展不是牺牲环境恶化为代价的，而是与环境改善实现良性循环。因此，经济发展质量的指标体系构建如表 4 - 1 所示。

表 4 - 1　　　　　　　　　　经济发展质量评价指标体系

一级指标	二级指标	三级指标	四级指标	指标类型
经济发展质量	经济效益	经济增长效率	1. 投入产出率（%）	正向指标
			2. 社会劳动生产率（元/人）	正向指标
			3. 工业经济效益综合指标（%）	正向指标
			4. 农业耕地产出效率（%）	正向指标
			5. 单位 GDP 能耗	逆向指标
			6. 单位 GDP 水耗	逆向指标
		经济增长的创新能力	7. 全要素生产率	正向指标
			8. 研究与试验发展经费支出占 GDP 比重（%）	正向指标
			9. 高新技术产业化程度（%）	正向指标
			10. 专利授权指数	正向指标
		国民经济运行的平稳性	11. 产出波动率（%）	逆向指标
			12. 价格波动率（%）	逆向指标
			13. 就业波动率（%）	逆向指标
		经济结构的调整	14. 工业化率（%）	正向指标
			15. 市场化程度	正向指标
			16. 对外开放程度	正向指标
	社会效益	社会发展	17. 城市化程度	正向指标
			18. 就业弹性系数	正向指标
			19. 人均受教育年限（年）	正向指标
			20. 居民消费水平	正向指标
		社会协调与福利	25. 基尼系数	逆向指标
			26. 居民人均可支配收入与人均 GDP 的比（元/万元）	正向指标
			27. 恩格尔系数	正向指标
			28. 城乡居民人均收入比	逆向指标

续表

一级指标	二级指标	三级指标	四级指标	指标类型
经济发展质量	生态效益	环境污染	29. 万元 GDP 工业废水排放量（吨/万元）	逆向指标
			30. 万元 GDP 工业废气排放量（立方米/万元）	逆向指标
			31. 工业固体废物排放量	逆向指标
		环境治理	32. 环境污染物治理投资总额占 GDP 的比重（%）	正向指标
			33. 生活垃圾无害化处理率（%）	正向指标
			34. 污染治理指数（%）	正向指标
			35. 城市污水集中处理率（%）	正向指标

三、创新经济发展方式

经济发展的质量取决于经济发展方式。随着我国的经济发展由数量型转向质量型，经济发展方式也需要相应改变。在改革开放以来我国按照提高经济发展质量的思路，先后经历了从经济增长方式转变、到经济发展方式转变、再到创新经济发展方式的思路。在这些思路的转变过程中，通过创新发展方式来提高经济发展的质量的思路被突出出来了。

（一）转变和创新发展方式

改革开放以来，为了提高经济发展的质量，我们党先是推进经济体制改革，试图从计划经济体制转向社会主义市场经济体制来解决发展的质量，有明显的效果，但不能完全解决质量问题。1995 年中共十四届五中全会基于新的探索和新的历史条件，提出实现经济增长方式从粗放型向集约型转变的思想。这样，提高经济发展质量就建立在两个转变的基础上：一是经济体制的转变；二是经济增长方式的转变。

2007 年党的十七大明确把转变经济增长方式改为转变经济发展方式，正式提出，"实现未来经济发展目标，关键要在加快转变经济发展方式、完善社会主义市场经济体制方面取得重大进展"，而且加快转变经济发展方式是"关系国民经济全局紧迫而重大的战略任务"。党的十七大同时指出，要实现加快转变经济发展方式的目的，就必须在坚持走中国特色新型工业化道路和扩大国内需求特别是消费需求的方针的同时，促进经济增长实现"三个转变"，即由主要依靠投资、出口拉动向依靠消费、投资、出口协调拉动转变，由主要依靠第二产业带动向依靠第一、第二、第三产业协同带动转变，由主要依靠增加物质资源消耗向主要依靠科技进步、劳动者素质提高、管理创新转变。

"加快转变经济发展方式",是继提出"实现经济增长方式根本性转变"之后,我党在探索转变经济发展方式上取得的又一重大理论成果。它是针对世纪之交中国经济社会发展中集中涌现的诸多突出矛盾提出的,因而比经济增长方式理论具有更丰富的理论内涵。从转变发展方式的主要目标来看,除转变经济增长方式之外,还强调经济增长的内源性、可持续性与社会和谐,要求实现经济、社会、人与自然的全面可持续发展。

2012年召开的党的十八大在坚持经济发展方式转变的同时,进一步提出了创新驱动战略。在党的十八大报告中提出,"以加快转变经济发展方式为主线,是关系我国发展全局的战略抉择",要以深化改革为加快转变经济发展方式的关键,实施创新驱动发展战略,推进经济结构战略性调整。"坚持科学发展观要以加快转变经济发展方式为主线,把推动发展的立足点转到提高质量和效益上来,着力激发各类市场主体发展新活力,着力增强创新驱动发展新动力,着力构建现代产业发展新体系,着力培育开放型经济发展新优势,不断增强长期发展后劲。"

2013年召开的党的十八届三中全会进一步强调了加快经济发展方式转变,加快建设创新型国家,推动经济更有效率、更加公平、更可持续发展。2014年中央经济工作会议对我国经济发展做出了新常态的判断,新常态不仅是经济增长速度的换挡,而是要逐步实现中国经济发展方式的转型,使得中国经济逐步驶向经济结构更加均衡、环境更加友好、收入分配更加包容、经济增长更具创造力。

党的十八届五中全会关于"十三五"规划建议明确要求"把发展基点放在创新上","深入落实创新驱动发展战略"。从而把"加快转变经济发展方式"扩展到创新驱动战略,把创新驱动战略作为加快转变经济发展方式的途径。因此,经济发展方式转变是我国经济发展进入新阶段和新常态背景下的必然选择,而创新驱动战略是加快经济发展方式转变的路径。

现代经济增长理论认为,内生性经济增长的决定性因素是知识资本和人力资本。现在创新驱动经济发展已经成为世界性趋势。创新驱动发展方式已经成为新常态下提高经济发展质量的重要内容。这对中国的发展具有重大而深远的指导意义。习近平同志指出:从全球范围看,科学技术越来越成为推动经济社会发展的主要力量,创新驱动是大势所趋。他强调"科技创新是提高社会生产力和综合国力的战略支撑,必须把科技创新摆在国家发展全局的核心位置,坚持走中国特色自主创新道路,敢于走别人没有走过的路,不断在攻坚克难中追求卓越,加快向创新驱动发展转变。"① 我国过去的经济增长主要依靠物质资源的投入，现在物质资源供给不足成为经济增长的"瓶颈"。在此背景下，经济发展需要由要素和投资驱动转向创新驱动，创新驱动就成为转变经济发展方式的新常态。

（二）科学发展

在 2013 年 7 月 29 日中央政治局会议上习近平同志指出"发展必须是遵循经济规律的科学发展，必须是遵循自然规律的可持续发展，必须是遵循社会规律的包容性发展。"② 这是对新常态下中国经济发展新特征、新趋势的科学把握，是对推动经济持续健康发展新思路、新目标的高度概括，对当前以至长期做好经济工作具有重要的指导意义。

第一，遵循经济规律，实现科学发展。习近平同志指出："我们强调要以提高质量和效益为中心，不再简单以国内生产总值增长率论英雄。"③ 发展中国家在发动经济增长的初期一般都追求一个"快"字，实施赶超战略，试图在较短的时期赶上发达国家的现代化水平。单纯追求"快"的增长方式适应于经济发展初期阶段的环境。随着经济发展的全面推进，经济发展整体水平的提高，在新的发展阶段要实现经济发展的持续性，就不能单纯强调数量和速度，而要强调发展的质量和效益。一方面，要由过去的投资和出口的带动向消费、投资和出口协调拉动转变，更加强调消费对经济发展的作用。另一方面，要由过去低成本的规模扩张向提高效率方面转变，推进技术进步，加快产业结构优化升级，在优化结构中加快发展、提高效益、降低能耗，走自主创新之路、新型工业化之路、农业现代化之路。

第二，遵循自然规律，实现可持续发展。人与自然的关系在一开始是人类屈服于自然，后来提出人类征服自然，与此相应的发展方式产生了一系列不顾资源和环境有限性的约束而掠夺和破坏自然的行为。特别是在进入工业时代以后，人类利用工业化的文明成果——先进的技术对大自然加以索取和掠夺，对整个社会和自然都造成了巨大的威胁，产生了人口、资源、环境和经济增长系统的不可持续性。在新常态下对环境、资源和生态问题要给予高度的重视，在现代化建设中不仅要求新的项目不能破坏生态，还要求治理因过去发展对生态所造成的破坏，实现人与自然的和谐。

第三，遵循社会规律，实现包容性发展。过去强调经济发展，而社会发展相

---

① 习近平：《在会见嫦娥三号任务参研参试人员代表时的讲话》，载于《人民日报》2014 年 1 月 7 日。
② 2012 年 11 月 30 日习近平在中南海召开党外人士座谈会的讲话。
③ 2013 年 10 月 7 日习近平在 APEC 工商领导人峰会的演讲。

对滞后，使经济发展与社会发展不协调。所以，在发展方式转变中要强调经济和社会的协调发展。经济社会协调发展是社会文明进步的标志。经济发展和社会发展是相互作用的，经济发展是社会发展的基础，社会发展反作用于经济发展。和谐的社会能够调动劳动者积极性，从而促进经济发展，反之社会矛盾凸显则制约了经济发展的脚步。社会发展要遵循社会规律，最为重要的是公平性、全民参与和共享发展成果的包容性发展。

（三）中高速增长

伴随着中国经济发展新阶段的特征，过去 30 多年高速增长所依赖的资源禀赋条件发生了新的变化，由此产生的经济发展的红利也在衰减，除了前面所分析的人口红利衰减和发展初期的自然资源红利衰减外，还有以下三个红利的衰减：（1）增量改革红利的衰减。过去 30 多年，中国成功实现了从计划经济体制到社会主义市场经济体制的伟大转折，由此带来的就是经济增长的体制转轨红利，为中国经济 30 年持续的高增长释放了巨大的动力空间。但是这些体制转轨的红利还只是增量改革的红利，随着中国市场化改革的深化，改革正在转向存量改革，在短期内，增量改革的体制转轨红利将逐步消退，存量改革的红利在短期内难以显现。（2）高投资红利的衰减。过去 30 多年，由于相对低廉的要素成本和分权带来的政府间竞争效应，中国经济发展呈现高储蓄、高投资的结构性特征，由此带来的就是中国经济增长的投资红利。随着全球经济危机和总供给冲击的影响，中国的投资红利出现了新变化，以高投资为特征的增长模式已经变得不可持续，中国经济增长的投资红利正在逐步消退。（3）外资和外贸红利的衰减。过去 30 多年，中国利用自身的资源优势、成本优势、市场优势全面融入全球分工体系中，由此带来的是中国经济增长的外资与外贸红利。世界金融和经济危机的复苏进程艰难曲折，外部需求扩张速度明显放缓使得过度依赖外资与外贸的传统经济发展方式难以为继，过去推动中国经济发展的外资红利和外贸红利将逐步消退。

进入新的发展阶段，体制转轨红利的逐步消退，形成了中国经济发展新阶段的制度供给约束。人口红利的逐步消退，形成了中国经济发展新阶段的要素供给约束；投资红利的逐步消退，形成了中国经济发展新阶段的增长动力约束。资源红利的逐步消退，形成了中国经济发展新阶段的资源环境约束。外资与外贸红利的逐步消退，形成了中国经济发展新阶段的外部约束。由于这些原因，我国经济增长速度放缓是不可避免的。但仍然能够保持中高速增长则是可能的。其原因除了过去增长的惯性以外突出在两个方面：第一，中国是发展中大国，发展的空间仍然很大；第二，中国是世界第二大经济体，中国的市场规模稳居世界前列；第三，中国的改革还在深入，虽然转向存量改革在短期内会有阵痛，但长期看改革的红利会逐步显现；第四，也是最为重要的，中国特色社会主义的经济制度优势会强烈支持中国的经济增长保持中高速。

中高速增长新常态，可以说是现阶段经济增长所要追求的目标，体现经济增长质量的要求：首先，中高速增长不是自然形成的，是需要经过努力才能达到。在供给推动力消退的情况下，要达到长期可持续的中高速增长，需要寻求并尽快形成新的推动力。其次，中高速增长不是降低发展的要求，而是要求增长的速度不是建立在规模扩大的基础上，而是建立在提高发展的质量和效益的基础上。最后，中高速增长必须是可持续的，不仅要求增长速度在长期中稳定，防止大起大落，还要求与人口资源环境协调，实现可持续发展。所有这些都涉及经济发展方式的转变。

（四）中高端结构

现在世界科技发展有这样几个趋势：一是移动互联网、智能终端、大数据、云计算、高端芯片等新一代信息技术发展将带动众多产业变革和创新；二是围绕新能源、气候变化、空间、海洋开发的技术创新更加密集；三是绿色经济、低碳技术等新兴产业蓬勃兴起；四是生命科学、生物技术带动形成庞大的健康、现代农业、生物能源、生物制造、环保等产业。面对世界科技发展新趋势，当今世界的经济竞争表现为产业竞争。世界主要国家纷纷加快发展新兴产业，加速推进数字技术同制造业的结合，推进"再工业化"，力图抢占未来科技和产业发展制高点。一些发展中国家也加大科技投入，加速发展具有比较优势的技术和产业，谋求实现跨越发展。对此，我们必须高度重视、密切跟踪、迎头赶上，与发达国家进入同一创新起跑线。

长期以来反映低收入阶段和发展中大国的特征，我国的产业结构处于中低端。我国在进入中等收入阶段后，产业水准必须瞄向中高端。其方向除了提高服务业尤其是现代服务业比重外，在制造业领域的中高端方向突出在以下三个方面：

第一，前瞻性地培育战略性新型产业。发展战略性新型产业实际上是培育国际竞争中的产业优势。战略性新兴产业既代表着科技创新的方向，也代表着产业发展的方向，是科技创新和产业创新的深度融合。目前世界范围内建立在互联网、新材料、新能源相结合基础上的第三次产业革命正在兴起。自国际金融危机爆发以来，许多国家纷纷着手进行规划，把新能源、新材料、信息技术等作为未来发展的重点，积极培育新型产业，力争在第三次产业革命获得优势。依据世界产业发展的趋势，在新常态下我们要前瞻性地培育战略性新兴产业。战略性新兴产业的一般特征是：以重大技术突破和重大发展需求为基础，对经济社会发展具有重大引领作用。从战略性新兴产业的投入要素结构来看，主要表现为知识技术密集、物质资源消耗少。因此，基于战略性新兴产业的特征，立足于我国现有的科技基础和产业基础，现阶段应当重点发展节能环保、新信息技术、生物技术、高端装备制造、新能源、新材料、新能源汽车等战略性新兴产业。坚持科技创新与实现产业化相结合。切实完善体制机制，大幅度提升自主创新能力，着力推进原始创新，大力增强集成创新和联合攻关，促进战略性新兴产业快速成长。

第二，传统制造业向新兴产业转型。目前大部分新兴产业不是在传统制造业企业中产生的，而是另起炉灶：有的是由科技创新所孵化的科技企业发展而成，有的是依靠新投资发展起来。传统产业企业有技术改造的动力，但没有创新产业的动力。究其原因，除了创新产业成本和风险大之外，主要是传统制造业企业阻碍对自身的替代性竞争，产生替代性新产业后形成的沉没成本成为其产业创新的阻力。实际上传统产业创新产业是最为有效的：一方面，技术上相通，技术转型方便；另一方面，市场渠道已经存在，市场转型的阻力小。因此，传统制造业向新兴产业转型的总体财务成本小，市场风险小，在新常态下我们要重视传统制造业向新兴产业转型。特别是传统产业要采用现代最新技术，如"互联网＋"、"智能化＋"、绿色化等进入中高端，改变高消耗、高污染、高产值、低收益的窘境。

第三，全球价值链分工进入中高端。经济全球化背景下，国际竞争是全球价值链的竞争。目前我国参与全球价值链分工现状是：高科技产品的中国制造部分处于价值链低端，核心技术和关键技术环节不在我国的居多，品牌也是用外国的多。我国现有依靠创新驱动应做到：攀升全球价值链中高端，高科技产品进入全球价值链中高端，向微笑曲线的两端攀升。一方面，在已有的全球价值链上攀登价值链中高端，通过低端转移，转向高端制造；另一方面，建立以我为主导的价值链，使得原创性的有自主知识产权的核心技术和关键技术在我国，品牌也是我国的，而生产环节走出去。

（五）文明发展道路

中国的社会主义现代化道路是生产发展、生活富裕、生态良好的文明发展道路。提高经济发展质量并坚持走文明发展道路意味着建设资源节约型、环境友好型社会，实现速度和结构质量效益相统一、经济发展与人口资源环境相协调，使人民群众在良好生态环境中生产生活，实现经济社会永续发展。因此，文明发展的道路需要把生产、生活和生态联系起来，是人类社会发展规律的要求，也是人类文明进步的要求。具体来说，文明发展道路包括如下内容：

（1）走物质文明道路。物质文明是指人类物质生活的进步状况，在经济领域中创造的财富和成果，反映了物质生产和经济生活的进步。内容包括社会生产力的发展，生产工具和技术的改进，生产规模的扩大，社会财富的积累，人的物质生活水平的改善，衣食住行水平的提高，生活方式的变化等。它与社会生产力发展水平相一致，并受生产关系、地理条件和人口因素的制约和影响，科学技术的发展对物质文明的发展起决定作用。

（2）走精神文明道路。精神文明是人类在改造客观世界和主观世界的过程中所取得的精神成果的总和，是人类智慧、道德的进步状态。精神文明主要表现为两个方面：一是科学文化方面，包括社会的文化、知识、智慧的状况，教育、科学、文化、艺术、卫生、体育等项事业的发展规模和发展水平。二是思想道德方面，包括社会的政治思想、道德面貌、社会风尚和人们的世界观、理想、情操、觉悟、信念以及组织性、纪律性的状况。作用是为物质文明的发展提供思想保证、精神动力及政治保障，法律保障和智力支持。社会主义精神文明是人类精神文明发展的重要阶段。它以马克思主义为指导，在社会主义经济政治制度下形成的人类历史上新型的精神文明，是社会主义社会的重要特征，是现代化建设的重要目标和重要特征。

（3）走政治文明道路。政治文明是指在政治领域中所取得的成果，主要表现为政治制度和政治生活的进步。主要包括政治制度和政治观念两个层面的内容。在政治制度层面，主要表现为由于经济基础和阶级力量对比的变化所引起的国家管理形式、结构形式的进化发展。在政治观念层面，主要表现为政治价值观、政治信念和政治情感的更新变化，如民主、自由、平等、人权、正义、共和、法治等思想观念的形成、普及和发展，以及人们政治参与意识的普遍增强，等等。

（4）走生态文明道路。生态文明是协调人与自然关系的文明，是指人类遵循人、自然、社会协调发展的客观规律而取得的物质与精神成果的总和；是指人与自然、人与人、人与社会和谐共生、良性循环、全面发展为基本宗旨的文明形态。物质文明的发展离不开生态文明的建设，生态文明建设和发展的好坏制约着物质文明的发展程度。生态文明建设的高度发展，会使人们心中形成良好的社会生态意识，提高人们的生态道德水平，规范人们的生态活动的行为准则，转变人对生态环境的态度，承认自然界的权利与价值，提高人们对环境保护和建设的认识。

（5）走社会文明道路。加强和创新社会治理，是我国社会主义社会发展规律的客观要求，是人民安居乐业、社会安定有序、国家长治久安的重要保障。一方面，完善党委领导、政府主导、社会协同、公众参与、法治保障的社会治理体制，运用法治思维构建社会行为有预期、管理过程公开、责任界定明晰的社会治理制度体系，推进国家治理体系和治理能力现代化。另一方面，健全利益表达、利益协调、利益保护机制。统筹好群众的现实利益和长远利益，兼顾好的个体利益和集体利益。

总的来说，发展不仅要看经济增长指标，还要看人文指标、资源指标、环境指标。在提高发展质量的过程中，实现经济社会和人口资源环境的协调发展。加大环境保护力度，强化环境监管，改善环境质量，积极构建资源节约型、环境友好型社会。按照可持续发展的要求，正确处理经济发展同人口资源环境的关系，促进人和自然的协调与和谐，努力开创生态良好的文明发展道路。

第五章　经济新常态下发展的新动力

政治经济学研究的重要功能是寻求经济动力。经济动力与经济利益相关，既有外在的动力，又有内在的动力，最根本的还是内在的动力。马克思主义政治经济学面对资本主义是要寻求推翻资本主义社会的动力。中国特色社会主义政治经济学面对社会主义是要寻求建设新社会的动力，涉及两个层面：一是在生产关系层面上寻求发展动力；二是在生产力层面上寻求发展动力。在生产关系层面上寻求发展动力也就是推进改革解放生产力。主要表现在，改革和完善基本经济制度寻求多种所有制经济的发展动力；发展市场经济和市场对资源配置起决定性作用，以市场机制激发活力；改革收入分配体制，通过要素报酬机制促使资本、劳动、技术和管理等各种要素迸发活力。在生产力层面上寻求发展动力，涉及供给和需求两侧的动力。这是本章的重点。

一、在供给和需求两侧寻求经济发展新动力

（一）供给和需求相互依存

在政治经济学中，供给即提供给市场的产品，需求即有支付能力的需求。经济运行中的供给和需求相互依存、相互依赖。供给和需求相互作用推动经济增长。

根据马克思的劳动价值理论，无论是供给还是需求都可以还原为社会劳动量。一方面，某种商品的供给总量，即在一定劳动生产率的基础上，该生产部门制造一定量的物品所需要的一定量的社会劳动时间。另一方面，社会对该种商品的需求总量，即社会购买这些物品的方法，就是把它所能支配的劳动时间的一定量来购买这些物品。商品按市场价值出售，就要求用来生产某种商品的社会劳动的数量，同所要满足的社会需要的规模相适应。

供求一致究竟是指什么？马克思的界定是："某个生产部门的商品总量能够

按照它们的市场价值出售，既不高，也不低。"① 而在现实中，马克思认为，供求实际上从来不会一致。供求一致的现象，在科学上等于零。原因是一方面耗费在一种社会物品上的社会劳动总量和另一方面社会要求用这种物品来满足的需要的规模之间，没有任何必然的联系而只有偶然的联系，于是就出现某种商品的产量超过了当时的社会需要。这种状况就是我们现在所讲的需要"去"的过剩产能和库存。这些商品必然要低于它们的市场价值出售，其路径或者是降价出售，或者是浪费掉多余的商品。

供求不平衡，或者表现为市场上供给出不清，或者表现为需求出不清。供求平衡就是出清市场。出清市场不仅仅是解决市场平衡问题，同时也是推动经济增长的动力。在马克思的理论中，出清市场靠的是市场竞争机制。概括起来，在市场上存在着三个方面的竞争：卖者之间、买者之间、买卖双方。在需求超过供给的场合，主要是需求方之间的竞争："一个买者就会比另一个买者出更高的价钱，这样就使这种商品对全体买者来说都昂贵起来，提高到市场价值以上；另一方面，卖者却会共同努力，力图按照高昂的市场价格来出售。"② 在供给超过需求的场合，主要是供给方之间的竞争。卖者之间互相施加足够大的压力（竞争），"以便把社会需要所要求的商品量，也就是社会能够按市场价值支付的商品量提供到市场上来。"③ 而且供给方之间的竞争会产生降低社会必要劳动时间的功能："只要一个人用较便宜的费用进行生产，用低于现有市场价格或市场价值出售商品的办法，能售出更多的商品，在市场上夺取一个更大的地盘，他就会这样去做，并且开始起这样的作用，即逐渐迫使别人也采用更便宜的生产方法，把社会必要劳动减少到新的更低的标准。"显然，市场经济条件下供求调节实际上是价值规律的调节，本身也是增长的动力。

我国已经推进的市场化改革，建立由市场来决定资源配置的体制机制，实际上就是根据马克思的上述理论，建立价值规律的调节机制。转向市场经济体制就意味着推进需求侧的改革。其内容包括：强化市场竞争机制、突出市场需求导向、取消指令性计划等。

市场对出清市场的调节是事后的调节，市场调节下的供求平衡，"只是在事后作为一种内在的、无声的自然必然性起着作用，这种自然必然性可以在市场价格的晴雨表的变动中觉察出来，并克服着商品生产者的无规则的任意行动"④。

---

① 马克思：《资本论》第 3 卷，人民出版社 2004 年版，第 210 页。
② 马克思：《资本论》第 3 卷，人民出版社 2004 年版，第 211 页。
③ 马克思：《资本论》第 3 卷，人民出版社 2004 年版，第 201 页。
④ 马克思：《资本论》第 1 卷，人民出版社 2004 年版，第 412 页。

市场上出现总量供大于求时，常常需要通过经济危机方式来强制地实现平衡。这种市场平衡的方式显然是破坏生产力的方式。这意味着为防止供给侧的市场出不清，还是需要供给侧自身的理性调节。

根据马克思主义经济学原理，在供给侧无论是增加供给能力还是调整供给结构都有其自身的发展规律和路径。马克思所指出的生产力要素就是我们现在讲的供给侧要素，包括："工人的平均熟练程度，科学的发展水平和它在工艺上应用的程度，生产过程的社会结合，生产资料的规模和效能，以及自然条件。"[①] 简单地归结为：劳动者素质，科技，社会分工，规模经济，自然条件。基于此，增强供给能力，也就是社会生产力发展的来源，"归结为发挥着作用的劳动的社会性质，归结为社会内部的分工，归结为脑力劳动特别是自然科学的发展"[②]。

（二）供给推动和需求拉动

经济发展的动力有供给推动和需求拉动两种动力。这与经济发展所处的阶段相关。

中国过去 30 多年经济的快速增长的动力可以概括为：供给推动。其背景：一是在原有的计划经济体制中，需求的拉动作用不明显；二是处于低收入发展阶段时供给推动力非常强劲。其表现，第一，农业大国的剩余劳动力转移推动了低成本的工业化；第二，实行独生子女政策所产生的人口红利支持了高储蓄高投资；第三，土地和环境资源的宽松和低价供给也造成了增长的低成本。改革开放充分动员了这些动力，相应的投资拉动也就是以投资动员这些供给要素，支持了我国 30 多年的快速增长。现在，这些要素的供给对经济增长的推动力明显减弱：第一，农业剩余劳动力供给进入"刘易斯转折点"（Lewis Turning Point），表现为城市化和农业劳动力转移速度减缓，"民工荒"显现；第二，人口红利随着人口老龄化而趋向消失；第三，能源、资源、可建设用地的"瓶颈"约束日益突出，特别是伴随着人民生活水平的提高和对健康要求的提高，发展项目的生态和环境约束也更为严格。这意味着，在新的发展阶段到来时，中国的劳动和自然资源的比较优势正在失去。经济增长的发动机需要转换，中国的经济增长动力不可能再只是指望物质资源供给推动，需要在需求侧寻求新的动力。特别是在转向市场经济后，特别要重视需求的拉动作用。在供给和需求两侧提供发展的动力，不仅反映中国经济体制转向市场经济的要求，也是经济发展转向现代

---

① 马克思：《资本论》第 1 卷，人民出版社 2004 年版，第 53 页。
② 马克思：《资本论》第 3 卷，人民出版社 2004 年版，第 96 页。

化阶段的基本特征。

拉动经济增长的需求侧要素除了市场导向外，还涉及消费、投资和出口"三驾马车"拉动。这"三驾马车"也有结构性问题。统计数据表明，我国近几年来，净出口增长率对经济增长的贡献率明显下降。世界市场不景气是个重要因素，但更为重要的是，在世界第二大经济体中，外需是拉不动足够规模的经济增长的。因此，扩大内需成为经济发展的战略基点或者说是基本动力。扩大内需包括扩大投资需求和消费需求。我国过去适应供给推动的特点，依靠投资拉动要素供给。现在，随着资源和低成本劳动力方面的供给推动力消退，需求的拉动力尤其是消费需求的拉动力得到了高度重视。

现在供给推动力衰退，但不能就此以为今后经济增长的动力只是在需求侧，从而轻视供给侧的动力。实际上，影响经济增长的要素，不仅有需求要素，也有供给要素。在需求拉动没有充分的力量阻止经济下行的压力时，不能忽视在供给侧寻求推动经济增长的动力。

供给推动经济增长的要素也就是影响实际增长率的潜在经济增长率的供给要素，除了物质和劳动力要素投入外，还有技术、结构、效率等方面的要素。现阶段消退的供给侧的推动力只是物质资源和低成本劳动力。而在供给侧还有其他动力可以开发，如创新驱动、结构调整、提高效率都是供给侧推动经济增长的动力。相比需求的拉动力，供给侧的推动力更为长期。

基于关于供给和需求的经济学原理，对当前研究供给侧问题有重要的指导意义：经济增长需要供给侧和需求侧两侧共同发力。市场机制是供给和需求平衡的重要调节机制；解决供给侧的问题不能脱离需求侧；只是靠需求侧的市场调节，只是靠需求管理不能完全解决经济的有效增长的问题。

二、需求侧动力和需求管理的进一步改善

我国从 1978 年开始的市场化改革实际上是需求侧的改革，包括取消指令性计划，转向市场经济，宏观调控转向财政和货币政策调控。与此相应，在改革所发展起来的市场经济基础上产生需求侧的拉动力。需求侧的拉动力分微观和宏观两个方面。微观的动力主要是指市场选择的压力，涉及市场需求和市场竞争的压力。在宏观上即总需求，涉及消费、投资和出口"三驾马车"协同拉动经济增长，同时也包括国家的宏观调控所采用的财政和货币政策，紧缩性的、扩张性的或平衡性的财政和货币政策都会影响总需求。在需求侧改革进行了 30 多年后，需求侧的体制也有需要进一步改革的要求，但重点是完善需求管理。

（一）总需求结构演变

研究需求侧的"三驾马车"的作用，需要关注其中各个需求的拉动力。"三驾马车"的协同作用不是指各自平均发力，而是在每个特定阶段各自的作用要达到最佳。需求拉动型经济意味着经济增长主要靠消费、投资、出口三大需求拉动。在原有的经济常态中，中国的经济增长主要依靠投资需求拉动，实施对外开放政策后，出口需求这驾马车又开始发力。进入新阶段出现新常态后，这两驾马车的拉动力明显下降，消费需求的拉动作用得到了高度重视。据2016年10月19日在国务院新闻办举行的新闻发布会上国家统计局新闻发言人提供的数据，投资、消费、净出口三大需求的贡献率，消费对经济增长的贡献率是71%，比2015年同期提高了13.3个百分点；资本形成的贡献率是36.8%，略有下降；净出口贡献率是 -7.8%。从这个格局来看，消费对经济增长的贡献率在继续提升。以下对此结构演变进行分析。

先分析国际市场需求的引擎作用。亚洲"四小龙"当年就是依靠其出口导向的外向型经济实现经济起飞的。我国实行对外开放政策以后，沿海地区发展的引擎基本上是外向型经济和出口导向，其效果也很明显。这些地区的小康社会建设走在全国前面很大程度上得益于外商直接投资和对外贸易。但是，进入中等收入阶段后，对出口需求的拉动作用不能评价太高。

首先，就经济体的规模来说，虽然一些小经济体依靠出口导向型经济开放能够实现现代化，但对中国这样的巨大的经济体来说，不能只是靠出口的扩大来实现现代化，中国的对外贸易总量在2013年已经达到世界第一，但没有因此而实现现代化。

其次，随着国际经济环境的变化以及中国国力的增强，外需的引擎对中国经济的带动力明显减弱。从国际经济环境分析，2008年世界金融危机爆发过后，紧接着又产生欧美主权债务危机，世界经济出现两次探底。在欧洲，主权债务危机还在蔓延，仍在紧缩需求。世界经济的火车头在"减速"，不可避免影响以制造业和出口为主导的国家的经济增长预期。

最后，中国参与国际分工和国际竞争不再具有比较优势。相比国际市场变化对中国发展动力变化的影响，这个因素是说明发展引擎由外转内的变化的长期性、根本性因素。长期以来，中国按照比较优势理论参与国际分工和国际竞争，以至于一些开放型经济水平高的地区有"世界工厂"之称，中国也成为世界制造业大国。所谓比较优势，指的是劳动、土地、环境等物质资源的比较优势。时至今日，在这种建立在利用中国自然资源和劳动力基础上的外需型经济模式的发展效应明显衰减，建立在比较优势基础上的对外贸易和利用外资所实现的经济增长只是数量上的增长，没有质量和效益的提升。这种建立在比较优势基础上的开放型经济，无力提升自身的国际竞争力。因此，正如"诺贝尔经济学奖"2001 年度得主斯蒂格利茨所说："随着经济增长和全球经济环境的变化，那种主要依靠出口和国外直接投资来推动经济增长的战略的重要性将降低。同时，中国面临着继续改善资源分配和生产力挑战"；应对这个挑战的对策，就是"使国内经济成为增长和平等的发动机"。① 与国际市场需求的引擎作用减弱相适应，内需的引擎作用更为突出。

所谓内需，指的是国内发展的投资需求和消费需求。讲内需必须以国内发展为前提。就扩大内需来说，关键是要认识和发现中国的内需市场容量究竟有多大。一个肯定的回答是国内市场的总体规模将位于世界前列。扩大的内需，说到底就是现代化的需求。现代化进程中产生的许多市场需求处于从无到有的阶段，如家用汽车、住房、地铁等基础设施。无论是工业化，还是城市化、信息化，都会产生强大的投资和消费需求。这样的需求乘上 13 亿人口，是其他国家无法比拟的。当然，存在扩大内需的巨大空间不等于说是现实的内需。扩大内需市场不仅需要发现，更需要去开拓。

长期以来我国经济的常态是投资需求的拉动力更强。其背景：一是同低收入阶段的赶超战略相适应，依靠高投资追求高速度。二是以高储蓄为依托，人口红利及国民收入分配中的高积累低消费的政策提供了可能。三是在发动经济增长的初期百废待兴，投资机会很多，同时物质资源供给较为宽松。因此，投资拉动与其说是需求拉动不如说是由投资拉动的供给推动。而在转向中等收入发展阶段后，上述投资拉动的必要性和可能性均在消失。相应的，在经济增长的"三驾马车"中消费的拉动力越来越大。也就是相对投资拉动，消费的拉动力将更大，尤其是在中等收入群体比重进一步增大时。

发挥消费对增长的基础作用。根据马克思主义政治经济学原理，人类一天也不能停止生产，一天也不能停止消费，消费停止生产也停止。消费需求属于最终需求。消费增长可以说是最可靠的增长，其对经济增长的贡献率加大，不仅是社会主义生产目的的体现，也反映了中等收入发展阶段的特征。

一方面，消费需求拉动经济发展是以人民为中心的经济学的必然要求。决定消费需求的人民的消费水平，反映分配关系和分配制度的性质。与低收入阶段相

① ［美］斯蒂格利茨：《中国第三代改革的构想》，引自《中国走向》，浙江人民出版社 2000 年版，第 151 页。

比，中等收入阶段的居民不仅对改善民生的要求和维权意识更为强烈，尤其是明显扩大的中等收入群体的消费需求内容更为广泛：对收入，不仅要求提高，而且要求公平；对教育、卫生等基本公共服务，不仅要求优质，还要求均等化；对社会保障，不仅要求公平，还要求全覆盖；对环境，不仅要减排低碳，还要治理得更优美。这些需求不只是改善性的，很大程度上是刚性需求，是从无到有的需求。这些需求被拉动起来成为常态，不仅强劲，而且持久。

另一方面，进入中等收入阶段后消费结构升级加快，消费品质由中低端向中高端转变。消费安全、舒适、便捷、时尚越来越成为城乡居民消费的新趋势。消费形态由物质消费向服务消费转移的趋势更加明显。随着"互联网＋"的普及和深化，电子商务越来越深刻地影响着城乡居民的消费行为和消费方式，线下和线上融合的消费趋势更加显著。消费内容个性化特征更加明显，以信息消费、定制消费为代表的新消费快速增长，带动服务业为代表的新兴消费继续快速发展。

基于以上进入中等收入发展阶段消费需求的新特征，根据"十三五"规划，发挥消费对增长的基础作用，要求着力扩大居民消费，引导消费朝着智能、绿色、健康、安全方向转变，以扩大服务消费为重点带动消费结构升级，促进流通信息化、标准化、集约化。

为进一步发挥消费需求对经济增长的拉动作用，需要通过以下途径扩大消费需求：

第一，培育消费力。马克思在揭示资本主义条件下生产和消费的矛盾时提出了消费力的概念，社会消费力决定于社会的分配关系。"社会消费力既不是取决于绝对的生产力，也不是取决于绝对的消费力，而是取决于以对抗性的分配关系为基础的消费力；这种分配关系，使社会上大多数人的消费缩小到只能在相当狭小的界限以内变动的最低限度。这种消费力还受到追求积累的欲望的限制，受到扩大资本和扩大剩余价值生产规模的欲望的限制。"① 从马克思对资本主义条件下的消费力分析中可以认识到影响社会消费力的两个分配途径：一是微观的即企业内的收入分配体制会影响劳动者的消费力；二是宏观收入分配比例：在国民收入的积累和消费之间的分配中，追求高积累会降低全社会的消费力。显然，根据社会主义生产目的，提高人民群众的消费力的基本途径有：一是增加居民收入；二是稳定高就业率；三是社会保障全覆盖；四是在宏观的国民收入分配中提高消费的比例，改变高积累低消费状况；五是扩大中等收入者比重并使中等收入者达到大多数。

---

① 马克思：《马克思恩格斯文集》第7卷，人民出版社2009年版，第272～273页。

第二，拓展新型消费业态，发展消费经济。城乡居民温饱问题基本解决之后，开始更加重视生活质量，对健康、信息、教育、文化娱乐、旅游等服务型消费需求明显增加。相应地产生新的消费业态，涉及信息消费、绿色消费、住房消费、旅游休闲消费、教育文化体育消费、养老健康家政消费。尤其是在"互联网＋"背景下，网络消费和共享经济正在从广度和深度上扩大消费领域。在此背景下发展消费经济有了新方向：一是发展服务业，服务和消费不可分，发展服务经济就是发展消费经济；二是充分利用"互联网＋"平台发展消费经济。城市化也就有了新内容，由生产型城市向服务型城市转型。

发挥投资对增长的关键作用。突出消费拉动，并不排斥投资拉动。需要克服的误区是：由投资拉动转向消费拉动，指的是替代投资拉动。如果说过去的投资拉动是服务于供给推动，那么现在的投资拉动则是服务于消费拉动。虽然两者在总需求结构中存在此消彼长的数量关系，但两者都有最低限度，更为重要的是两者存在协调关系：一是互补关系，在一定阶段，为达到一定的速度，消费上不去，投资可以补上；二是配合关系，消费还是需要投资来配合。在过去的常态中投资拉动是拉动供给要素，服务于供给推动增长。在现在的常态中，改善民生仍然需要投资拉动，其中包括：以投资来创造就业机会和岗位，以投资拉动的增长来增加居民收入，以投资来推动基本公共服务城乡和区域均等化，以投资来改善生态环境。而且由民生改善拉动的投资是最有效的。因此，中高速增长所需要的发展动力常态是消费和投资的协调拉动。尤其是经济处于下行时，实体经济的止跌回升必须要投资来拉动。

投资对经济增长的拉动作用，着力点是优化投资结构，增加有效投资。需要深化投融资体制改革，发挥财政资金撬动功能，创新融资方式，带动更多社会资本参与投资。创新公共基础设施投融资体制，推广政府和社会资本合作模式（即PPP模式）。

（二）宏观总需求调控

宏观经济具有周期性波动的特征，在总供给和总需求的关系中表现为总需求膨胀或总需求紧缩。针对宏观总量的不均衡，在市场经济条件下，政府对总量进行调控的基本方式是通过紧缩性或扩张性财政和货币政策调控总需求。其功能有两个方面：一是调节总需求结构，尤其是对消费、投资和出口"三驾马车"的拉动力进行协调，使各自的作用达到最佳状态。二是调节总需求总量。根据宏观总量失衡的严重程度，财政和货币政策有不同的搭配。如积极的财政政策和稳定的货币政策的搭配，"双松"或"双紧"的财政和货币政策的搭配；等等。

这些政策对宏观总需求方向进行逆调节，将总需求控制在合理区间，防止总需求的大起大落。

在市场对资源配置起决定性作用的背景下，宏观政策尤其是货币政策要保持中性。宏观调控实行区间调控、定向调控和相机调控相结合。所谓宏观经济的区间调控，是指通过调控使经济发展处于合理的上限、下限和底线所形成的合理区间内。在以往宏观调控的目标选择上，我国通常会选择一个明确的经济增长速度，如以"保8%"为调控目标，这是点状调控。在经济发展新常态下，面对复杂多变的国际和国内环境，明确一个具体的经济增长速度作为调控目标未免有失偏颇。因此，创新和完善宏观调控方式，使宏观调控不断趋向科学，需要将宏观调控的目标选择从点状调控转向区间调控，即确定一个经济发展的合理区间作为宏观调控的目标，使经济增长速度处于这个合理的区间内。

宏观经济的合理区间涉及经济增长率与通货膨胀率、失业率、居民收入水平等指标之间的相关性。为了确保到2020年实现GDP和城乡居民人均收入比2010年翻一番，"十三五"规划确定了一个底线作为向上浮动的区间，即年均增长底线是6.5%以上。这是合理区间的下限。除了上述居民收入增长的底线外还要考虑失业率的上限。经济过冷，会使失业率上升，人民群众难以承受。合理区间的上限即通货膨胀率的下限。根据经验数据，我国经济过热时，通货膨胀率一般在达到5%左右时，人民群众难以承受，这时就需要进行宏观调控，降低经济的热度。区间宏观调控的这种新常态能否达到预期目标，关键是准确判断合理区间的上限和下限，也就是准确测定人民群众对通货膨胀和失业率的承受程度。

界定宏观经济的合理区间对提高宏观调控的科学性与有效性具有重要意义。一是市场对资源配置起决定性作用的基本保证。在合理区间内，政府不再时时调控市场，从而给市场自主地配置资源留出更多的空间。二是提高经济增长质量和效益的可靠保证。如果政府不停地运用财政和货币政策调控市场，一定程度上造成经济增长由政府推动的现象，造成企业"一只眼睛盯着市场、一只眼睛盯着政府"。而区间调控可以更好地体现经济增长主要由市场推动，从而使经济增长的质量和效益的提高得到可靠保证。

在实行宏观经济区间调控时，政府的宏观调控绝不是被动和消极的。有时为了应对突发事件、特殊变故和宏观调控的特定目标，在坚持区间调控的基础上，还要实施"定向调控"，以便与区间调控配合使用。由于新常态下我国经济正处于增长速度换挡期、结构调整阵痛期和前期政策消化期"三期叠加"，加大了中国经济的"风险系数"，地方债、企业高杠杆、产能过剩、房地产等风险随着经济增长速度减缓而进一步凸显，"三农"和小微企业融资困难等，这些不均衡可能造成宏观风险。因此，宏观调控需要定向精准发力。这就是在调控上不搞"大水漫灌"、不采取短期强刺激措施，而是抓住重点领域和关键环节，更多依靠改革的办法，更多运用市场的力量，有针对性地实施"喷灌""滴灌"，即实施"定向调控"。

宏观调控还有在坚持区间调控基础上的"相机调控"方式。例如，经济持续下行并已经临近合理区间的下限时，就需要相机进行微刺激，而且越是接近下限越要加大刺激的强度。如果到了下限才进行调控，只能是进行强调节，会付出更大的代价。当然，相机调控需要在明确目标的前提下，更准确把握住"火候"，把握好各项调控措施出台的时机和力度，做到适机调控，精准发力，不断提高相机抉择的水平。

因此，从"区间调控"到"定向调控"再到"相机调控"，宏观经济调控工具和手段灵活运用、相互配合，集中反映了我国经济新常态下宏观经济调控方式的新探索和新实践，为促进我国经济行稳致远奠定了坚实的基础。总量平衡既取决于经济增长水平，又取决于与社会总需求即"三驾马车"之间是否平衡。从一定意义上说，总量调节需要把握好"稳增长"与"调结构"的平衡点。从经济增长来说，就是要确保增长水平保持在"合理区间"：既要防止经济过快增长超出"上限"、超过资源环境承载能力或带来通货膨胀，又要防止经济增长滑出"下限"、造成巨大的就业压力，也就是说必须保住经济增长的"底线"，解决投资需求、消费需求和净出口需求与经济增长不平衡、不协调、不可持续等问题，努力实现国民经济稳定发展。

完善需求管理重要的是完善宏观调控总需求政策的传导机制。宏观调控政策达不到预期目标或者说宏观调控失效的一个重要原因是宏观调控政策的传导机制不完善。就如近期国家为刺激实体经济止跌回升，采取了一系列的增发货币投放的政策，但传导机制上的问题，使增加投放的货币没有真正进入需要资金的实体经济，而是大量进入虚拟经济。

（三）激发民间投资活力

我国民间投资潜力很大，但民间投资缺乏活力。因此，激发需求侧动力的一个重要方面是激发民间投资活力。其路径主要在两个方面。

一是克服政府投资的挤出效应。不同投资主体的投资领域、投资动机和投资效率不尽相同。理论上，政府的投资重点应是重大民生、公共事业等收益相对比较低、期限比较长、外部收益大、民间资本不愿意投资的项目，民间资本则分散于其余领域。政府投资和民间投资本是互补的，而非竞争的。但现实是，由于政府的职责范围并不明确，政府的手触及竞争性领域，使大量的财政资金流向能快速提高经济增速的项目，而非公共事业。这种短视性、功利性的特征极为显著的投资模式，不仅对民间资本产生极大的挤出效应，还使我国的公共服务等建设薄弱。基于此，应明确政府与市场的边界，限制政府的行为，激发民营企业投资的积极性。首先，进一步放宽民间资本的投资领域。凡是法律法规未明确禁入的行业和领域都应该鼓励民间资本进入，凡是我国政府已向外资开放或承诺开放的领域都应该向国内民间资本开放，使民间资本进入垄断性行业，逐步打破部分垄断企业"一企独大"的局面，激活市场竞争，倒逼垄断企业提高生产效率，降低成本。其次，优化民营企业投资环境。一方面，制定相应的法规政策，切实保护民间投资的合法权益，培育和维护平等竞争的投资环境。另一方面，减少或清理涉及民间投资管理的行政审批事项，简化环节、缩短时限，进一步推动管理内容、标准和程序的公开化、规范化，提高行政服务效率，减轻民营企业负担。最后，明确政府的职能范围。加大对重大基础设施建设、重大基础性科研的投资，必要时也可引进民间资本合作经营；同时加强对民间资本投资运作的服务和监督，引导民间投资并确保资本运行合法合规。

二是创新投融资方式，拓宽融资渠道。当前我国民间投资乏力，其中的一个原因是在国内没有合适的投资项目。与之相对的是，公共服务等领域建设薄弱、投资动力不足，有转型升级能力的传统制造业企业融资难、融资贵，一些新技术、新产品、新业态、新商业模式的创新型企业资金不足的问题不断涌现。根本的原因是民间资本不能进入公共服务领域，直接融资市场发展不健全，即投融资方式较为落后。因此，破除这种困境的对策是深化投融资体制改革，消除投资障碍，促进投资便利化，充分发挥社会资本的经济拉动效应。首先，构建多层次的资本市场，扩大直接融资占比。推进金融市场改革，允许银行以贷款为主的间接融资模式扩展到直接融资，调整企业融资结构，提高企业的直接融资比重，降低实体经济企业的融资成本和杠杆率。其次，推行政府和社会资本合作模式（PPP），改善公共服务建设资金不足的现状。在基础设施建设以及公共服务领域适当地引入社会资本，不仅可以使相应的项目顺利完成，还能将有限的财政资金用于发展更多的公共服务，如中西部铁路、大型水利工程、棚户区改造，以及城市地下管廊等公共产品建设。

三、供给侧动力和供给侧结构性改革

供给和需求相互矛盾又相互依存。转向市场经济后需求侧的拉动力加大，不意味着供给侧的推动力减弱。在社会主义初级阶段，供给侧始终是矛盾的主要方面。这是由生产不能满足日益增长的物质和文化需要的社会主义初级阶段的主要矛盾决定的。我国经济进入新常态后产生的经济增长问题表明，只是在需求侧拉动经济增长是不够的，还必须在供给侧推动经济增长。就如近期为了推动实体经济止跌回升，国家通过降息和降存款准备金比率等途径扩大货币投放来刺激需求，但效果并不明显。这意味着，稳定经济增长，还需要更加注重供给侧的作用。

（一）供给侧的结构性问题

从发展的角度分析，供给侧的问题，一般是结构性问题。这是发展中国家的通病。发展中国家长期存在的结构、技术、效率等供给侧问题，不会因转向市场经济就能自动解决，也不可能靠需求侧的调节来解决。我国当前的供给侧的结构性问题可以概括为：有效供给不足和无效产能并存。无效产能包括过剩产能、落后产能和污染产能。过剩产能，高库存，形不成有效供给，严重浪费资源；高杠杆，高成本，众多企业成为僵尸，没有活力。供给侧问题在经济进入新常态后凸显出来主要有以下两方面原因：

第一，供给侧的结构不能适应进入中等收入阶段以后消费需求的新变化。一方面消费需求达到了中等收入阶段水准，解决了温饱问题后居民的消费需求开始转型，更为关注健康、安全、卫生、档次方面的需求；另一方面生产和服务还停留在低收入阶段的供给，追求数量，不重视质量，为生产而生产。由此产生严重的结构性问题。

第二，在低收入阶段单纯追求 GDP 的快速增长，顾不上结构的优化，单纯追求增加产能，顾不上优胜劣汰。进入经济新常态后，结构性矛盾突出了，被快速增长期掩盖的过剩产能、污染产能和落后产能显现出来了。尤其是被这些产能占用的大量资源阻碍了有效产能的扩大。由此产生有效产能严重供给不足和无效产能严重过剩的结构性矛盾。

供给侧的结构性问题需要采取结构性的解决方式：一是针对无效产能去产能、去库存；二是针对有效供给不足需要补短板；三是针对企业负担，去杠杆、降成本。这三方面任务必然会触动其背后的供给侧的体制问题，需要以改革的办法来解决供给侧的问题。在此背景下，习近平总书记提出：在适度扩大总需求的同时，着力加强供给侧结构性改革，着力提高供给体系质量和效率，增强经济持续增长动力，推动我国社会生产力水平实现整体跃升。习近平总书记从结构性改革的角度来提出供给侧的改革和发展的目标，开拓了中国特色社会主义政治经济学的新境界。

(二) 供给侧结构性改革的目标

对供给侧结构性改革目标，2015 年底的中央经济工作会议有明确要求，这就是：加大结构性改革力度，矫正要素配置扭曲，扩大有效供给，提高供给结构适应性和灵活性，提高全要素生产率。具体地说有以下三方面改革目标：

第一，寻求供给侧的经济发展动力。

在说明由高速增长转向中高速增长的原因时指出，我国的供给推动力消退，不等于说供给侧不再有新动力。我们说的供给推动力消退只是指物质资源和低成本劳动力供给能力消退。而在供给侧还有其他动力可以开发，如创新驱动、结构调整、提高效率。这些动力开发出来，相比需求的拉动力，更为长期和强劲。

供给侧对经济增长的推动力，归结为各个要素的生产率。在马克思的分析框架中包括劳动生产率、资本生产率和土地生产率。后来诺贝尔经济学奖得主索洛又提出全要素生产率理论，指的是各种要素集合所产生的生产率之和大于各单个要素投入的生产率之和，其中的差额就是全要素生产率，又称广义技术进步，涉及投入要素质量提高、资源配置效率提高、技术进步、规模效益等。提高效率和降成本是一个问题的两面。提高全要素生产率从一定意义上说是节省要素投入，实际上就是"降成本"。提高全要素生产率所要降的成本不只是指生产过程中需要降的成本，因为这方面的降成本在各类企业中都已经得到重视，而是特别要降低以下两种资源错配的成本。

首先是低效的要素配置结构所产生的要素配置成本。市场经济中要素配置主要是靠投资结构配置的。投资所带动的要素配置结构涉及两个方面。一是投资方向，目前的结构性问题，是新增投资较多的投在虚拟资本上，而不是投在实体经济上；还有相当多的资源被束缚在过剩的污染的落后的产能上，有效产能严重不足。二是投在物质资本、人力资本、土地、技术等要素上的比例。目前的结构性问题是，投资偏重物质资本，忽视人力资本，造成创新能力不足。这种要素配置结构就是资源错配的结构，无疑是全要素生产率偏低的重要原因。由此也产生高昂的要素配置成本。供给侧改革就是要克服这种资源错配问题。

其次是过高的制度性交易成本。这是没有真正转到市场决定资源配置所造成的过高的资源配置成本。现阶段所要去的过剩产能、落后产能和污染产能产生的原因，除了发展方式问题外，再就是体制上难以遏制重复建设重复投资，行政垄断问题，以及地方保护问题。因此改革的方向，在供给侧就是通过严格的标准（包括技术标准、环境标准和质量标准）和有效的政府行为去克服低端和无效产能。

针对以上资源错配问题，供给侧改革所要解决的提高全要素生产率的动力突出在以下两个方面：

一是以科技来替代物质要素的投入。这是提高全要素生产率的最为有效的途径。"创新发展"的理念把创新看做是引领发展的第一动力、发展的基点。创新驱动发展的核心是科技创新。科技创新突出自主创新。科技创新从以跟踪为主转向跟踪和并跑、领跑并存的新阶段。在要素和投资驱动阶段，全要素生产率的提高靠的是物质资本的引领和驱动。而在创新驱动阶段，物质资本积累对全要素生产率提高的推动力正在消退，知识资本积累对全要素生产率的推动力将大为增强。

二是人力资本积累，包括企业家的成长和劳动者素质和技能的提高。人力资本积累需要加大人力资本投资，表面上可能提高了人力成本，但人力资本替代了成本更大的物质资本，并且引领要素配置和组织，可以显著提高全要素生产率。全要素生产率的提高明显抵消了人力成本的提高。

转向创新驱动和人力资本替代，都需要改革推动。如果说创新是发展的新引擎，改革则是新引擎的点火器。供给侧改革发动起创新驱动的动力，就能激发出经济发展的新动力。

第二，建立有效供给的长效机制。

有效供给不足实际上是结构性短缺，一方面供给结构不能适应需求，不仅涉及供给的产品结构，还涉及供给品的数量和质量。另一方面低端和无效产能占用资源，造成库存和积压。归根到底还是现行供给体系停留在低收入阶段，表现为：一是处于低收入阶段的供给品的科技含量和技术档次低；二是低收入阶段形成的存量结构造成有效供给不足和无效产能过剩并存；三是低收入阶段的供给水平不能满足进入中等收入阶段的消费者对供给品的质量、安全和卫生的需求，不能提供消费者信得过的产品和服务。中国消费者蜂拥出国购买的马桶盖、电饭煲、感冒药等，在技术上并不多么高超，中国也能制造，但消费者不买账就说明这点。

供给侧改革的关键是提升供给的能力，建立有效供给的长效机制，提高供给结构的适应性和灵活性，并且赢得消费者。根据提高供给体系质量和效率的要求，供给侧的改革需要推动结构调整和优化。一方面加大力度调整存量结构，通过去库存和去产能，腾出被无效和过剩产能占用的资源；另一方面推动产业优化升级。从补市场供给"短板"考虑，特别要重视产品结构的调整和优化，在体制上解决企业供给的市场导向问题。

特别要重视企业家的"集合要素"作用。企业家的创新所推动的要素的新组合，对全要素生产率提高起着决定性作用。供给侧的结构性改革就是要推动经营者成为企业家，放手让企业家在市场决定资源配置的条件下集合各类要素，在企业家带动下提高供给体系的质量和效率，从而提高全要素生产率。

建立有效供给的长效机制，关键是建立精细化的治理体系和文化，相当部分国产品质量欠缺，根子在管理体系不精细和"马马虎虎"的企业文化。改变这种状况的路径：一是加强质量管理和重塑精细文化，既要发扬敢于创新的企业家精神，又要培育一丝不苟的"工匠精神"。二是在人才供给结构上，不能只是瞄准高精尖科技人才，需要重视高级技工和应用性高端人才的培养和供给。三是规范市场秩序。一方面加强并完善市场监管体制，"乱市"用重典，在制度上克服劣币驱逐良币现象；另一方面加强诚信体系建设，打造诚信品牌。这些方面的体制形成，就可以引导企业不只是采取价格竞争的方式，而是更多地采取技术革新和提高产品质量的竞争方式，生产更新、更好的产品并提供更新、更好的服务。

第三，释放企业活力。

一般来说，需求侧的经济学关注的是选择问题：在市场决定资源配置的条件下市场选择资源流向，进入哪个地区，哪个行业，哪个企业，由充分竞争的市场进行选择，这种选择对企业产生外部压力。供给侧的经济学则关注激励企业问题，其中包括减轻企业负担，减少对企业的行政干预，从而激发企业活力。在信息经济学中也要求在信息不完全条件下，建立激励性体制，克服影响供给质量和效率的道德风险之类的机会主义行为，并从机制上克服劣币驱逐良币状况。中国特色社会主义政治经济学的一个重大原则，就是坚持调动各个方面积极性。这也应该成为供给侧结构性改革的重大原则。

根据供给侧的经济学原理，"去杠杆"和"降成本"的目标都是激发企业活力，实质是给实体经济企业减负，以调动其增加有效供给的积极性。现在实体经济企业背负着"三座大山"：高税费、高利息和高负担。企业有产量无效益，许多企业成为"僵尸企业"。同时还有许多因为负债企业担保而产生的金融杠杆被投入"僵尸企业"的行列。因此，从发展的角度"去杠杆"和"降成本"，着力点是要使企业这个经济细胞活起来。就是说，救活和激活企业是关键。

"去杠杆"是针对企业金融债务过高而提出来的。企业过高的金融债务不仅造成过高的利息负担，还到了资不抵债的地步，有些地方企业之间的贷款联保还拖累了一批本身并无严重问题的企业。就是说，现在许多地方的企业已经形成了债务链条，应该更多地通过发展帮助企业"去杠杆"。

从改革的角度"去杠杆"，指的是改革投融资体制。目前企业的融资结构基本上是以银行贷款为主的间接融资。普遍遇到的问题是杠杆率太高，也就是资产负债率太高。"去杠杆"就是要求企业投融资结构更多地由通过银行的间接融资转向直接融资和股权融资的方式，从而在投融资体制结构上建立企业自我积累、自我约束的机制。对某些有发展空间的高负债企业采取"债转股"的方式也可以进行尝试。与企业融资结构调整相适应，需要发展多层次直接融资的资本市场。

从改革的角度"降成本"，目标是为企业减负，让更多企业轻装上阵，并且激活"僵尸企业"。路径是为实体经济企业大力度减税、降息、减费（如五险一金问题）、降低企业债务负担。在这方面需要处理好国民收入分配中国家、企业和职工三者的利益关系，尤其要突出企业利益。一方面职工既要共享企业发展的成果，也要分担企业风险，如果企业承担不了不切企业实际的职工负担而关门或裁减员工，最终受损的还是职工。另一方面政府要给企业让利。前一时期政府改革的着力点是取消下放审批；现在则需要取消和减少各种收费。这对企业的起死回生必然起到杠杆作用。

供给侧改革不能被引向"保企业"和"保职工"之争。结构性改革不可避免地要关停一批"僵尸企业"，但不能简单地把关停"僵尸企业"作为改革目标。僵尸企业是个模糊概念，与其说关停"僵尸企业"不如说关停污染企业。"僵尸企业"不是指所有困难企业，而只是指采取各种激励方式后仍然激不活的企业。处置"僵尸企业"最简单的方法就是需求侧的市场淘汰的方法。但是考虑到降低社会成本，不能简单采取破产倒闭的办法，着力点还是救活"僵尸企业"。保企业还是保职工之争实际上是伪命题。保职工固然比保企业成本小，但国家能在多大程度多长时间保这些失业的职工呢？没有企业何来就业？因此，处置"僵尸企业"应该在供给侧采取更多的办法。如并购重组，依靠优势企业带动这些企业走出困境；再如引导企业转产，浴火重生；再如对僵尸的国有企业进行民营化改制。这些都能降低处置"僵尸企业"的社会成本。

（三）供给侧改革需要供给侧和需求侧协同

供给和需求是一个问题的两面，相互依存。供给侧的去产能去库存去杠杆降成本补短板，不能只是在供给侧进行，需要需求侧配合。

"去产能和去库存"也就是在供给侧的市场出清。但是，市场出清既涉及供给，也涉及需求，不可能离开市场需求孤立地在供给侧出清市场。从长远来说，需要通过改革以新的体制和发展方式保证不再产生新的无效产能和库存，关键还是要解决供给以市场为导向，不能进入"供给创造需求"的怪圈。而近期需要消化现有的无效产能和库存也是这样，最终还是需要需求侧来消化，除非供给侧自已消灭自己。这就是说供给侧的市场出不清问题，既需要供给侧本身的调整来出清，也需要需求侧采取扩大需求的方式来出清。例如，对"去产能"，不能只是理解为去过剩产能。无效和低端产能还包括落后产能和污染产能。对这部分产能可以在供给侧依靠严格的技术、质量和环保标准下决心淘汰，而且更多地靠政府和法律的行为。这是在供给侧的出清。而对过剩产能就不能简单化处理。在需求侧，需要强化优胜劣汰的市场机制，由市场来淘汰过剩生产能力，从而形成相关企业去库存的外在压力。但市场淘汰的成本往往太大。在供给侧，可以采取化解的方式。过剩生产能力并不都是无用的生产能力，寻求新的用处和去处去化解过剩产能，包括对过剩产能的再开发，以适应新的需求。这样可以降低去产能的成本，并减少资源浪费。路径包括在"一带一路"上扩大国际产能合作，打开扩大国际贸易的新通道。

供给侧的库存除了在供给侧自我消化外，还是要靠需求侧的需求去消化。要么是降价，要么是扩大需求。"去库存"，更多需要需求侧的作为，主要是在发展中创造需求，如城市建设、城乡一体化建设、环境治理工程、提高户籍人口城镇化率、允许农民进城买房等。供给侧则需要根据需求对库存进行调整，使之适销对路。针对三线城市房地产的库存，能否通过"加杠杆"的方式来去库存的问题，美国的次贷危机可以说是一面镜子，去房地产库存的加杠杆不能加到产生次贷危机。但也不能绝对地否认有限度的信贷杠杆对去库存的作用。从发展的角度为扩大需求（尤其是消费需求）而加一部分杠杆可能起到四两拨千斤的作用，关键是精准并且有限度。

谁是去产能、去库存的主体？是政府还是市场？一般来说，政府作为主体去产能，力度大，其方式是行政性指标调控，无竞争性选择。市场作为主体去产能去库存，方式是优胜劣汰，有竞争性选择。现实中产生的政府去掉煤炭过剩产能后，煤炭市场价格上涨又传出煤炭去产能是否过度的信号。这种状况说明，在市场决定资源配置的体制中，去产能、去库存更多地要靠市场的选择和调节，尤其是在市场化程度高的领域更多用市场化手段；至于在市场化程度低的领域，政府来去产能、去库存可能更为有效。

"去杠杆"是针对企业金融债务过高而提出来的。现在许多地方的企业已经形成了债务链条。为了防止出现多米诺骨牌效应，去金融债务的杠杆需要精准，需要寻求在债务链条中的突破口，从需求侧解套。供给侧管理和需求侧管理的重要区别是，后者基本上是"大水漫灌"，前者则是"精准滴灌"。政府和银行需要从中寻求为负债企业解套的有效方式。有限度的精准的加必要的杠杆来去企业杠杆，不失为是四两拨千斤的方式。可以相信，实体经济止跌回升，许多企业会自然而然地去掉高杠杆。

　　总之，拉动增长需要供给侧和需求侧共同发力，当前矛盾的主要方面在供给侧，但不能忽视需求侧的作用。改革是要解决长期问题。供给侧结构性改革目标就是要在体制机制上防止和克服产生新的无效低端产能和库存，建立增加有效供给的体制机制；通过去杠杆、降成本等途径激发企业活力。供给侧和需求侧不是对立的，而是相互依存的。解决供给侧问题离不开需求侧，适当采取扩大需求、加有限有效杠杆的方式，四两拨千斤，能够有效解决供给侧的去产能、去库存和去杠杆问题。

　　最后还要指出，如果说去产能、去库存属于供给侧改革的反向任务的话，培育新动能则是供给侧改革的正向任务。就是说，从发展的视角，该"去"的过剩产能需要被培育的新动能替代，才能达到供给侧改革的目标。所谓新动能，指的是给经济增长带来新的活力、新的动力、新的能量。培育新动能的重要内容是发展"新经济"。新经济在 20 世纪 80 年代出现时，主要指的是当时出现的信息技术、生物技术等高科技产业。当今的新经济，在服务业中指的是"互联网+"、物联网、云计算、电子商务等新兴产业和业态；在制造业中指的是智能制造、大规模的定制化、柔性化生产等。这些新经济将引领当今时代的科技和产业创新。在供给侧培育新动能的路径：一是结构调整和优化，培育新产业；二是科技创新，培育新动力；三是减税降费，培育市场活力。

第六章 经济新常态下的创新发展

坚持创新发展，必须把创新摆在国家发展全局的核心位置，不断推进理论创新、制度创新、科技创新、文化创新等各方面创新，让创新贯穿于党和国家的一切工作，让创新在全社会蔚然成风。把创新放在国家发展全局的核心位置，贯穿于党和国家一切工作，体现了对人类社会发展规律的深刻认识，在我国几千年治国理政思想史上是第一次，在我们党的历史上是首创，在世界范围内也是极为少见的。

一、创新发展理念的形成

最早的创新思想可追溯到马克思的思想。在马克思《资本论》中可以发现有关创新的话语。主要包括：第一，关于管理和制度创新的话语，涵盖协作所产生的生产力及相应的管理，工厂手工业分工所产生的生产力及社会分工。第二，关于科技创新的话语，《资本论》中提到"脑力劳动特别是自然科学的发展"是社会生产力发展的重要来源。[①] 具体而言，劳动生产力的决定要素包括科学技术发展水平以及其在生产工艺上应用的程度。第三，科技创新及应用科技创新成果需要足够的投入，用以购置创新成果转化过程中所需的极昂贵和复杂的设备。不难看出，马克思关于创新思想的阐述比熊彼特的创新话语还要早。

（一）创新是引领发展的第一动力

创新居于五大新发展理念首位，是因为创新是引领发展的第一动力，而发展动力决定了发展速度、效能以及可持续性。坚持创新发展是应对我国发展环境变化、增强发展动力、把握发展主动权，更好引领新常态的根本之策。[②]

---

① 马克思：《资本论》第 3 卷，人民出版社 2004 年版，第 96 页。
② 习近平：《在省部级主要领导干部学习贯彻党的十八届五中全会精神专题研讨班上的讲话》，载于《人民日报》2016 年 5 月 10 日。

创新是当代发展的基点，创新是当今国际发展潮流与国内改革趋势双重引领下的必由之路。

首先，从国际发展潮流来看，在全球范围内，18世纪以来，爆发过几次重大科技革命，每一次科技革命都深刻改变着世界的发展面貌与格局。一些国家抓住了机遇，在科技革命的带动下，积极开展产业革命，使经济实力与科技实力迅速增强，从而成为世界强国。例如爆发在英国的第一次产业革命，使英国走上了世界霸主的地位；而美国则抓住了第二次产业革命机遇，赶超英国成为世界第一。当前，随着世界新科技的突破，新一轮科技和产业革命蓄势待发，以数字化、智能化、信息化、网络化等新技术作为支撑的第三次产业革命，将比第一次、第二次工业革命更加深刻。第三次科技革命的结果将导致直接从事生产的劳动力数量迅速下降，劳动力成本占总成本的比例持续减少，规模生产将不会成为竞争的主要方式，而个性化、定制化的生产会更具竞争优势。第三次科技革命的影响以疾风暴雨之势席卷全球，改变各行各业的面貌，改变人们的生产、生活方式，世界各国将会加快创新的步伐，以利用科技革命的契机开展深刻的产业革命，实现经济发展的新突破。诚如习近平主席所言，在此"颠覆性技术不断涌现，科技成果转化速度加快，产业组织形式和产业链条更具垄断性的大背景下，世界各主要国家纷纷出台新的创新战略，加大投入，加强人才、专利、标准等战略性创新资源的争夺"①。

在经济全球化与第三次科技革命的背景下，当代国际分工将逐渐发展成为多层次的国际分工体系，建立在"价值链"基础之上的同一产品不同工序间更加细化的分工将成为国际分工深化的崭新成果。在此过程中原有的分工体系中的优势将会发生改变，类似以廉价劳动力等较为低端的要素为基础的传统比较优势将大幅削弱，人工智能的发展会促进产业分工发生颠覆性变化，各国新兴产业将不断成长为新的主导部门，再工业化与工业4.0席卷全球。在此背景下，全球范围内的创新氛围不断增强，中国作为世界第二大经济体也应投入全球创新发展的潮流中。这就要求中国的经济发展理论要有世界经济大国的创新思维，在这种创新思维的引导下，需要对我国经济发展的方向进行重新规划，并依据世界分工体系的变化调整国内分工体系，使国内分工体系与国际分工体系相一致，从而改变整体产业发展水平较低、产品附加价值低、处于全球价值链的低端等大而不强的问题。力求在新的国际分工体系调整中，把握好自身在全球分工体系中的新定位，

---

① 习近平：《在省部级主要领导干部学习贯彻党的十八届五中全会精神专题研讨班上的讲话》，载于《人民日报》2016年5月10日。

创造参与国际经济合作、竞争的新优势，由融入全球化转向主导全球化，积极参与全球经济治理。

其次，从国内改革发展来看，改革过程中取得的成绩与改革过程中暴露的问题都将要求中国实施创新发展。第一，从改革过程中取得的成绩来看。改革开放三十多年来，中国经济的快速发展主要得益于工业化、市场化与全球化释放的红利。前两项红利均来源于国内改革，其中工业化带动的城市化使得要素集聚，提高了生产的规模与效率；而市场化的价格机制则改善了要素的配置效率。在此过程中，我国经济总量跃居世界第二，逐渐成为全球经济大国与贸易大国，在经济实力、人民生活水平、综合国力与国际影响力等方面都获得了举世瞩目的成绩。这就说明改革是中国经济社会发展的必由之路，从社会主义长期建设与实践的经验得出中国特色社会主义市场经济的道路离不开改革的推动力，这里的改革即指革旧，也即创造性毁灭，就是一般意义上的创新。可见，中国的经济发展离不开创新。第二，从改革发展过程中出现的问题来看。中国的发展需要直面的是在取得一系列成绩的同时，所面临的问题，较为突出的是发展过程中的不平衡、不协调、不一致等问题。在长期依赖要素与资本驱动的发展时期，劳动力素质以及自主研发能力都有待提高，经济增长的可持续性以及潜在增长率均处于欠佳水平。因此，创新成为时代进步的迫切需要，只有坚持创新引领发展，才能够摆脱过多依靠要素投入推动经济增长的路径依赖；只有坚持创新引领发展，才能够有效应对经济新常态的各种挑战，实现经济有质量的长期可持续增长；只有坚持创新引领发展，才能顺利跨越"中等收入陷阱"，真正成为经济强国、创新大国。综上所述，现阶段中国比任何时候都更加需要推进创新发展，不断强化创新这个引领发展的第一动力。

最后，在全国范围内的横向比较，由于地方间人口、资源环境等差异，导致了地方间经济发展的巨大差异，表现为人均可支配收入的差距。2014 年上海市居民平均可支配收入居全国最高，达 4.77 万元，是排名最末的甘肃省的 2.3 倍。这一差距持续扩大，到 2016 年时，上海市居民人均可支配收入仍居全国最高，已超过 5.7 万元，这一数字约为全国整体水平的 2.4 倍（全国为 2.38 万元），接近部分西部省区的 3 倍。这种地方间愈来愈大的发展差异很大程度上来源于地方间迥然不同的发展模式。一些地方抓住了改革的契机，通过在人才引进、科技创新、产业布局等多方面创新发展思路，完善激励机制，增强了工业企业的创新积极性，克服了由专利权与科研人员待遇问题导致的人力资本激励不足以及科研成果转化力不足等阻碍创新活动的传统发展现状。最终依靠创新的力量实现了地方经济增长质量与潜力的提升。一些地方由于转型过慢，主要以依赖自身资源为主的资源型发展道路为主,在创新的大背景下经济增长的长期动力不足,发展潜力明显较弱。由此不难看出,当今社会各地的竞争新优势越来越体现在创新能力上,地方经济在创新上先行一步,就能拥有引领经济发展的主动权。

(二) 创新发展的内容

把创新放在国家发展全局的核心位置,既有必要性又有紧迫性。首先,面对日益激烈的国际竞争,只有创新才能创造国际竞争力,抢占国际科技和产业的制高点。其次,面对国内"两个一百年"奋斗目标,只有依靠创新,才能在已有发展的基础上,全面建成小康社会,实现第一个百年奋斗目标,而且能够推动国家持续健康发展,在更高层次上实现第二个百年奋斗目标。根据习近平总书记关于创新发展理念的表述,创新发展涉及理论创新、制度创新、科技创新、文化创新等各方面创新。创新贯穿于党和国家一切工作,处于国家发展全局的核心位置。

1. 理论创新。理论创新是创新发展理念的先导。理论来源于实践,中国特色社会主义经济建设的伟大实践取得的成功,很大程度上归功于理论创新。

首先,关于经济制度分析的理论创新,基本经济制度和基本收入制度是社会经济制度的两大方面,其理论创新的系统性经济学说构成中国特色社会主义政治经济学的核心内容。一是基本经济制度的理论创新。其贡献在于基本经济制度的改革和完善,解决了既能充分释放多种非公有制经济活力,又能坚持公有制的主体地位的重大理论和实践问题,是中国特色社会主义政治经济学取得的重大成果。二是基本收入制度的理论创新。其贡献在于在坚持按劳分配为主的前提下,确定了多种生产要素参与分配的原则,让劳动、资本、技术和管理等各种要素创造财富的活力充分迸发,且充分体现了收入分配的效率。

其次,关于经济发展动力的理论创新。中国特色社会主义政治经济学为寻求发展生产力的创新指出了两个新动力:一是创新的驱动力。其贡献在于创新发展方式,即创新发展是新的发展方式,其中科技创新起引领作用,利用科技创新与产业创新对接,推动产业转向中高端,同时注重产学研协同研发和孵化新技术,推动大众创新和万众创业。二是消费的拉动力。其贡献在于将消费和消费力引入中国特色社会主义政治经济学的研究领域,提出经济发展方式转变需要突出消费对增长的基础作用,因为消费需求是可靠的可持续的动力。且宏观经济的均衡关系实际上是生产力和消费力的均衡关系,以人民为中心的中国特色社会主义政治经济学也需要提高人民的消费水平。

最后,关于经济运行分析的理论创新,主要包括两大方面:一是政府与市场的关系,其贡献是明确市场对资源配置的决定性作用,明确政府作用的边界,回归市场经济的本义。二是供求关系的分析，其贡献是从体制及改革的角度分别研究需求侧和供给侧的运行效率，重视需求侧与供给侧相结合的体制及相应改革分析，反映中国关于经济运行理论研究的深入，为经济运行的政治经济学分析开拓了新境界。

综上所述，理论创新包括经济制度、经济运行和经济发展等领域一系列重大理论创新，将这些成功实践和创新理论系统性化就构成中国特色社会主义政治经济学的理论体系。这个理论体系是动态的，中国特色社会主义事业在发展中，新的实践及创新的理论还在不断丰富这个理论体系。

2. 制度创新。制度创新是创新发展的保障。制度创新是持续创新的保障，能够激发各类创新主体活力，也是引领经济社会发展的关键，核心是推进国家治理体系和治理能力现代化，形成有利于创新发展的体制机制。

近年来，我国在经济制度领域取得了一系列创新成果，主要包括：一是对各种所有制经济在负面清单基础上实行统一的市场准入制度，废除对非公有制经济各种形式的不合理规定，消除各种显性和隐性壁垒，制定非公有制企业进入特许经营领域的具体办法。这样非公有制在市场进入方面取得了与公有制经济的同等地位。二是国有资本、集体资本和私人资本相互融合所形成的混合所有制成为基本经济制度的实现形式。三是农村集体所有的土地实行所有权、承包权和经营权三权分置，集体所有的承包土地的经营权可以流转，农民由此获得土地财产权收入。这是我国农村土地制度理论的重大突破。四是在混合所有制中公有制为主体有了新的体现。随着公有制为主体多种所有制经济共同发展的基本经济制度的逐步形成，相应的按劳分配为主多种分配方式并存的基本收入分配制度也就相应建立。以上的制度创新进一步解放了思想，激发了企业与市场的活力，优化了劳动力、资本、土地、技术、管理等要素的配置，有利于形成促进创新的体制机制。

3. 科技创新。科技创新是创新发展的关键。科技创新主要是指技术层面与知识层面的双重创新，是创新驱动的基点，也是国家创新体系的两大重要方面。具体而言，以科学新发现为导向的知识创新体系，主要提供的是原创性自主创新成果，创新主体为大学及研究机构的研究人员和科学家。技术创新体系则以市场为导向，创新主体是企业，形成生产过程中的新技术、新产品。在现代科技进步中，随着知识创新的作用日益增强，知识创新与技术创新逐渐成为国家创新体系中不可分割并互相衔接的两个方面。

习近平总书记曾说道："我们比历史上任何时期都更接近中华民族伟大复兴的目标，而要实现这个目标，我们就必须坚定不移贯彻科教兴国战略和创新驱动发展战略，坚定不移走科技强国之路。"① 此言正是明确了科技创新的地位。在新常态背景下，科技创新是从根本上解决我国发展方式粗放、产业层次偏低、资源环境约束趋紧等急迫问题，兼顾发展速度与质量、统筹发展规模与结构的关键。未来依靠科技创新转换新的发展动力，通过培育壮大新产品、新业态，淘汰落后产能，提升产品附加值，提高中国产品与服务业在全球价值链中的地位，从中国制造走向中国创造，都需要科技创新作支撑。科技创新要坚定不移走中国特色自主创新道路，坚持自主研发、加大科技创新力度、加快创新型国家建设步伐。经济发展需要更多地依靠科技进步创新经济发展方式，依靠科技进步调整产业结构，从而更好地破解经济社会发展瓶颈，适应自然资源禀赋变化，改变传统红利消失的不利现状，顺利跨越"中等收入陷阱"。

4. 文化创新。文化创新是创新发展的根本。文化创新本质上是"软实力"创新，是观念与行为相结合、内容与形式相融合的深度创新，是各种艺术要素与技术要素的集成，是胸怀与创意的对接，更是培育民族生命力和凝聚力的基础，为各类创新活动提供了不竭的精神动力。

十八大以来，中华民族优秀传统文化的传承与发展受到了高度重视，习近平主席强调"中华民族创造了博大精深的灿烂文化，要使中华民族最基本的文化基因与当代文化相适应、与现代社会相协调，以人们喜闻乐见、具有广泛参与性的方式推广开来，把跨越时空、超越国度、富有永恒魅力、具有当代价值的文化精神弘扬起来，把继承传统优秀文化又弘扬时代精神、立足本国又面向世界的当代中国文化创新成果传播出去。"② 也就是说，新常态背景下的文化创新，首先需要把中国传统文化中这种求新求变的禀赋与新时代的经济变革有机结合起来，积极探索新型文化产业，扩展文化产业链的同时创造新的相关消费领域。其次，在推动文化投资主体多元化的同时，也要注重刺激文化供给侧的创新，提升供给的质量。最后，在制度保障方面需要完善文化领域的准入制度，在供给侧发挥"鲶鱼效应"，解放生产力以及改善文化的管理方式，从而让历史的品质焕发出时代的光辉。综上所述，十八大以来，文化创新的精神内涵包括从中华民族最深沉精神追求的深度看待优秀传统文化，从国家战略资源的高度继承优秀传统文化，从推动中华民族现代化进程的角度创新发展优秀传统文化，使之成为实现"两个一百年"奋斗目标和中华民族伟大复兴中国梦的根本性力量。

---

① 习近平：《我们比历史上任何时期都更接近中华民族伟大复兴的目标》，载于《人民日报》2016年11月11日。

② 习近平：《建设社会主义文化强国，着力提高国家文化软实力》，载于《人民日报》2014年1月1日。

理论创新、制度创新、科技创新以及文化创新这四大层面的创新共同构成了创新发展理念的完整内涵。完整的创新发展理念为中国特色社会主义发展道路指明了方向和要求，代表了当今世界发展的潮流，也体现了新时期我国对当今发展规律的深化以及对当代马克思主义理论的发展。未来以创新之楫、奋发展之舟、谋改革之路，将成为中国特色社会主义经济发展的不竭动力。

二、创新发展的核心是科技创新

根据波特的界定，一个国家经济社会发展的动力主要分为要素驱动、投资驱动、创新驱动以及财富驱动四大阶段。要素驱动是指主要依靠土地、资源、劳动力等生产要素的投入推动经济增长。这种动力一般适用于发动经济增长的初期。投资驱动是指依靠持续的高投资推动经济增长，这种动力是建立在高积累低消费的基础上的，一般适用于低收入条件下追求经济起飞时。现在，我国进入了中等收入发展阶段，一方面支持物质资源高投入的要素供给到了极限；另一方面居民不能继续忍受低收入和低消费水平来支持高投资，需要在分享发展成果中支持发展。在此背景下，经济发展的动力需要由过去的要素和投资驱动转向创新驱动。

经济新常态下，要素与投资驱动型增长路径在低收入阶段积累的矛盾集中爆发。由此产生的尖锐的社会矛盾严重阻碍了经济的持续发展，容易出现大幅波动或陷入停滞，并造成国家长期在中等收入阶段徘徊。因此，我国经济进入新常态后，原有的要素与投资驱动型增长路径与当前经济形势及改革的要义已经不相匹配，要素禀赋结构发生变化，发展动力应从要素与投资驱动转向创新驱动。创新驱动的实质是科技创新驱动。

（一）科技创新是全面创新的引领

最早的创新思想反映在马克思的《资本论》中指出的，"脑力劳动特别是自然科学的发展"是社会生产力发展的重要来源①。根据经济学家对创新的定义，所谓创新驱动，一方面是指经济增长主要依靠科学技术的创新，通过技术变革提高生产要素的产出率；另一方面是指利用知识、技术、企业组织制度和商业模式等创新要素对现有的资本、劳动力、物质资源等有形要素进行新组合，以创新的知识和技术改造物质资本、提高劳动者素质和科学管理水平。各种物质要素经过新知识和新发明的介入和组合提高了创新能力，就形成内生性增长。

---

① 马克思：《资本论》第 3 卷，人民出版社 2004 年版，第 96 页。

过去常用的概念是技术创新，现在突出科技创新。这实际上反映创新源头的改变。技术创新相当多的是源于生产中经验的积累、技术的改进、企业内的新技术研发。现在的技术进步更多地来源于科学的发明。特别是在20世纪后期产生新经济以来，科学上的重大发现到生产上的使用，转化为现实生产力的时间越来越缩短，缩短到十几年、几年。现在一个科学发现到生产上应用几乎是同时进行的。这意味着利用当代最新的科学发现的成果迅速转化为新技术可以实现大的技术跨越。例如，新材料的发现，信息技术和生物技术的突破都迅速转化为相应的新技术。这种建立在科技创新基础上以科学发现为源头的科技进步模式，体现了知识创新与技术创新的密切衔接和融合。

过去，我国的科技创新基本上停留在引进和模仿阶段，虽然能跟上世界科技进步的步伐，但不能进入世界科技的前沿。现在，就如习近平总书记指出的，我国的科技创新已从以跟踪为主转向跟踪和并跑、领跑并存的新阶段。谁牵住了科技创新这个牛鼻子，谁走好了科技创新这步先手棋，谁就能占领先机、赢得优势。现在，世界上新一轮科技和产业革命蓄势待发，重大颠覆性技术不断涌现，最为突出的表现是：大数据，工业化时期数据量大约每十年翻一番，现在数据量每两年就翻一番；浩瀚的数据海洋就如同工业社会的石油资源，蕴涵着巨大生产力和商机，谁掌握了大数据技术，谁就掌握了发展的资源和主动权。先进制造，用新技术推动高端制造业发展；绿色化、智能化、柔性化、网络化的先进制造业，不仅会从源头上有效缓解资源环境压力，而且会引发制造业及其相关产业链的重大变革。量子调控，科学家们开始调控量子世界，这将极大推动信息、能源、材料科学发展，带来新的产业革命；量子通信已经开始走向实用化，这将从根本上解决通信安全问题，同时将形成新兴通信产业。人造生命，2010年第一个人造细菌细胞诞生，打破了生命和非生命的界限，为在实验室研究生命起源开辟了新途径；未来5～10年人造生命将创造出新的生命繁衍方式；这些不仅对人类认识生命本质具有重要意义，而且在医药、能源、材料、农业、环境等方面展现出巨大潜力和应用前景。

世界上新一轮科技和产业革命蓄势待发，重大颠覆性技术不断涌现，在此背景下提出的创新发展理念，是指以科技创新为核心的全面创新。科技创新是国家竞争力的核心，是全面创新的主要引领。在全面创新的进程中，一定要紧紧抓住科技创新，发挥科技创新在全面创新中的重要引领作用。因为创新发展最根本的就是要增强自主创新能力，最紧迫的是要破除体制机制障碍，最大限度解放和激发科技作为第一生产力所蕴藏的巨大潜能。

（二）科技创新是产业创新之源

在经济新常态的背景下，我国制造业表现出产业类型、产品附加值以及新兴技术均有突破下的中高端化，在此基础上，产业结构的进一步转型升级成为时代迫切且期待的命题。经济增长的实践表明，一国的产业结构升级转型很大程度上是依靠重大科学技术的突破。科学技术的突破和新技术的扩散是新产业产生的重要基础，也是促进产业创新的重要源泉。为此就要解决好科技创新与产业创新的有效对接问题，重视科技成果向生产力的转化，采取产学研协同创新方式研发和孵化新技术，形成大众创新万众创业氛围。科技创新与产业创新的对接包括四个方面：

第一，以共同的高端创新目标对接科技创新与产业创新。产业结构优化升级需要有创新的新兴产业来带动，而正在兴起的新一轮科技革命与产业变革恰好呈现出相互结合的态势和特征，科技创新与产业创新几乎同时进行。具体而言，二者应以产业创新为向导和目标，实现大的技术跨越和产业结构的开创性变化。

第二，需要在全球价值链上实现科技创新与产业创新的对接。经济全球化的重要特征是跨国公司在全球范围内布局产业链，从而形成全球的价值链。产业创新的一个重要方面是改变我国企业所处的全球价值链的低端制造地位，依靠创新攀升全球价值链的中高端。具体而言，一是要在已有的价值链上提升自己地位，基本方向是在低端制造环节向劳动和资源环境更低的国家与地区转移的同时，进入研发环节，提升自身的创新能力。二是建立以我国自己主导的价值链，建立拥有中国原创性自主知识产权核心技术的"中国创造"产品。

第三，建立产业化创新机制实现科技创新与产业创新的对接。产业化创新是一种机制，是产业创新的原动力，介于科技创新与产业创新之间。具体表现为两大机制：一是产业化创新的协同机制，即以科学机构、大学、智库以及企业等各方产学研创新主体共同介入创新。二是产业化创新有共同的研发平台，即在需要突破性科技创新来带动产业创新的领域，采取知识带动型产业化创新方式；在需要继续进行科技创新的领域，采用技术创新带动型产业化创新方式。在现阶段处于中低技术产业的领域，采用新技术。

第四，传统产业利用科技革命的成果实现科技创新与产业创新的对接。传统产业不等同于夕阳产业，传统产业是具有民族精神的标志性产业。对待传统产业应以包容开放的心态，利用第三次科技革命的契机对传统产业进行改造，使传统产业在科技创新与产业创新的背景下焕发时代的新魅力。

（三）完善科技创新机制

依靠创新驱动实现经济发展方式的创新很大程度上是建立在科技创新的基础上，换言之，从创新型国家的一般标准衡量，转向创新驱动发展方式的重要标志是提高科技进步对经济增长的贡献率。而要充分发挥科技创新在创新经济发展方式中的作用。

首先是产学研协同创新。由于当今技术创新的源头主要是科技创新与知识创新，因此科技创新需要高校与企业的协同，科学家与企业家的协同。这实际上反映了国家创新体系中知识创新体系与技术创新体系之间的协同。科技创新的路线涉及由高校的知识创新到孵化高新技术，最后企业采用高新技术的过程。当前科技创新的趋势是，高校与科研机构是创造知识的源头，企业的技术创新越来越需要依托知识和信息聚集的高校和科研机构。其中关键是建立知识的创造和知识向生产力转化的上下游联系。一方面解决好高校与研究机构研究课题的商业化价值问题，另一方面解决好企业敢于对高科技的研究进行风险投资的问题。在此基础上，产学研协同创新意味着高校的知识创新延伸到了孵化阶段，企业的技术创新也延伸到了孵化创新阶段。在孵化阶段知识创新主体和技术创新主体交汇，就形成了企业家和科学家的互动合作。这两者的互动表现为两者的相互导向，由此解决了学术价值和商业价值的结合，从而使创新成果既有高的科技含量，又有好的市场前景。综上所述，在此过程中，产学研协同创新及其协调平台就成为以科技成果转化为生产力为主要任务的创新机构和机制。

其次是加大科技创新投入。最先要做的是加大物质资本的创新投入。此处所述物质资本是指科技创新中的研发费用等直接相关的物质资本，主要是指创新投资，由于创新驱动的重点环节是孵化和研发新技术，创新投资就必须更多地投向孵化和研发环节，从而持续不断地获得新技术并实现转化。换言之增加创新投入的核心是增加研发投入，研发投入是保障创新主体创新的活动的基石。从国家整体层面来看，创新型国家研发费用一般超过其总 GDP 的 2%；从企业层面来说，科技创新企业的研发费用一般要超过总支出的 6%；从高校与科研机构层面来说，世界名校研发经费一般超过直接总支出的 70%。可见，充裕的研发投入是科技创新的基本保障，而我国现阶段的研发投入与世界先进水平还有一段距离。故要推进新常态下的创新驱动战略就要着力加大对科技创新的投入，引导相关物质资源向创新领域流动和集聚。

三、创新是新的发展方式

改革开放以来，我国经济发展经历了从转变增长方式到转变经济发展方式的变革。经济发展方式是指一国实现经济发展目标的方式，其内涵涉及增长模式、供需结构、产业结构、收入分配、资源环境、国民素质等多方面的内容。

（一）转变经济发展方式

我国改革开放以来，推动的经济发展方式转变大致上经过如下阶段：

首先是由粗放型增长方式向集约型增长方式的转变。在我国发动经济增长的初期，自然资源丰富，农业劳动力剩余充足，工业资本迅速积累，处于大力发展基础设施建设与重工业的高速发展时期。这一时期的粗放型发展模式具有高投入、高耗能、高污染、低产出的特征，发展的目标是经济总量的快速增加、经济规模的加速扩张。对这一目标而言，粗放式增长显然不负众望，使得中国经济迅速腾飞，但随之而来的是一系列长期发展问题。其中，要素的粗放使用造成了资源禀赋结构的改变，资源优势逐渐削弱；依靠长期廉价劳动力投入也面临着刘易斯拐点的接近、隐性失业的增加以及人力资本积累不足的局面；加之严重的污染与生态恶化带来的新一轮治理成本的增加。以上问题均限制了经济长期增长的潜力。在此背景下提出的从粗放式转向集约式发展是符合当时经济现状的经济发展方式转变，其主要途径是通过技术进步提高生产要素的使用效率。这里所说的效率的提高既作用在当时的农业生产，也作用在当时快速发展的工业。对农业而言，集约式发展不仅可以为中国的发展提供足够粮食支撑，也可以进一步解放农村劳动力，使闲置劳动力从第一产业流向第二产业、从农村流向城镇。对工业而言，表现为要素利用率方面，通过更为先进的技术提高生产过程中的要素使用效率。综上所述，集约式发展为解决当时的发展问题提供了思路，但其缺陷是依然不能摆脱物质要素推动经济增长的基本框架，忽视了无形资本的作用。

其次是由经济增长方式转变转向经济发展方式转变。这个转变更为重视经济增长质量，从而将经济增长的目标从追求数量型增长转向质量效益型增长。从发展的角度，经济增长的质量则具有更加广阔的外延，学界目前较为统一的说法是将其内涵概括为经济增长的效率、经济增长的结构、经济增长的稳定性、福利变化和成果分配、资源利用和生态环境代价以及国民经济素质六大维度。按此要求，经济增长由主要依靠资源投入转向依靠创新驱动。科技进步、人力资本等无形资本的作用得到了高度的重视，科技技术、劳动力素质、知识等对经济潜在增长率的贡献进入了我国经济发展的考量标准。

（二）创新经济发展方式

在新的发展阶段，所要转向的发展方式不是现成的，是需要创新的。因此，十八届五中全会提出"五大新发展理念"中创新居于首位，创新发展是人类与生俱来、与时俱进的不懈追求，是社会文明进步的永恒动力。对中国而言，在进入以速度变化、结构优化、动力转换为特征的经济发展新常态时期后，传统依靠大规模要素投入驱动经济发展的固有模式便出现了动力不足、质量欠佳和潜力较弱的弊端，经济发展出现大而不强、快而不优的现象。为了解决这个问题，必须增强创新意识，激扬创新精神，提升创新规制，优化创新内质，牢牢将创新置于经济发展、社会进步的前沿阵地与中枢位置，切实做到以创新引领和驱动改革发展。习近平总书记也屡次强调："抓创新就是抓发展，谋创新就是谋未来。"① 创新发展不仅解决效率问题，更为重要的是发挥无形要素的作用，利用其实现传统要素的全新组合，这是效率提高的一大重要途径，在新要素的产生需要较长周期时，通过对原有要素的重新组合提高要素投入质量，同样可以提高生产过程中的效率，可以看做是创造新的增长要素的过程。因此创新发展方式是比之前提出的集约式等转变经济发展模式更高层次、更具前瞻性的对经济发展新阶段的解读与探索。

创新作为内生增长的驱动力的关键是以产业创新为导向提升国家竞争力。产业结构的优化升级是经济新常态的重要特征之一，也是创新发展的基本要求，因此发挥创新的作用，以创新驱动调结构，就成为构建创新驱动发展模式的重要内容之一。过去的结构调整主要采取增量调整方式，转向中高速增长新常态后结构调整要通过创新驱动推动存量调整。

1. 发展新产业。经济新常态下创新驱动的首要任务是寻找新的具有增长潜力的支柱型产业，重点发展与当前全球新的科技革命相适应，与新的消费结构相适应，满足绿色、低碳、可持续要求，且富有国际竞争力的新兴产业。主要包括节能环保相关产业、互联网等相关产业、新能源相关产业、生物医药产业以及人工智能相关的装备制造业等。如节能环保产业。近年来节能环保相关产业扩张迅猛，至 2015 年底，产值超过 4 万亿元，增值在总产值中占比为 2.1%，从业人数超过 3000 万人，到 2020 年，该产业产值增量预计占 GDP 的 3% 左右，即将发展成为国内经济的一大支柱。在此有利的背景下，应积极发展节能环保产业，通过

---

① 习近平：《抓创新就是抓发展　谋创新就是谋未来》，载于《人民日报》2015 年 3 月 16 日。

建立健全支持节能环保相关产业管理及激励机制，解决现有规模以上企业较少、产业集中度小、影响力偏低等现状。再如信息产业。信息产业包括信息技术、大数据等多种与卫星、互联网等现代信息革命相关的信息产业。地理信息需要充分利用各地区区位优势，发挥开放与创新的思想，开辟我国面向世界的辐射中心，积极打造具有中国特色的地理信息市场、促进现代工程测量等与之相关的企业发展。而大数据等互联网信息则需要利用技术优势，充分发挥自主创新的能力，以开放包容的心态引进相关人才与技术，抓住世界互联网大会的契机，从而建立新的支柱型产业。再如新能源产业。在发展新能源产业的过程中应充分融入全球技术革命与再工业化浪潮，根据"中国制造2025"的相关精神，在实践过程中发挥辐射与联动效应，使先发展的地区带动周边地区。同时也要继续发挥与交通相关的动力产业的传统优势，同时运用科技成果形成相关配套产业的完整产业链，走向"中国创造"之路。

2. 开发新产品。新产品是创新驱动在产品端的体现，以创新驱动助力产业升级应积极支持产品研发与创新。通过供给侧改革实现供给与需求相结合是当前我国调整经济结构、提高经济增长质量的必由之路，而供给与需求的均衡则是供给侧改革所追求的目标。[①] 目前我国处于有效需求不足，并不意味着消费需求低迷，无论是企业还是居民消费者，消费需求持续存在，只是越来越高的消费要求与现有过剩的中低端产品不相匹配，因而将自己的需求转向了更多的国外产品，正是这种现状促进了日渐高涨的跨境消费动力。这种现状的改善需要大力发展新产品：一是对工业企业应抓住市场机遇，从原材料入手，层层把关，通过全面的生产试制单位革新和优化工艺协同攻关，自主研发产品性能与同类进口产品水平相当，且具有更显著特色的新产品，助力中国创造。二是相关产品生产者应关注创新生产模式方面，集中着力于开发新产品，一方面力求在产品数量、质量、原料选择、组织形态、差异性、个性化与专有功能上均实现全新的突破，使得产品更为丰富多彩；另一方面应结合大数据实时分析消费者的消费心理和消费诉求，进行市场分层下的针对性生产，即使是同一类型产品，在不同类型的消费者面前也应呈现不同形式，为消费者打造专属产品，以提升消费者的获得感。

3. 塑造新品牌。中国已在全球塑造出"中国制造"的品牌，如今全球对中国制造的产品均有了较高的信任度，但在全球分工体系重建的今天，重塑品牌，发挥品牌价值，以提高产品附加值，从而提升产品的市场竞争力成为新的热点问题，也是经济发展供给侧的重要方面。这里所述并非单指产品品牌，它具有丰富

---

① 余斌、吴振宇：《中国经济新常态与宏观调控政策取向》，载于《改革》2014年第11期。

的外延含义，包括生产流通的各个环节，主要有区域品牌、产业品牌、产品品牌、企业品牌、企业家品牌等。第一，对于区域品牌而言，更多的是建立具有特色的区域发展优势，从而吸引更多的优质资源流入区域，以带动区域的进一步发展。第二，对于产业品牌而言，宏观视角上鼓励重塑民族产业大品牌，提升民族产业的整体地位，中观视角上需要形成具有市场竞争力且复制难度较大的产业群，在一定的区域内鼓励发展与该产业相配套的一系列上下游产业，从而建立起网状交织的完整产业圈，产业圈越是交错关联，其中的个体产业企业的存活率就越高。第三，对于产品品牌而言，则需要重塑现有的品牌形象，重获消费者的归属感与认可度。例如，在奶制品、调味品、转基因粮食等食品类中，重在扭转消费者已有的认知，加强食品安全监督力度，塑造新的具有说服力的品牌形象；在汽车、飞机等机械类中，需要通过自主创新提升产品的竞争力；在旅游、自媒体产业等服务业类中要充分利用互联网、VR 等新技术塑造具有地方特色的品牌形象。第四，对于企业品牌和企业家品牌而言，一是让产品赋予一种意义，并嫁接到企业品牌或企业家品牌上，从而依靠具有情感的深层次意义跳出低层次的价格战；二是通过核心企业与核心企业家的引领，对整个行业或地区形成示范效应，从而发挥创新驱动经济增长的作用。

4. 培育新业态。新业态是指新的产业发展形态和经营方式，可以提高产业运行效率，也是促进经济发展的供给侧力量。重点要培养与信息化、数据化、智能化、个性化、社群化等相适应的新商业形态。具体而言，第一，对已有的产业，需要在原有基础上探讨新形势下的新的产业内涵，对原有产业形态赋予时代变革的新要素，探索新技术革命下生产、流通领域中的新中介平台，充分利用新中介平台更出色的表现力、更真实的体验感、更精准的数据分析和更广泛的沟通环境实现自身产业形态与经营模式的革新，从而打造适应快速发展新时代的新业态。具体而言，对传统行业，在互联网经济深化的新形势下，应充分利用互联网"去传统中介"的特性，构建新的中介平台，力求自建产业生态，打通上下游产业链，形成闭环；而具有技术优势的互联网第三方平台则可以利用自身信息化优势，开发新的资源，建立新的产业生态，以实现自身流量在产品端的输出。第二，对在信息、人工智能等新的市场背景下衍生出的新的产业，应进一步利用自身数据化、个性化的优势，拓展新业态形式，加强差异化经营。对此，地方经济需要以包容的心态广泛接纳，同时探索与之相适应的有效的引导与监督管理新体系。尤其在新经济新业态中表现亮眼的电子商务，当前随着全球化和电子商务的发展，生产要素和生产关系发生改变，"静默知识"与"全球供应链"的融合将成为我国供给侧改革进程里重点关注的方向。互联网企业应专注于汇聚全球知识资本、打造行业服务交易体系新业态，一方面促进知识资本服务主体的克服时间、距离限制实现在线汇聚，另一方面积极研发跨境交易及相关技术支撑平台。

（三）创新驱动绿色化

根据马克思早期提出的人与自然和谐的思想，近代马克思主义政治经济学理论进一步将其叙述为社会是人同自然本质的统一。也就是说，自然界是人类物质生活资料的来源，如果自然环境被肆意破坏，人与人联系的纽带也就遭到破坏，其结果必然是社会关系的扭曲。人与自然的关系以及人与人的关系是相互影响、相互制约的一种动态关系。但人的需求是多方面、多层次的，而且是不断发展的，故作为自然界内在联系和运行规律的外在尺度就成为人的尺度的前提或极限，这个前提或极限既限定了人的行动的范围，又影响着人的需求的满足。一旦超出了物的尺度的限制，就会导致自然界生态平衡的破坏和人与自然关系的恶化。对此，恩格斯指出："我们不要过分陶醉于我们人类对自然界的胜利。对于每一次这样的胜利，自然界都对我们进行报复"。[①]

我国传统的经济数量快速增长时期由于粗放式增长产生的一系列问题在当代集中爆发，其中最引人注目的问题便是自然资源衰退与环境的恶化。因此，当代马克思主义将"绿色"发展作为发展的一大要义，换言之中国的现代化要通过创新驱动走可持续的绿色发展道路，形成人与自然和谐发展的现代化建设新格局。这里所述的绿色发展包含两个方面：首先，绿色发展揭示了发展的本质在于经济与环境的和谐发展，通过制定低碳经济战略，达到节能减排，实现资源节约与环境友好；通过创新与产业结构调整，实现经济增长的长期可持续；通过制度创新，将发展成果惠及全体社会成员；坚持统筹城乡发展，将改善民生问题作为出发点和落脚点，实现人民生活水平的提高。其次，绿色发展在经济运行上表现为追求效益和质量的绿色运行，经济增长的最优目标是质量与效益同步增长。因此，对经济增长的评价要着重于质量与效益方面的考察。经济增长的效益主要包括经济效益、社会效益以及生态效益三大方面，经济增长的经济效益取决于投入与产出的比较，即以最少的投入获得最大的产出；经济增长的社会效益取决于经济增长的目的，即为了规模的扩张还是为了福利水平的提高而增长；经济增长的生态效益取决于经济增长过程中是否顾及了资源环境的代价。只有三者统一，才真正实现了绿色发展。而在经济新常态下，绿色发展要通过创新驱动来实现，其实现方式主要包括三大路径：

---

① 马克思：《马克思恩格斯选集》第 3 卷，人民出版社 2012 年版，第 695 页。

1. 以科技创新驱动绿色发展。以科技创新驱动绿色发展的要义是在发展的原动力方面创新发展方式。原有的要素驱动型发展战略由于主要依靠要素的投入拉动经济的增长，必然伴随着要素大量消耗以及环境的恶化。但将科技创新作为发展动力，则是主要依靠科技创新成果即节能减排新技术拉动经济的增长，其发展过程满足绿色、可持续的时代要求。

2. 以产业创新驱动绿色发展。产业创新驱动绿色发展的要义是在发展的供给侧方面创新发展方式。当代经济发展以产业创新为驱动力，以节能环保产业引领升级产业结构、调整产业布局，以创新具有绿色发展潜力的新产业、新产品为核心，推动经济绿色发展。

3. 以消费创新驱动绿色发展。绿色生产方式需要绿色消费模式引领。当代经济发展在消费端应改变高消耗的消费模式转向节能、环保、循环的绿色消费模式，为此需要提供绿色消费的新技术、新产品和新服务从而全面发挥消费创新对绿色发展的驱动作用，进而实现创新驱动经济长期可持续增长的中国梦。

四、实现创新发展的体制机制创新

习近平总书记指出："实施创新驱动发展战略，最根本的是要增强自主创新能力，最紧迫的是要破除体制机制障碍，最大限度解放和激发科技作为第一生产力所蕴藏的巨大潜能。"[①] 这是我们探讨转向创新驱动发展方式的指导思想。

转向创新驱动发展方式的基本标准就是创新型国家的基本标准。根据经济合作与发展组织、欧盟、世界经济论坛等的界定，创新型国家主要表现为：整个社会对创新活动的投入较高，重要产业的国际技术竞争力较强，科技投入产出的绩效较高，科技进步和技术创新在产业发展和国家财富增长中起着重要的作用。

针对我国现状，根据习近平总书记的系列重要讲话精神，实现创新发展需要在以下几个方面推进体制机制创新：

第一，企业要真正成为技术创新的主体。在以企业创新为源头的技术进步模式中，企业以市场为导向或者在企业内部进行研发，或者以购买和模仿的方式采用新技术。在这里企业作为创新主体是毫无疑问的。现在需要强调的是企业在以科学发现为源头的科技创新中也要成为主体。科技创新不只是企业的行为，不是单纯的技术创新，是产学研多个主体介入的合作创新活动。企业应该成为主导产

---

① 习近平：《中国科学院第十七次院士大会、中国工程院第十二次院士大会上的讲话》，人民出版社2014年版，第8页。

学研协同创新的主体，孵化和研发新技术的投资主体。企业成为创新主体，关键是企业中要有创新的组织者。熊彼特提出的创新理论明确认为，创新是在企业实现的，而承担创新职能的是企业家。科技创新的基本任务是实现科学发现成果转化为现实生产力。科技企业家的职能就是对企业的技术创新与大学的知识创新两大创新系统进行集成，对多个主体进入的新技术孵化活动进行组织协调。在这里企业家的创新活动就由彰显个性转变为突出协同创新。企业家知识化并成为科技企业家，是推进产学研合作创新的主观条件，企业家没有相应的知识层次，就不知科技创新的方向，也不知怎样去开发知识产品，也不知如何与科学家合作。如果微软公司的总裁不是比尔·盖茨、苹果公司没有乔布斯、北大方正没有王选，这些科技型公司很难有今天的成就。企业家知识化有两条途径：一是现有的企业家要由经验型转向知识型；二是要让科学家进入企业家队伍。归结起来就是企业家成为科技企业家。由此就提出创新创业人才的培养和引进问题，尤其是既有深厚的学科知识，又有敏锐的商业化眼光的经营人才。

第二，建立吸引和集聚创新创业人才的制度。如果说科学技术是第一生产力，那么人才就是第一要素。其中不仅包括高端科技人才，也包括高端创业和管理人才，甚至包括特殊技能的工匠。因此人力资本投资成为创新投资的重点。产业高地—人才高地—创新高地之间存在显著的相关性：产业高地吸引高端人才，高端人才建立产业高地。转向创新驱动，人力资本比物质资本更为重要，增加人力资本供给是驱动创新的关键。这就需要逐步完善人才引进机制，保障人才在区域间的自由流动，通过人才引进、区域合作等方式推动创新驱动的发展。集聚高端创新创业人才的重要方面是引进国际高端人才。这涉及引进和利用国际要素战略的调整。过去的重点在增长，各种增长要素跟着资本走，因此突出引进外资，现在重点在创新，各种创新要素跟着人才走，因此需要突出引进高端产业创新人才。新时代的创新驱动以人才为依托，不仅需要普遍提高劳动力素质，更需要高端创新创业人才。对全社会而言，要充分尊重人民的首创精神，形成万众创新的社会环境和风尚，充分发挥亿万民众的劳动热情，掀起崇尚创新、人人创新的新浪潮。要树立起创新发展是全民参与、全民推动的事业的理念，健全激励创新的体制机制，使创新成为一种价值导向、生活方式、时代气息。全面推动大众创业、万众创新，强化法治保障和政策支持，让每个有创新意愿的人都有实现奋斗理想的机会和空间，从而充分发挥人的聪明才智，形成人人创新的社会氛围。人才成为创新的第一要素后，需要改变对低成本发展战略的认识。低成本战略理论强调发展中国家以低劳动力和土地成本作为比较优势。这种低成本比较优势在贸易领域可能是有效的，但在创新型经济中就不适用了。增加人力资本供给就能驱动创新，低价位的薪酬只能吸引低素质劳动力，只有高价位的薪酬才能吸引到高端人才，才能创新高科技和新产业，从而创造自己的竞争优势。

第三，知识产权保护和新技术的推广。新知识、新技术具有溢出效应。创新驱动经济发展是针对全社会而言的，因此，创新驱动不只是要求新发明在某个企业那里转化为新技术，更为重要的是自主创新成果及时地在全社会推广和扩散。知识和技术等创新要素不同于物质要素，其使用具有规模报酬递增的特点，因而创新不排斥新知识新技术的广泛采用。只有当全社会都能采用自主创新成果时才能谈得上驱动经济发展。根据熊彼特关于创新即创造性的毁灭过程，强化市场竞争机制，可以迫使各个企业竞相采用先进新技术；实施严格的知识产权保护制度，不只是保护创新者的权益，同时也能以这种机制推动技术创新成果（新技术）的扩散。除此以外，创新成果的全社会扩散机制还需要两个方面的建设：一是通过计算机和通信网络将新知识新技术数字化进行传播，从而形成"信息社会"；二是通过促进公众接受多种知识和技能的训练掌握学习的能力，从而形成"学习型社会"。

第四，构建促进创新驱动的体制架构。转向创新驱动，前提是制度创新。科技创新和创业需要体制保证。仅仅是优胜劣汰的市场机制的压力是不够的，还需要有效的激励性体制。这就是习近平总书记所指出的：要采取更加有效的措施把创新引擎全速发动起来，我们致力于发挥创新驱动的原动力作用，更多支持创新型企业、充满活力的中小企业。具体的体制安排包括：强化科技同经济对接，创新成果同产业对接，创新项目同现实生产力对接，研发人员创新劳动同其利益收入对接，从而形成有利于出创新成果、有利于创新成果产业化的新机制。特别要指出建设高效并有集成创新能力创新型政府的意义。

制度创新的发动者首先是政府。标准的市场经济理论排斥政府作用。一旦引入创新，就需要政府的积极介入。其必要性在于创新成果具有溢出效应，具有公共产品的属性。这就决定了政府作为社会代表来支付创新的社会成本，制定重大科技创新计划，并通过公共财政对此类创新进行直接的或引导性投入。在现代经济中，国家竞争力主要由国家创新力来衡量。国家创新力不是个体创新力的相加，而是对科技创新的国家集成能力。集成创新即创新系统中各个环节之间围绕某个创新目标的集合、协调和衔接。政府对包括产学研在内的创新系统进行整体协调和集成的主要方式是建立大学科技园，搭建产学研合作创新平台。正是在这一意义上，在产学研前需加一个"政"字，即政产学研合作创新。

实施创新驱动的发展战略是个系统工程，既涉及知识创新，又涉及技术创新。实施创新驱动战略以人才为依托，不仅需要提高劳动者素质，更需要高端创新创业人才；既涉及经济发展方式的根本性转变，也涉及相应的经济体制的重大改革。既要发挥市场的调节作用，又要政府的积极介入。需要各个系统形成合力，促进创新资源高效配置和转化集成，把全社会的智慧和力量凝聚到创新发展上来。

第七章　经济新常态下的协调发展

协调发展理念的基本要求是着力增强发展的整体性协调性。协调既是发展手段又是发展目标，同时还是评价发展的标准和尺度。协调是发展平衡和不平衡的统一，强调协调发展不是搞平均主义，而是补齐短板，原植优势，更注重发展机会公平、更注重资源配置均衡。

一、协调发展的理念推动经济发展理论的创新

协调发展理念是在深刻认识新常态背景下经济发展规律的情况下提出的，是马克思主义政治经济学基本原理同中国发展实践结合的成果，推动了马克思主义政治经济学在当代中国的发展。

（一）协调发展理念体现马克思主义的唯物辩证法思想

唯物辩证法是马克思主义政治经济学的根本方法。坚持唯物辩证法，就要从客观事物的内在联系去把握事物，去认识问题、处理问题。协调发展体现的唯物辩证法思想主要有以下三个方面：

首先，协调发展理念强调了发展的系统性和整体性。唯物辩证法认为，事物是普遍联系的，事物及事物各要素相互影响、相互制约，整个世界是相互联系的整体，也是相互作用的系统。任何发展都是系统的发展，系统构成要素在发展中相互联系、相互制约、相互作用，构成了系统的整体发展。经济发展作为一个系统，需要系统中各个要素的协调联动。系统作为一个整体，是由各个部分所构成的，整体的变化会影响到部分的状态。同时，部分也制约着整体，关键部分甚至会对整体起决定作用。只有各部分以合理优化结构组成整体，整体功能才能得以最大限度发挥。

其次，协调发展是两点论和重点论的统一。任何事物都是一分为二的。在研究复杂事物矛盾发展过程中，既要研究主要矛盾，又要研究次要矛盾，既要研究

矛盾的主要方面，又要研究矛盾的次要方面，二者不可偏颇。同样，一个国家、一个地区乃至一个行业在其特定发展时期既有发展优势，也存在制约因素，在发展思路上既要着力破解难题、补齐短板，又要考虑巩固和厚植原有优势，两方面相辅相成、相得益彰，才能实现高水平发展。这就是毛泽东说的："弹钢琴要十个指头都动作，不能有的动，有的不动。但是，十个指头同时都按下去，那也不成调子。要产生好的音乐，十个指头的动作要有节奏，要互相配合。党委要抓紧中心工作，又要围绕中心工作而同时开展其他方面的工作。我们现在管的方面很多，各地、各军、各部门的工作，都要照顾到，不能只注意一部分问题而把别的丢掉。凡是有问题的地方都要点一下，这个方法我们一定要学会。"

最后，协调发展是平衡和不平衡的统一。由平衡到不平衡再到新的平衡是事物发展的基本规律。平衡是相对的，不平衡是绝对的。平衡发展意味着国民经济的各个行业和部门协调增长，不平衡发展则强调经济发展过程的非均衡特征。由平衡到不平衡再到新的平衡是事物发展的基本规律，因此平衡发展与不平衡发展是对立统一的。强调协调发展不是搞平均主义，而是更注重发展机会公平、更注重资源配置均衡。我国经济发展长期实行的赶超战略实际上是不平衡战略，在较短的时期内实现了经济的高速增长，但也造成了经济增长的质量效益较低、结构失衡严重、资源环境结构性短缺等问题。随着中国经济进入新常态，国民经济不平衡增长成为阻碍中国经济持续稳定增长的重要原因，加之全面建成小康社会的目标意味着这一阶段我国经济发展的目标已由过去单一的短期增长目标转向长期综合目标，这就要求发展更加注重整体性和协调性，要注重不同产业、不同区域、城乡之间的平衡发展。要从原先的不平衡状态向更高水平的平衡状态演进。

我们党在带领人民建设社会主义的长期实践中，形成了许多关于协调发展的理念和战略。新中国成立前后，毛泽东同志就提出了统筹兼顾、"弹钢琴"等思想方法和工作方法。《论十大关系》是毛泽东同志运用普遍联系观点阐述社会主义建设规律的典范。在《关于正确处理人民内部矛盾的问题》一文中，毛泽东同志进一步提出了"统筹兼顾、适当安排"的方针。改革开放后，邓小平同志针对新时期的新情况新问题，提出"现代化建设的任务是多方面的，各个方面需要综合平衡，不能单打一"。在改革开放不同时期，邓小平同志提出了一系列"两手抓"的战略方针。党的十八大提出了中国特色社会主义事业五位一体总体布局，后来我们提出了"四个全面"战略布局，等等。这些都体现了我们对协调发展认识的不断深化，体现了唯物辩证法在解决我国发展问题上的方法论意义。

（二）协调发展理念推动发展结构理论的创新

经济结构是国民经济各部门、各地区、各企业之间，社会再生产各环节之间以及各产业层次和技术水平的构成及其相互关系。马克思的社会再生产理论可以归结为协调发展理论，是马克思主义政治经济学的重要组成部分。社会再生产理论揭示社会化大生产条件下国民经济运行的基本规律。其中两大部类平衡理论实际上指出了社会再生产中产业结构（生产资料生产部类和消费资料生产部类）的协调，投资和消费的协调。在此基础上实现国民经济按比例发展。

发展中国家经济发展最为突出的是经济结构问题，其经济落后的主要表现也在经济结构，不仅失衡而且处于低端。所涉及的经济结构包括：产业结构，既涉及三次产业结构，又涉及各次产业的内部结构；区域结构；城乡结构；技术结构。发展中国家经济结构的落后性突出表现为二元结构，即现代工业和传统农业的结构，现代城市和落后农村的结构，先进地区和落后地区的结构。

经济结构变动有两种战略：一种是各产业同步发展的平衡发展战略；另一种是各产业不同步发展的非平衡发展战略。平衡发展战略可追溯到马克思的社会再生产理论，马克思认为无论是简单再生产还是扩大再生产，生产资料生产和消费资料生产两大部类都必须按照一定比例平衡增长。这种平衡发展战略的实现要求国民经济的高度计划性和国家宏观调控的必要性。平衡增长侧重于国民经济各部门之间的协调平衡，是经济发展到一定阶段后继续推进工业化的客观要求，而工业化初期的发展中国家一般不具备平衡发展的条件和实力。

非平衡发展战略可追溯到赫希曼的经济增长理论，他认为经济发展是一个不平衡连锁演变的活动，发展的任务是要通过部门之间的不平衡产生对经济形成压力，迫使人们进行投资。因此，发展中国家应集中力量发展某些部门，再扩大到其他部门的投资。不平衡增长理论侧重于经济发展初期合理配置有限资源的问题，更适合发展中国家在经济发展初期缺少资金投入的情况。但是，如果一个国家的经济发展总是不平衡的，经济结构的失衡就会对经济的长期发展构成约束。因此，结构调整战略是不平衡战略和平衡战略的结合。协调发展不否认不平衡，但不容忍经济结构的长期不平衡。经济发展就是在经济结构由不平衡到平衡再到不平衡的调整中实现的。当前协调发展的着力点是克服国民经济结构的不平衡、不协调问题。显然，协调发展是动态的协调。

我国在由低收入迈向中等收入阶段实施不平衡战略的基本思路是充分释放现代部门的发展潜力，并由现代部门的快速发展来带动落后部门的发展。具体表现是，在工业和农业的，城市和乡村的结构上偏向工业和城市，推进工业化和城市化；在地区结构上偏向发达地区，实施不同区域的发展战略，沿海开放。应该说，不平衡发展战略的实施，充分释放了现代部门和先进地区的发展潜力，但也进一步扩大了不同部门、不同地区之间的差距。进入中等收入阶段后，国民经济不平衡、不协调、不可持续的问题凸显出来。这时，需要适时转向协调发展，也就是转向平衡发展，增强发展的整体性。

在新常态背景下协调发展，要立足于"五位一体"总体布局和"四个全面"战略布局，从宏观上以战略和规划谋划发展。同时要注重部分的发展以及部分之间的协调平衡，既要重视经济、社会、自然等不同方面的协调共存，促进人与自然的和谐共生，突破资源环境对经济发展的约束；同时又要注重不同方面的各部分间的协调发展。协调发展理念要求协调产业结构、城乡结构、区域结构，相应的需要实施平衡战略。其中包括：拉动经济增长的需求结构由只是靠投资和出口拉动转向消费、投资和出口三驾马车协同作用。产业结构由过分突出制造业转向三次产业协调的结构。针对显露出来的经济发展不平衡问题，按协调发展的理念着力补齐短板。其中包括：第一，补齐农业现代化短板，促进新型工业化、信息化、城镇化、农业现代化同步发展；第二，补齐贫困地区短板，促进城乡区域协调发展；第三，补齐社会发展的短板，促进经济社会协调发展。

协调是发展短板和潜力的统一。就如习近平总书记所说："协调发展，就要找出短板，在补齐短板上多用力。"① 我国正处于由中等收入国家向高收入国家迈进的阶段，国际经验表明，这个阶段是各种矛盾集中爆发的时期，发展不协调、存在诸多短板也是难免的。协调发展，就要找出短板，在补齐短板上多用力，通过补齐短板挖掘发展潜力、增强发展后劲。"补短板"就是破解难题，充分挖掘发展的潜力，突破瓶颈制约，将短板转化为发展的动力，为发展提供后劲，实现整体结构协调和优化。同时，补齐短板同巩固和厚植原有优势不矛盾，两方面相辅相成、相得益彰。根据"木桶"原理，"补短板"还意味着扩大木桶的容量，更好地发挥组合效应，实现高水平发展。

二、协调是评价发展的标准和尺度

协调是评价发展的标准和尺度，意味着在新常态背景下经济结构是否平衡发展、生态环境是否得到有效治理和保护、各地区人民是否得以共享发展成果、物

---

① 习近平：《在省部级主要领导干部学习贯彻党的十八届五中全会精神专题研讨班上的讲话》，载于《人民日报》2016 年 5 月 10 日。

质文明和精神文明是否同步发展等一系列关乎协调发展的方面，都成为影响发展程度的重要因素。因此，协调与发展是辩证统一的，协调是发展的内在要求，而协调内生于发展。

（一）协调既是发展的手段又是发展的目标

协调是发展的手段，意味着我国在经济新常态的背景下要实现全面建成小康社会的目标，就必须依靠协调发展。发展离不开协调，协调能够促进国家实现更高层次的发展，提高发展的整体水平。同时，协调发展注重发展的平衡性、系统性与可持续性，这也是发展的内在要求。

协调是发展的目标，意味着经济发展的目的并不是经济增长数量上的累积，而是更加追求经济、社会、人与自然等多个方面的平衡发展与和谐共生。

协调发展作为可持续发展的内在要求，一方面涉及经济、社会、环境系统的整体协调。长期以来，我国依托自然资源禀赋和廉价劳动力作为比较优势，以扩大要素规模形成粗放型的生产方式。这种增长模式能够在经济发展的初期迅速实现经济"起飞"，并在一段时间内维持经济高速增长，但是长期对资源与生态环境的过度开发构成了经济长期可持续增长的制约。粗放型的生产方式对自然资源与生态环境所形成的压力不断加剧，经济、自然环境与社会之间的不协调发展愈加显著，其矛盾日益深化。实现可持续发展就要在保护生态环境、资源永续利用的前提下进行经济和社会的发展；另一方面，涉及代内、代际之间的协调，实现可持续发展。不仅要实现当代人之间的协调，而且也要实现当代人与未来各代人之间的协调，还要正确处理当前和长远的关系。习近平总书记强调，求实效、谋长远，求的不仅是一时之效，更有意义的是求得长远之效。当前有成效、长远、可持续的事要放胆去做，当前不见效、长远打基础的事也要努力去做。

协调发展是决胜全面建成小康社会的关键。全面小康涉及经济、政治、文化、社会和生态等方面的协调发展。全面建成小康社会的核心在于"全面"，具体包含了五个方面的目标：在经济建设方面，增强发展协调性，在转方式、调结构、提高效益、降低消耗和保护环境的基础上提高经济总量，建成世界经济强国；在政治建设方面，扩大社会主义民主，更好地保障人民权益和社会公平正义，建成社会主义民主国家；在社会建设方面，要求加快发展社会事业，全面改善人民生活，建成社会主义和谐社会；在文化建设方面，促进文化建设大繁荣、大发展，建成社会主义文化强国；在生态建设方面，促进生态文明建设进入新阶段，初步建成绿色中国。

协调是破解发展难题、厚植发展优势的新动力。《中共中央关于制定国民经济和社会发展第十三个五年规划的建议》强调："要紧紧扭住全面建成小康社会存在的短板，从补齐短板切入，破解发展难题，增强发展动力，厚植发展优势，不断开拓发展新境界。"① 因此，要想在经济新常态的背景下实现发展目标，就必须坚持问题导向，解决发展中存在的突出问题。短板之中蕴涵着发展的潜力，补齐短板能够为发展提供新的动力，提高发展的协调性和平衡性。其中包括：一是在提升产业层次的同时，解决产能结构性过剩和不足并存的问题。二是要克服城乡二元结构。三是要按照精准扶贫、精准脱贫的要求打赢扶贫开发攻坚战。四是要补齐生态文明的短板。在新常态的背景下，传统的增长动力减弱，只有补齐这些短板，才能突破发展的瓶颈，为发展提供新的动力，完成全面建成小康社会的目标，并进一步进入高收入阶段。

（二）经济结构的整体优化和提升

在新的起点之上，优化经济结构是转变经济发展方式必须面对和解决的问题。经济结构战略性调整是经济发展方式转变的主攻方向。现阶段我国经济结构中的产业结构、供需结构、区域结构等方面均出现了不同程度的失衡，经济结构的不协调制约着新常态下经济的全面协调可持续发展。对经济结构进行战略调整是现阶段开发经济潜力提高经济发展质量的必然选择。

经济结构的战略性调整需要实施经济结构的再平衡战略。现阶段的经济结构还是低收入发展阶段的结构，与追求高速增长的发展战略相平衡，主要表现在：一是我国的产业结构中制造业尤其是传统制造业比重依然较高，而第三产业发展较为缓慢，在国民经济中的比重与发达国家相去甚远，现代服务业发展水平空间较大；二是粗放式的生产方式造成的高投入、高消耗和高污染问题，一方面造成了资源环境约束，另一方面导致了产能过剩；三是产业结构较为低端，产品生产主要以传统技术为主，虽然第二产业产值高但附加价值却较低。当前的经济结构与中高速增长的基本新常态不协调。经济结构的再平衡就成为经济增长转向中高速的新常态后，实现经济高水平发展的必然选择。

在我国处于低收入阶段的时期，为了迅速摆脱贫困的状况，单一追求GDP的快速增长，推动第二产业尤其是重工业的发展，并允许一部分地区一部分人先富起来，这实际上是实行了不平衡发展战略。进入中等收入阶段以后，不平衡问题突出，短板显露。现阶段我国在协调发展方面存在的问题主要体现在产业结

① 习近平：《关于〈中共中央关于制定国民经济和社会发展第十三个五年规划的建议〉的说明》，载于《求是》2015年第22期。

构、供需结构、城乡二元结构、资源环境问题等多个方面。

在需求结构方面，长期以来我国经济发展更为重视需求管理对经济的拉动作用，对供给管理则相对忽视。在需求结构方面，我国经济增长主要依赖于投资和出口拉动，且出口产品以劳动密集型的制造业产品为主，这些要素推动经济增长的作用在新常态下已显著减弱，资本、劳动和自然资源的投入约束日益强化。发展外向型经济使得企业的生产和出口较多地依赖于国际市场和国际经济环境，致使本国经济易受到外部冲击的影响而产生经济波动，导致经济的不稳定性增强。在高投资的增长模式下，工资的提高会导致资本替代劳动的行为，这增强了企业的投资需求，降低了经济增长带来的就业创造效应。

在供给结构方面，一是我国企业的生产主要依靠劳动力和资本要素投入，长期忽视人力资本和技术研发投入。大规模的要素和资本扩张能够在短期推动数量型经济高速增长，但供需不协调的问题会不可避免地导致产能过剩。由于缺乏人力资本的投入和忽视自主创新能力的培育，创新型经济的发展和产业结构的转型升级面临着很大的阻碍。二是我国区域、城乡经济不协调问题突出，各类生产要素难以在不同地区之间实现有序自由流动，不同地区的居民所享有的权利也不尽相同。同时，法律法规尚不完善，市场经济的运行缺乏完善的法律法规进行引导和约束。

全面建成小康社会并推进现代化需要根据协调和共享的要求着力解决发展中存在的问题，提高发展的协调性和平衡性，实现在经济、政治、文化、生态建设等多个方面的目标。

三、协调产业结构转型升级

一个国家的经济发展能力，最重要的是产业竞争力。因此，协调产业结构补短板，不是抑长补短，而是要按转型升级的要求补发展水平的短板。按此要求，协调产业结构首先要明确其转型升级的方向，并从中发现短板，补齐短板。就是说协调产业结构的关键在补齐产业处于低端水准的短板。其中也包括对落后和过剩产能的淘汰。

（一）产业结构的不协调问题

我国原来是经济落后的农业大国。经过新中国成立初期的国家工业化和改革开放以后的农村工业化以及发展开放型经济，我国已经成为新兴工业化国家。在此新的起点上研究我国产业结构的协调，需要解决的问题突出表现在以下方面：

第一，在三次产业结构中服务业比重太低。2015 年我国第三产业产值占比为 50.5%，2016 年才达 51.6%，接近中等收入国家平均水平，但与高收入国家的 70% 左右还有较大差距。再从服务业内部结构来看，我国的餐饮业、交通运输业等传统服务业所占比重较大，而以信息、科技、金融等为主的现代服务业发展水平较低。同时我国服务业产品创新不足，服务品质和技术水平不高，在组织规模、管理水平与营销技术上与国外服务业都存在相当大的差距，难以适应激烈的国际竞争需要。

第二，第一产业即农业，就如习近平主席所指出的，农业现代化是四化同步现代化的短板。其结构性问题：一方面同其他产业比较，虽然产值比重降到了 10% 以下，但农业劳动力比重远远高于这个比重，说明农业劳动生产率低。与此相关的结构性问题是：农业劳动力的人力资本比其他产业低，农业收入也比其他产业低。另一方面是农业本身的结构性问题，主要表现在：一是农产品的品种不优，品质不高。农产品的品种和品质不仅关乎农业经济发展水平，还会影响第二产业和第三产业的发展，而且随着国内经济增长和人民生活水平的提高，人们生活方式的改变和对生活质量的要求也对农产品的质量提出了新的要求。二是农业生产方式和科技水平落后，基础设施投入不足，自动化与信息化程度不高，农业生产效率较低。三是各地区尚未充分发挥比较优势以形成独具特色的农产品区域布局结构，农业生产力布局不合理，农业结构的趋同现象尚未得到根本改变。

第三，第二产业的结构性问题的主要表现：一是制造业水平低。我国的制造业产量世界排名靠前，但国际竞争力并不强，处于全球价值链的中低端。在高科技领域的产业占的份额小，而在纺织、服装、化工、家用电器等科技含量低的领域占有较大份额。制造业产品中"中国创造"部分少，在产品设计、关键零部件和工艺装备等环节则普遍未掌握核心技术，整体自主研发设计能力薄弱，先进制造技术的研究和应用水平低。二是产能过剩严重。我国的产能过剩问题源于长期粗放式的经济发展方式所导致的生产与需求脱节，属于结构性的产能过剩，加之国际市场环境变化和我国进入产业转型升级阶段，工业领域普遍存在较为严重的产能过剩问题，尤其是在水泥、钢材、玻璃等传统制造业领域。产能过剩造成竞争费用高，资源浪费严重。再加上能源原材料成本不断上升，造成了高产值低收入的产业结构。三是高耗能、高污染的制造业生产导致资源环境约束增强，而资源和环境压力又造成了制造业增长的极限。

以上三次产业结构处于低端的问题可以归结为资源错配。要素配置结构主要包括资本、自然资源、劳动力等传统生产要素，而忽视了人力资本、知识、技术等无形的现代生产要素的重要作用，因而产业缺乏自主知识产权的核心技术和关键技术的支撑，导致了产业结构的低端锁定，不仅附加值低，而且缺乏国际竞争力。再从产业的技术结构分析，与长期处于低收入阶段相适应，我国的产业技术的落后不仅仅是劳动密集型技术居多，而且多是高能源消耗、高排放的技术，缺乏先进的节能环保低排放的新技术。这种技术结构已经无力应对资源缺乏和生态环境的破坏所设置的增长的自然极限。

（二）在转型升级中协调产业结构

在新的发展阶段，经济增长不可能只是数量增长，而是要在产业结构的协调平衡、整体优化和提升中实现质量效益型增长。因此，协调产业结构就不是简单的直接补相对落后的那一块，而是要在产业结构的转型升级中补短板。也就是说，补短板即短的那一块转型升级。产业结构的转型升级就是指产业结构转向中高端，具体来说包括以下四个方向：

第一个方向是服务业的中高端化。我国是以制造业和出口为主导的国家，经济总量很高，但是并不富有，在收入水平上与发达经济体存在相当大的差距。要解决"大而不富"的问题就必须调整产业结构，其中的一个重要方面是发展服务业尤其是现代服务业，提高服务业在三次产业结构中的比重。特别是现代服务业，是产生于工业化高度阶段、具有高知识密集型和高附加值型特性的服务行业，这些行业不仅信息化、网络化程度高，而且对其他产业渗透力强，对整个经济发展的贡献率大。当前新业态和新模式主要是在信息技术和互联网发展的背景下催生的，现代服务业的发展也应围绕"互联网＋"展开，通过大数据、云计算、物联网技术和应用，在传统零售、移动出行、生活服务等方面拓展新的理念和模式，促进互联网和经济社会融合发展。在发展生产性服务业时，也要重视消费性服务业的发展，实现多元化和专业化，满足居民日益增长的消费需求和对生活质量的追求。因此，发展现代服务业成为协调发展的内容。

第二个方向是产业类型、产业水准转向中高端。2015 年国务院正式印发《中国制造 2025》[1]，部署全面推进实施制造强国战略，成为作为实施制造强国战略第一个十年的行动纲领，目标在于要从制造业大国向制造业强国转变，具体的产业类型就涉及物联网、大数据、云计算、人工智能、机器人、增材制造、新材料、增强现实、纳米技术和生物技术等新兴技术推动智能制造、个性定制、协同生产和其他新型生产方式所推动发展的战略性新兴产业。因此，发展战略性新兴产业就成为协调产业发展的内容。

---

[1]　新华社：国务院印发《中国制造 2025》，http：//www. xinhuanet. com/，2015－05－08。

第三个方向是进入全球价值链分工的中高端。在经济全球化的背景下，国际竞争进入了一个全球价值链竞争的阶段，处于产业链的不同环节有不同的附加值。我国目前依靠比较优势所嵌入的价值链大多处于全球价值链的低端环节，附加值太低。这与我国作为世界第二大经济体的地位很不相称。所以，产业升级的方向是攀升全球价值链中高端，靠的是创新驱动，靠的是由比较优势转向竞争优势。因此，从低端的价值链环节进入中高端环节，并且建立以我为主的全球价值链就成为协调产业发展的内容。

第四个方向就是传统产业进入中高端。传统产业面广量大。传统产业不等于夕阳产业，只要采用最新技术，再传统的产业都可以进入现代产业体系。就如现阶段移动互联网＋进入哪个产业领域，哪个产业领域就能得到根本改造并提升，并且产生新业态。例如，互联网＋零售即产生网购，互联网＋金融即产生互联网金融，互联网＋媒体即产生新媒体。面对互联网＋的冲击，现有的传统产业如零售实体店、金融业、旅游业等响应互联网＋纷纷＋互联网。由此可发现传统产业进入中高端的方向，这就是通过与新技术、信息化与工业化的融合实现跨越式发展，比如互联网＋，智能化＋和绿色化＋等方式与传统产业融合。就如"十三五"规划所指出的，实施网络强国战略，实施"互联网＋"行动计划，发展分享经济，实施国家大数据战略。这些也就成为协调传统产业的内容。

四、协调区域和城乡结构

由于历史和自然的原因，我国的区域二元结构问题非常突出。一是城乡二元结构，表现为以农业为主的农村地区同以非农业为主的城市之间的经济社会发展水平的差距越来越大。二是东西部地区之间的二元结构，表现为西部地区同东部发达地区的经济社会发展水平的差距越来越大。我国区域经济的协调发展就是要处理好东部和中西部的关系、沿海和内地的关系以及城市和农村的关系，着力改变区域二元结构的现状，走向一元的现代化经济。

（一）城乡、区域发展的不平衡

寻求协调区域发展的路径，先要找到城乡、区域发展不平衡的原因。我国的区域经济差异是在长期中由于地理位置、自然资源、劳动力素质、运输条件、科技水平和经济基础等多重因素所造成的。在自然地理因素方面，东中西地区在地貌上自然呈现三大阶梯，且自然资源禀赋差异较大。城乡、区域发展的不平衡除了这些自然的和历史的以及基础设施等原因外，在发展方面还有如下主观和客观的原因。

首先是不同区域集聚的产业性质。相比城市以现代工业为基础，在农村地区依托的农业是弱势产业。农村经济以典型的小农经济为主。农业生产主要依靠劳动力，科技水平较低，劳动附加值低；农业生产受自然条件影响较大，生产和市场均不稳定，产量和价格波动幅度较大。农业生产提供的农产品基本上是初级产品而不是最终产品，因而市场价格较低，使得农民收入的增加主要依靠农业经营而外的收入。所有这些必然造成农村落后于城市。再就地区结构来说，西部大部分地区是农业地区，解放以来发展起来的工业除了个别城市以外，基本上是能源原材料等基础工业，相比东部沿海地区发展的现代工业，特别是技术密集型产业，西部地区的支柱产业仍然属于附加值低的弱势产业。因此，弱势产业为主的区域经济必然落后。

其次是市场的作用。根据缪尔达尔的"累积性因果关系理论"，市场力量的作用一般趋于强化而不是弱化区域间的不平等，如果在存在地区间不平等的条件下，发达地区的累积扩张往往会以牺牲其他地区的发展为代价，导致欠发达地区的状况相对恶化，由此导致不平衡状态的强化。累积性因果关系包含了扩散效应和回流效应，扩散效应指一个地区经济增长会促进技术、市场等生产要素的扩散，从而对其他地区经济增长产生促进作用，而回流效应则指一个地区经济的增长会使得其他地区的资本、人才等资源流向该地区，而污染严重的项目会流向落后地区，从而对落后地区的经济增长产生不利的影响。尽管存在着扩散效应，但回流效应往往会大于扩散效应，加之累积性因果关系的作用，发达地区不断累积有利因素加速发展，而落后地区由于增长要素的不断流出而放慢增长速度，导致不同区域在经济增长方面存在的差距进一步扩大。

最后是发动经济增长的次序。一个国家发动经济增长时总是现代部分首先启动并增长更快，尽管传统部分会跟上。发展中国家要进入现代增长阶段，必然要推进工业化和城市化，由此拉大了与农业和农村的距离。同样一个国家发动经济增长由于物质资本和人力资本积累能力的差距，必然是相对发达的地区首先响应。经济开放后外商投资企业也是首先进入经济发达地区。这样，在区域发展上客观存在梯度推移的次序，只是先有发达地区最先接受先进发展要素，然后再依梯度推移。

依据上述发展中形成差距的客观原因，国家在改革开放以后发动经济增长时顺应客观规律，允许一部分地区先富起来，实施不平衡发展战略和政策。

一方面推进农村工业化和城镇化。针对落后的三农也是采取以非农发展来带动的方式。即以非农化解决农业问题，以城镇化解决农村问题，以市民化解决农业问题。虽然这种途径明显带动了农村的发展，但是由于城市的要素集聚能力更强、发展更快，差距进一步拉大。

另一方面实施沿海发展战略。自 1979 年起先后设立了深圳、珠海、汕头、厦门和海南 5 个经济特区，确定了上海、天津、北海等 14 个沿海开放城市，开辟了长江三角洲、珠江三角洲等沿海经济开放区。沿海地区和城市具有地理位置优越，交通便利，工业基础较好，技术和管理水平较高，毗邻港澳，华侨众多等优势。对这些沿海地区和城市开放后，国家对开放地区在财政、税收、信贷、投资等方面给予了一系列的优惠政策，包括扩大地方权限，放宽利用外资建设项目的审批权限，对中外合资、合作经营及外商独资企业给予优惠待遇，兴办经济技术开发区等。沿海开放政策的实施使国际资金流入，投资向沿海地区倾斜，带来了先进的技术和管理经验，国内外的技术和人才也向东部地区大量涌入。东部地区把握世界经济转型的契机，积极承接产业转移，利用自然资源、资金和廉价劳动力等传统要素的大量投入发展经济。由此产生的积极效应使得东部地区已有的增长潜力得到了充分释放。另外，中西部地区由于资金短缺，基础设施条件落后，科技水平有限，劳动力素质较低，经济基础较差等原因，资金、人才、劳动力等生产要素受市场利益的驱动，向着投资回报高、效益好的东部地区流动。

在先富带动后富逐步实现共同富裕的大格局中，实施沿海发展战略的本意是以东部地区的发展辐射带动中西部地区的经济增长。但实际上，东中西部地区的经济差异并未随着我国经济的发展而逐步缩小，反而呈现出固化的态势。其原因是地区间的依赖性减弱，东中部地区的经济发展不再直接依赖于西部，一是因为沿海地区经济开放以后，与国际市场的联系日益紧密，加之交通运输条件的不断改善，沿海地区进行生产活动所需要的资源可以直接从国际市场上购入，而不一定要从西部获得；二是因为沿海地区经济发展到一定程度后会进行以产业优化升级为主的结构性调整，大力发展战略性新兴产业、高科技产业、现代服务业等产业将会成为结构调整的主攻方向，对西部地区资源的需求会大幅度地减少；三是因为沿海地区发展外向型经济，产品主要进入国际市场，因此沿海地区的生产活动对国际环境的依赖性很强，而相对较少受到西部市场的影响。因而东部地区的经济发展与西部地区关联性相对较弱，尚未形成一个联系紧密、相互影响的有机整体。

地区差距的扩大会对经济发展的协调性和持续性产生不同方面的影响。对于西部地区而言，由于资本、劳动力、技术等要素往往会流向收益较高的地区，西部地区不仅难以获得投资、先进的技术和高素质的人才，而且面临着资源和生产要素不断流出的问题。同时，西部地区生产的工业品要进入和占领市场存在相当大的难度，因为有相当部分产品的市场已经被东部地区的企业所占领，西部地区的产品要想进入市场就要付出更大的交易成本和竞争费用，这对于西部地区的企业来说存在较大难度，很难在与东部地区企业的竞争中获取一席之地。对于东部地区而言，中西部地区的经济发展相对缓慢，导致国内需求市场相对缩小，东部地区需不断拓展国际市场。国际经济环境和需求市场波动较大，会频繁对东部地区的经济产生冲击，增加了经济的不稳定性。

以上城乡、区域发展不协调的原因基本上是处于低收入发展阶段的产物。在我国进入中等收入发展阶段后，适应经济新常态的要求，城乡、区域需要由不平衡战略转向平衡战略，协调城乡、区域的不平衡。

（二）城乡、区域经济协调发展

城乡、区域发展方面的短板非常明显：一块是农村落后的短板；另一块是落后地区的短板。补齐短板实际上有两个方面：一方面是补其落后的一面；另一方面是开发其发展的潜力，增强其内生的活力。这两个方面应该结合进行。

新常态下协调城乡区域协调发展的基本思路是：补齐短板，开发潜力，推动不同区域充分发挥特色优势发展经济，并促进不同区域之间的协作，为国家经济发展提供新的动力。"十三五"规划建议指出："塑造要素有序自由流动、主体功能约束有效、基本公共服务均等、资源环境可承载的区域协调发展新格局"，这就明确了"十三五"时期区域协调发展的战略方向。

协调城乡、区域发展最根本的是在补短板中开发其发展的潜力，增强其内生的活力。其中包括在发挥各自比较优势的基础上，依靠市场和政府的双重作用开发各自的潜力，推动区域之间的合作，资源的跨区域流动。其路径主要在以下方面：

第一，推进城乡发展一体化。基本思路是将工业与农业、城市与农村、城镇居民和农村居民作为一个整体进行统筹规划，促进城乡在产业发展、基础设施建设、市场信息、政策措施、生态环境保护等方面的一体化，实现城乡在产业上的协作与互补、经济政策上的平等。具体表现为：一是体制一体化，打破城乡体制分割。特别是建立城乡一体的要素市场，消除要素在城乡之间自由流动的体制和政策性障碍。二是城镇城市化。建立和完善城镇的交通基础设施和商业、教育、医疗等服务基础设施，为城乡一体化拓展空间。三是要推进产业结构一体化。特别是要延长农产品和其他初级产品价值链，增加其附加值。根据城市与农村的不同特点进行分工，在中心城市重点发展金融、贸易、信息、服务、文化等第三产业，第二产业有序地向城镇转移，使城乡之间形成互相联系、互相支撑的经济体系。四是要实现农业企业化，改变农业分散经营的特点，转变农业的生产方式，根据市场导向促进农业产业化生产与经营。

第二，构建区域经济发展极。发展极理论最初由法国学家佩鲁提出，该理论认为，增长极是具有空间聚集特点的推动型单位的集合。增长极首先出现和集中在具有创新能力的行业，这些行业聚集在经济空间的某些点上就形成了增长极。发展极对于区域经济协调发展的推动作用主要表现在：一是发展极对于周围地区具有辐射效应和扩散效应。发展极作为一个地区的生产中心、交通运输中心、信息中心和金融中心，会带动相关行业、部门和企业的发展，并将资金、技术、信息等生产要素向周围地区扩散，带动周围地区的发展。二是发展极能够通过区位经济、规模经济和外部经济实现经济增长。发展极使得从事一些联系紧密的经济活动的企业聚集于同一区位，集中的专业化生产和企业间密切的交流合作使得不同企业之间不仅可以提高分工程度、降低管理费用、减少非生产性支出，使边际成本降低；使得企业之间共同承担新产品、新技术开发的投入，提高企业自主创新能力和产品竞争力，促进经济活动形成良性循环；使得不同企业聚集形成稳定而庞大的市场需求和市场供给。发展极的构建不仅需要依靠市场途径，即依靠市场规律吸引聚集要素，还需要依靠政府通过战略规划和投资来主动建设发展极。对于经济欠发达的地区，单一依靠市场的力量形成发展极是一个漫长的过程，因而政府的作用更为突出，发展极的构建需要国家集中投入，引入技术，培育能够真正带动周围地区经济增长的主导产业，还要完善基础设施建设，缩短距离，降低运输成本。最终形成政府推动发展极的建设，市场推动发展极对周围地区的扩散和带动。

第三，构建区域发展新格局。构建连接东中西、贯通南北方的多中心、网络化、开放式的区域开发格局。除了继续实施西部大开发和东北老工业基地发展战略外，一是要推进"一路一带"的建设，打造陆海内外联动、东西双向开放的全面开放新格局。建设"一路一带"能够促进西部地区成为经济开拓的核心区，充分发挥新疆、陕西、甘肃、青海等地的资源、区位、人文等优势，发展内陆开放型经济，推动西北地区交通基础设施、通信基础设施、金融体系等的建设；促进中部地区发挥中部地区腹地广阔的优势，成为东部和西部之间的交通枢纽，形成"一带一路"的腹地支撑；促进东部地区抓住对外开放的新机遇，实现产业结构的转型和升级。二是要推动京津冀发展，打造现代首都经济圈，有序疏解非首都核心功能，解决北京"大城市病"。同时，要立足区域优势互补原则，以城市为群建设为载体，以资源环境承载力为基础，注重优化区域分工和产业布局，努力形成京津冀目标同向、措施一体、优势互补、互利共赢的协同发展新格局。三是要推动长江经济带建设，既要把修复长江生态环境放在首要位置，构建长江流域生态环境保护协调机制，建设沿江绿色生态廊道，又要发挥科技领先和产业体系完备的优势，增强创新活力，为我国产业结构向中高端水平迈进提供支撑。四是要深入推进西部大开发，把握"一路一带"建设的历史性机遇，完善基础设施建设，培育重点城市群，统筹推进新型城镇化与新型工业化、信息化、农业现代化协调发展，增强可持续发展支撑能力。同时，西部地区要着力解决贫困问题，实施精准扶贫，继续采取产业扶持、转移就业、易地搬迁、社保兜底等方式，提高脱贫攻坚成效；对革命老区、民族地区、边疆地区等特殊地区加大扶植力度，推动经济健康发展，改善人民生活水平。

第四，构建统一市场。完善的市场体系不仅包括商品市场，也包括各类要素市场。统一市场要求市场中的各类要素能够自由流动，企业、产品和服务均能够自由流动。统一市场中各类市场主体能够遵循统一的市场规则，平等地进入各类市场并平等地使用生产要素。区域经济的协调发展有赖于统一市场的形成，因为现代市场体系的健全、开发、竞争和统一程度直接影响着市场对资源配置起基础性调节作用的范围和程度。统一市场的建立需要消除限制生产要素自由流动的各种体制障碍，促进生产要素的跨区域自由流动，尤其是放宽对劳动力流动的限制，消除城乡之间和区域之间的户籍壁垒，并着力促进不同区域之间的居民享有同等的公共服务、社会保障和经济政策等；需要建立统一完善的市场规则和法律制度，保障市场经济的规范化运行，实现市场竞争的公平化进行，为生产经营创造良好的市场环境；需要打破行业垄断，加快推进和完善垄断行业改革，对垄断行业要放宽市场准入，引入竞争机制，推进主体的多元化；需要处理好市场与政府之间的关系，明确界定政府职能，让市场在资源配置中发挥决定性的作用，让政府在保持宏观经济稳定、提供优质公共服务、加强市场监管等发面发挥不可替代的作用。

最后需要指出的是，协调发展不只是补短板，还有巩固和厚植原有优势的要求。在我国这样的发展中大国，区域发展不平衡是最大的国情。小康社会建设存在有先有后的过程，在目标实现的时序上存在很大的差别。在经济相对落后的地区全面小康社会还没有达标。而在经济发达地区，全面小康的基本目标已经达到。现代化本身有克服地区经济社会发展水平差距的要求，但在现代化进程中，不可能做到经济社会发展水平存在很大差距的不同地区能够同步发展。十八大报告明确提出，鼓励有条件的地方在现代化建设中继续走在前列，为全国改革发展作出更大贡献。因此，协调区域发展包括率先全面建成小康社会的地区必要率先开启基本实现现代化的新征程。一方面先行发展地区根据国家统一部署对口支援后发地区，先行发展地区的企业根据自身发展的需要向中西部地区扩张，本身就在带动后发地区发展。先行发展地区率先开启现代化进程并率先基本实现现代化，对其他地区的全面小康社会建设和现代化的进程有明显的带动和示范作用。而且根据区域梯度推进理论，现代化的势头总是从核心区逐步向周边辐射和传导，逐步扩大基本实现现代化的区域。这种带动作用可以大大加快全国的全面小康和现代化的进程。

第八章　经济新常态下的绿色发展

在环境污染严重，资源供给不足，生态危机成为经济增长的显著约束的背景下，绿色发展正在成为时代发展的主旋律，并且被赋予了更为深刻的内涵和意义。绿色发展就其要义来讲，是要解决好人与自然和谐共生问题。人类发展活动必须尊重自然、顺应自然、保护自然，否则就会遭到大自然的报复，这个规律谁也无法抗拒。从政治经济学的意义上来说，绿色发展的理念推动了财富理论的创新，并在财富理论创新的基础上，强调保护和发展生产力。

一、绿色发展的理念推动政治经济学财富理论的创新

财富观作为一种价值判断，对一国在社会进步和经济发展过程中的政策制定和经济增长方式的选择都起着十分关键的作用。在经济新常态的背景下，要达到经济增长质量和社会效益提高的双重目标，要求对传统的财富观进行反思和修正，形成与当前经济发展阶段新要求相匹配的国家新财富观，实现经济发展质量和社会效益的同步提升。通过我国在社会主义建设进程中的实践经验和对理论思想的高度凝练，将绿色发展的理念融入到我国财富观的构建，使生态财富和物质财富共同构成我国特色社会主义财富观，不仅强调了生态财富的重要性和必要性，更推动了中国特色社会主义政治经济学财富理论的创新。

（一）增长的极限与生态文明时代的到来

人与自然的关系在最开始的时候是人类屈服于自然，后来提出了人类征服自然，自工业化时代以来，人类利用工业化的文明成果——先进的技术对大自然进行无节制的索取和掠夺，看似征服自然，却是无视资源和环境有限性约束的一场场掠夺活动，这些破坏自然初始平衡以及危及生态系统平衡的行为，对整个社会和自然都造成了巨大的威胁，造成了人口、资源、环境和经济增长系统的不可持续性。

在最早的农业文明时期，生产力水平十分低下，人们从事物质资料的生产只能依靠着简单的劳动工具，生产和生活资料的加工制造主要以农业为主、手工业为辅，这一阶段中人和自然的关系相对来说较为和谐。但是马克思主义也分析到，人的生产与再生产过程和自然界之间是存在相互影响、相互作用的关系的。农耕业在短期来看，对现阶段的人类发展是有积极作用的，但是倘若人们不断地乱砍滥伐、肆无忌惮地放牧耕作，那么势必会造成诸如水土流失、土地荒漠化等环境危机，这就是人类社会进程的快速发展对生产力的破坏。而这种状况就是恩格斯在《自然辩证法》中描述的：美索不达米亚、希腊、小亚细亚以及其他各地的居民，为了得到耕地，毁灭了森林，但是他们做梦也想不到，这些地方今天竟因此而成为不毛之地，因为他们使这些地方失去了森林，也就失去了水分的积聚中心和储藏库。阿尔卑斯山的意大利人，当他们在山南坡把那些在山北坡得到精心保护的枞树林砍光用尽时，没有预料到，这样一来，他们把本地区的高山畜牧业的根基毁掉了；他们更没有预料到，他们这样做，竟使山泉在一年中的大部分时间内枯竭了，同时在雨季又使更加凶猛的洪水倾泻到平原上。①

随着人类文明进程的加快，社会分工细化，专业化程度提高，生产工具得到了广泛的发展，人类从自然界获取物质资料和生活资料的能力和方式也发生了巨大的改变，从最初的农业手工业，到后来的铁器等铸造业的应用，再到工业文明时期，生产力水平得到大幅度的提高。随着人口的增长和人类生活范围的扩大，社会文明进程的加快更推动着自然生态系统被破坏的程度和范围持续的扩张，尤其是到了工业文明时期，对自然资源的疯狂掠夺，高废液废物污染，高碳排放的黑色粗放型发展模式造成了空前巨大的生态灾难，环境的自净能力弱化甚至丧失，资源大规模短缺，全球气候变暖等矛盾凸显。最为典型的是 20 世纪，发生在西方国家的"世界八大公害事件"。其中，洛杉矶光化学烟雾事件，先后导致近千人死亡、75% 以上市民患上红眼病。伦敦烟雾事件，1952 年 12 月首次暴发的短短几天内，致死人数高达 4000，随后 2 个月内又有近 8000 人死于呼吸系统疾病，此后 1956 年、1957 年、1962 年又连续发生多达 12 次严重的烟雾事件。日本水俣病事件，因工厂把含有甲基汞的废水直接排放到水俣湾中，人食用受污染的鱼和贝类后患上极为痛苦的汞中毒病，患者近千人，受威胁者多达 2 万人。我国现在屡屡出现的雾霾，主要归因于工业的高排放。显然，一味地、单纯地追求经济增长速度和物质财富，忽略了经济增长的质量和效益以及生态财富的内在价值，实际上是对生产力的极大破坏，也损害了人类的生存条件。

---

① 《马克思恩格斯选集》第 3 卷，人民出版社 2012 年版，第 695 页。

自 1750 年欧洲和北美工业革命以来，全球进入了大量消耗资源和使用化石燃料的时代，能源的消耗和燃烧产生了大量的二氧化碳以及其他污染物。大气中温室气体不断增加，全球的气候持续变暖，不仅增加了自然灾害发生的频率，还使得粮食产量大幅下降，环境的重度污染更引发了人类众多的疾病，生态环境问题成为 21 世纪整个人类生存和发展面临的巨大危机。当代发生的这些危机，归根结底都是人类自己造成的，是人类过度开发和利用自然资源，肆意排放废气废水，不尊重自然规律的必然结果。可以说，传统的西方工业文明的发展道路，是一条以摧毁人类的基本生存条件为代价获得经济增长的道路。

早在 20 世纪 70 年代初期，罗马俱乐部关于人类困境的报告就提出了"增长的极限"的警告：如果在世界人口、工业化、污染、粮食生产和资源消耗方面按照现在的趋势继续下去，这个星球上增长的极限将会在今后 100 年内发生，最可能的结果将在人口和工业生产力两方面有相当突然和不可控制的衰退。虽然罗马俱乐部所认为的经济增长的极限无法突破、经济发展应该停止的观点不能被人们所接受，但是关于生态破坏的严重警告迫使人们深刻反思经济增长的代价，在寻求新的发展方式中，可持续发展这一注重长远发展的经济增长模式成为新概念被提出。

可持续发展问题最早是 1972 年在斯德哥尔摩举行的联合国人类环境研讨会上正式被讨论的，在 1987 年以挪威前首相布伦特兰夫人任主席的"世界环境与发展委员会"向联大提交的研究报告《我们共同的未来》中提出了可持续发展的战略，报告把可持续发展定义为"持续发展是在满足当代人需要的同时，不损害人类后代满足其自身需要的能力"，同时这份文件于 1987 年在联合国第 42 届大会通过。意味着人们在对经济增长的极限和生态危机日益加剧的不断反思中，可持续发展作为一种新的发展观而诞生，也是在新的发展观的构建下，对新时期生态资源的认识和价值判断问题也出现在人们的视野之中。

西方推进工业文明的时代，也正是马克思所处的时代，在看到工业化进程对自然的巨大损耗时，他指出，"这些自然条件的丰饶度往往随着社会条件所决定的生产率的提高而相应地减低。……例如，我们只要想一想决定大部分原料产量的季节的影响，森林、煤矿、铁矿的枯竭等等，就明白了。"① 马克思批判资本主义农业的任何进步，"都不仅是掠夺劳动者的技巧的进步，而且是掠夺土地的技巧的进步，在一定时期内提高土地肥力的任何进步，同时也是破坏土地肥力持

---

① 马克思：《资本论》第 3 卷，人民出版社 2004 年版，第 289 页。

久源泉的进步"①。针对当时的工业化造成自然界生态平衡的破坏和人与自然关系的恶化状况，恩格斯深刻指出："我们不要过分陶醉于我们人类对自然界的胜利。对于每一次这样的胜利，自然界都对我们进行报复。"② 正如马克思所认为的，自然界是人类物质生活资料的来源。如果自然环境被肆意破坏，人类生存所依赖的大环境就被打破，其结果也必然导致人类社会发展无法继续。如果人类不保持自身与自然的和谐统一，就会危及自身的生存和发展。

相对于工业文明，21 世纪以来进入的生态文明是人类文明发展的一个新的阶段，是继原始文明、农业文明、工业文明之后产生的社会文明新形态。生态文明是人类遵循人、自然、社会和谐发展这一客观规律而取得的物质与精神成果的总和，是以人与自然、人与人、人与社会和谐共生、良性循环、全面发展、持续繁荣为基本宗旨的社会形态。这意味着，我们已经从传统的追求单一化物质文明社会全面步入物质文明、精神文明以及生态文明齐头并进的共筑多元文明发展的新目标阶段。

推进生态文明建设要求形成生态效益、经济效益、社会效益共同发展的绿色经济发展模式，强调以绿色创新为新动力，以绿色低碳循环为主要原则，以实现绿色发展目标为指向。党的十七大报告首次提出了建设生态文明，并推进建设资源节约型、环境友好型的社会，党的十八大进一步确立了社会主义生态文明的创新理论，更强调了大力推进生态文明建设，致力于建设良好有序的生态运行机制。习近平同志 2013 年在中共十八届三中全会上提出，"紧紧围绕建设美丽中国，深化生态文明体制改革，加快建立生态文明制度，健全国土空间开发、资源节约利用、生态环境保护的体制机制，推动形成人与自然和谐发展现代化建设新格局"③。更是将绿色作为五大发展理念之一，坚持绿色富国、绿色惠民。至此，绿色发展开启了当今时代社会主义生态文明发展道路和模式的新征程。

（二）生态财富观

财富观是指人们对财富价值的认识观，财富观也是价值观的重要组成部分。传统的财富观是指物质财富观，在经济发展的初期，人们对财富这一概念的理解局限在财富具有使用价值，且依附于特定的实体物质的认识上。人们以物品是否有用来作为衡量财富的标准，逐渐发展为有用物即为财富的财富观。由于那个时代资源稀缺问题没有出现，环境问题也没有凸显，资源环境的价值被排除于财富

---

① 马克思：《资本论》第 1 卷，人民出版社 2004 年版，第 579~580 页。
② 《马克思恩格斯选集》第 3 卷，人民出版社 2012 年版，第 695 页。
③ 2013 年 11 月 13 日，习近平在中共第十八届三中全会上提出。

观的视野之外。不仅没有把生态成本纳入商品价值，也没有把生态效益纳入经济核算，把社会生产中不可缺少的生态因素排除在财富之外。通过对工业文明造成的严重环境问题以及经济增长已到极限的反思，人们发现生态资源的价值不容小觑，生态资源可被视为人类生存、社会发展的基本来源和根本保障，将生态财富纳入我国新时期财富体系，既突出了生态资源的决定性地位，又拓展了国家财富观的深刻内涵。

在这一背景下，传统的财富观开始备受质疑。财富观通俗来讲，就是国家或个人对于财富和价值的认识和看法。国家财富观的正确树立一方面指导行为取向，支配并调节社会行为，另一方面对一国的政策选择和路径规划都有重要的意义和影响。传统的财富观的变迁经历了实物形态、货币形态、价值形态和知识形态四个过程，实物形态、货币形态和价值形态只是基于不同的载体和不同的视角评价物质财富的积累程度和效用大小，知识形态则是通过科学技术的进步和知识水平的积累来提高生产力，改善生产关系，以促进物质财富的不断扩张。传统财富观四个形态的变迁本质上都是单纯的以促进物质财富的增长为根本目的。

马克思在《资本论》中特别引用了威廉·配第所说"劳动是财富之父、土地是财富之母"的论断①。指出了自然资源在财富创造中的作用。马克思从经济上将外界自然条件分为两大类：一类是生活资料的自然富源，例如土壤的肥力，鱼产丰富的水，等等；另一类是劳动资料的自然富源，如奔腾的瀑布、可以航行的河流、森林、金属、煤炭，等等。这两类自然富源在不同的发展阶段上起着不同的决定性作用。"在文化初期，第一类自然富源具有决定性的意义；在较高的发展阶段，第二类自然富源具有决定性的意义。"② 他也特别从影响剩余劳动量的角度说明了自然条件对财富创造的作用："剩余劳动量随劳动的自然条件，特别是随土壤的肥力而变化。"③

显然，自然资源本身就是财富，在马克思那个时代就已明确。需要进一步明确的是与自然资源密切相关的生态是否是财富的问题。生态一词，是指生物在一定的自然环境下生存和发展的状态，以及它们之间和它与环境之间环环相扣的关系。大自然是一个相互依存、相互影响的系统，在依靠化石能源的工业文明时期，人类造成的生态破坏表现在：自然资源的迅速枯竭、生态体系的破坏、物种的灭绝、水质污染、大气污染、垃圾堆积，等等。这种状况就是习近平总书记所指出的："人类社会在生产力落后、物质生活贫困

---

①　马克思：《资本论》第 1 卷，人民出版社 2004 年版，第 56~57 页。
②　马克思：《资本论》第 1 卷，人民出版社 2004 年版，第 586 页。
③　马克思：《资本论》第 1 卷，人民出版社 2004 年版，第 587 页。

的时期，由于对生态系统没有大的破坏，人类社会延续了几千年。而从工业文明开始到现在仅三百多年，人类社会巨大的生产力创造了少数发达国家的西方式现代化，但已威胁到人类的生存和地球生物的延续。"① 这意味着工业革命开始至今只有三百多年的时间，却已经对自然资源的储量、人类的生存环境以及地球其他物种的生存和延续造成了巨大的伤害和威胁。在人类经济社会进程快速发展的背后却存在着难以弥补的损失，生态环境的破坏以及自然资源的短缺不仅会危及自身的生存发展，更会使得子孙后代无法满足生存发展的基本需要。

在认识到自然资源是提供人类生产资料的根本源泉，生态环境与人类生存和发展息息相关的基础上，将生态环境和自然资源也纳入中国特色社会主义的财富观，深刻认识到青山绿水、鸟语花香、天清气朗都是大自然的馈赠，更是宝贵的财富。这就是习近平指出的："我们既要绿水青山，也要金山银山。宁要绿水青山，不要金山银山，而且绿水青山就是金山银山。"② 具体地说，干净的水，清新的空气，多样性的生物，绿色的环境是宝贵财富，统称为生态财富。与西方国家当年的道路不同，中国的现代化不仅需要获取更多的物质财富，还要致力于获取更多的生态财富。

生态财富不仅是人类在生存、生活和生产过程中所需要的基本物质和环境资源来源，更是社会财富的重要组成部分。生态财富观的价值判断以及深刻内涵包括三个方面：一是生态财富是发展社会生产力的重要条件，生态财富的高存量和优质量的程度，始终是社会生产力不断提高和发展的重要条件和基本动因。二是生态财富是社会再生产的基础，保持生态财富的再生、增值和扩展，将是社会再生产和社会可持续发展以及人类永续发展的基础和前提。三是生态财富是人类生存的基础并且是改善人类生活质量的重要保证，良好的生态环境具有提升生活质量的功能。生态财富观建立起人和生态的双重财富尺度，着力强调要处理好物质财富增长与生态环境之间的关系。

明确了生态财富观的新理念，就需要提出绿色 GDP 的概念。在现行国民经济核算体系中，国内生产总值（GDP）指标既没有真实反映预防环境污染费用，也没有考虑自然资源存量的消耗与折旧以及环境退化的损失费用，从而给经济发展产生了错误导向，直接导致了以环境资源存量和质量迅速恶化为代价的虚假繁荣。针对现行的 GDP 的缺陷，一些经济学家和国际组织相继提出了改进 GDP 衡

---

① 习近平：《之江新语》，浙江人民出版社 2013 年版，第 119 页。
② 习近平 2013 年 9 月 7 日在哈萨克斯坦纳扎尔巴耶夫大学回答学生问题时的讲话。

量指标的方法。由世界银行在 20 世纪 80 年代初提出的"绿色核算"（Green Accounting），以及随后提出的"绿色 GNP/可持续收入"概念迅速为人们所接受，并逐步成为衡量现代发展进程、替代传统宏观核算指标的首选指标。"绿色GNP"被界定为：在 GNP 总量中既要扣除自然资本耗竭和环境损害的价值，又要扣除当年支付的用于恢复环境质量等方面的成本，同时加上自然资源资产价值的增值额。与绿色 GDP 指标相关，中共十八届三中全会明确提出完善发展成果考核评价体系，纠正单纯以经济增长速度评定政绩的偏离，加大资源消耗、环境损害、生态效益等指标的权重，对领导干部实行自然资源资产离任审计，同时建立生态环境损害责任终身追究制。在这一层面上，绿色发展作为我国财富观的组成部分被实际应用于社会发展的价值衡量和评价体系之中，且绿色生态财富理论的制度保障设计已初具雏形。

（三）追求生态财富的绿色发展理念

在自然资源约束力加大、环境污染日趋严重的压力下，在生态文明的时代，基于对经济增长的历史进程的不断反思以及在传统财富观的深刻诘问下，社会财富从物质财富拓展到生态财富，并且将绿色发展和绿色经济作为新发展理念的组成部分，在政治经济学理论维度上更丰富了国家财富观这一范畴深刻的内涵，充分体现了马克思主义的生态环境思想，全面反映了经济与生态在演化进程中的交互关系。绿色发展的理念和价值也承载了深层次的内容，具体表现在以下三个方面：

第一，绿色发展理念突出强调了生态财富的价值。地球上的自然资源并非取之不尽、用之不竭的，自然资源是有限的，并随着经济的增长、社会的发展，自然资源会日趋紧缩，甚至面临枯竭的危机。我们为满足生存生产的需要而介入自然界时，要自始至终地尊重自然、顺应自然并保护自然。以绿色发展的理念，推动我国形成绿色的发展方式和生活方式，维护生态财富的价值，才可以换取自然对生产力的最佳反馈。这意味着我国在经济发展中不仅需要获取一定的物质财富，更要追求并维护生态财富的价值，由于生态环境作为中国特色社会主义政治经济学财富观的一部分，在追求物质财富的同时，我们理应多加考量生态财富的损失，注重维护并补偿生态财富，致力于物质财富和生态财富共同的积累和进步就成为新常态下经济发展的新理念和新价值。

第二，绿色发展理念要求实现物质财富和生态财富的组合最大化。在粗放型经济发展的实践中，一味地追求物质财富的增长，致使环境负荷超载、生态破坏严重已丧失自我修复能力、自然资源大量浪费且流失，这种违背绿色经济的发展道路，是以牺牲高额的生态财富为代价换取物质财富的增长，必然是无法实现经济的持续发展的。而将生态财富引入我国财富观，将测评经济社会发展程度在时间维度致力于长期可持续，目标函数由初始的追求物质财富效益最大化转向实现物质财富以及生态财富总和的效益最大化，从而解决人与自然之间物质转换过程中的和谐与协调问题。把发展绿色经济作为我国财富观理论框架和价值体系的一部分，一方面需要明确绿色发展的内容、构建绿色发展的制度保障以及规划生态财富持续积累的路径安排；另一方面亟须通过一场彻底的、根本的、深刻的生态—经济—社会革命的推动来形成绿色发展方式和绿色生活方式，以最适宜的方式影响和介入自然。在保护生产力，维持人、自然、社会的和谐共生和统一进步，促进全面协调可持续的原则下，创造由物质财富和生态财富共同构成的财富效益最大化，这是当代中国马克思主义政治经济学财富理论的新成就和新拓展。

第三，绿色发展理念回应了跨越中等收入陷阱的问题。我国在低收入发展阶段，发展的目标是单一的经济数量增长，而在进入中等收入阶段以后，经济社会的发展就不单纯是经济增长问题了，而是赋予了经济发展更为广泛的内涵，涉及了经济社会的各个方面。如果经济在不断地增长，但是人们生存的环境污染严重，生态被破坏，人们的健康受损，那么这种经济增长是毫无意义的。我国目前已经进入了中等收入阶段，在自然资源的供给已经处于极限、供求结构严重失衡的现状下，很容易落入中等收入陷阱之中。低收入阶段的经济增长是依赖于大量自然资源的消耗和开采的粗放型经济增长模式，而如今以资源的大量投入为主要经济增长动力的作用已衰竭。以绿色发展财富观为导向的经济增长模式的构建成为逾越中等收入陷阱的主动回应。将生态财富纳入我国财富观，通过创新发展方式，走可持续经济发展的绿色化之路，及时规避一味追求物质财富积累的西式化道路，可以跨越中等收入陷阱，实现中华民族的伟大复兴。

在新的时代背景下，绿色发展财富观的内在要求涉及人类社会运行与发展的方方面面，如政治制度、经济增长、社会生活、科技进步、文化传播、知识教育等方面实现绿色化发展，以增强自然生态系统对现代化经济社会发展的适应性供给能力，协调物质财富与生态财富的冲突与矛盾。

二、人与自然的和谐共生

绿色发展理念创新了中国特色社会主义政治经济学财富理论，更进一步讲，绿色发展是人和自然和谐相处理论的必然要求，构建绿色经济发展模式，寻找绿色发展路径是我国社会主义建设的深刻变革方向。

（一）马克思主义生态经济理论

人类社会的发展是人、社会与自然三者相互作用的过程，人类社会历史的发展也是这三者相互结合、相互促进的过程。在这一过程中，马克思提出了"属人的自然""社会的自然"，明确指出了人是隶属于自然界的一部分，并且提出要遵循人、社会和自然界三者之间的内在联系及其基本的发展规律。

19世纪中叶西方资本主义国家相继完成了工业革命，马克思主义政治经济学也逐渐形成，与此同时，马克思在亲眼目睹了由工业革命带来的一系列生态破坏以及环境重大灾难问题后，思考并创立了生态马克思主义经济发展的观点和理论，形成了马克思主义的生态经济学思想和体系，主要涉及以下方面：

第一，在经济规律与自然规律的双重约束下发展生产力。马克思在《1883年经济学哲学手稿》中提出了人的二重性，认为人具有两种属性，首先是自然属性，"人本身是自然界的产物，是在自己所处的环境中和这个环境一起发展起来的"[①]，这意味着自然界不仅对人类生存和发展有着本源的制约关系，人类以及人类社会对于自然界也存在着本源的依赖性，人类不能脱离外部环境和自然生态而独立存在。其次是社会属性，即人不仅是自然生态人，又是社会经济人。人在改造自然的实践活动中，一方面发生人与自然的生态关系，另一方面发生人与人之间的社会经济关系。这两者是相互统一、相互协调且相互制约的。在人的二重性理论中，不难看出，自然生态是人类生存、生产以及生活活动的前提条件，人的社会属性与自然属性是协同共生的。因此，人类发展与生态环境是息息相关的，在经济活动中不仅要遵循经济规律，而且要遵循自然规律，在经济规律与自然规律的双重约束下从事生产活动，发展生产力。

第二，全面生产理论。全面生产理论是指社会各个方面、各个要素系统的整体生产活动，主要涉及了物质生活资料的生产与再生产、社会关系的生产与再生产、精神层面的生产、人口自身的生产与再生产以及生态环境的生产与再生产。首先，人口自身的生产和再生产理论，是指不仅要满足自身发展的需要，又要维持和延续人类未来发展。由于资源的有限稀缺性以及部分资源具有不可再生性，当代人在满足自己的需求时必然会消耗一定的自然资源，如果资源消耗无度、环境污染严重，那么就会损害后代发展的生存繁衍以及福利水平，这就涉及了自然

---

① 马克思：《马克思恩格斯选集》第4卷，人民出版社2012年版，第273页。

资源和生态环境在代内和代际传承之间的公平分配关系。因此，绿色发展的内在动力是生态资源既维持当代人口的福利满足需要，又保障未来世代人口福利更高发展。其次，生态环境的生产与再生产理论是指人类和自然界创造生态财富的活动和过程。人类生产物质资料的过程中会对自然生态环境造成一定程度的破坏，对于轻微的损耗，自然资源可以利用本身的恢复和增殖能力进行自我修复和自我弥补，但是超过一定负荷之后，自然系统自身的抵抗力会被彻底破坏甚至失去了再生能力。而自然资源、生态环境作为财富的一个重要部分，需要重视并维持这一系统的永续不衰发展。因此，遵循自然规律，维持生态平衡性，促进生态资源的循环利用，把握生态和人类经济社会发展之间的相互适应和协调发展就成为生态环境生产和再生产的衍生价值体系。

第三，生产活动过程中人与自然界之间的生态经济关系。马克思提出的物质循环与生态理论从更深的一个层次揭示了从事生产活动过程的人与自然界之间的生态经济关系。在整个生态系统之中，存在着能量的流动和物质的转化，构成了生态系统的总循环运动。而经济社会则通过生产、交换、分配、消费四个相互继起的环节组成经济社会系统的物质变换和流动，当生态系统和经济社会系统相结合构成了复杂的生态经济系统时，生态循环以及物质变换就相互融合成为有机统一的整体，生态经济系统就是人与自然之间物质变换的过程，表现为自然生态和社会经济之间的物质交换和能量转化。为促进整体系统的协调持续运行，要将生产过程中排放的气体、固体和液体进行合理的处理和分解，以适应生态系统自身的净化机能并参与到自然界的生态环境再生产之中。而这一分解和再利用会优化生态经济系统的运作方式，建立在良性循环的基础之上，在保持原有生态体系自生能力的前提下，又进一步提高了生态系统的产出效率。因此，遵循生态物质循环规律，提高循环综合利用能力，阻止生态失调的恶性循环是绿色经济发展的核心方法谱系。

以上马克思主义的生态理论和基本原理，充分说明了人和自然是不可分割的一个有机整体，人不能离开自然界而独立存在，自然资源是一切人类活动的根本保障。生产的前提是自然资源的供给，生产力的发展也是依赖于自然界的馈赠，人类生产生活的持续是建立在生产力的可持续上，意味着，绿色发展与可持续生产力的理念相一致。可以说，生态经济的协调以及生产力的可持续发展理论就是建立在绿色发展的基础之上，重视经济发展和生态建设与环境保护之间的关系，正如马克思所说：劳动生产率是同自然相联系的，这些自然条件都可以归结为人本身的自然

（如人种等）和人周围的自然。① 自然资源供给能力越强，生态系统越健康，人类生产生活的效率也就越高，这就是绿色发展对生产力不可忽视的积极影响。

现代生态经济系统是由经济系统和生态系统相互制约、相互联系并相互作用形成的，生态环境和生态资本是社会经济发展的内生变量。因此，人类在从事社会生产、经济交换活动中，要遵循生态经济发展规律，调整自己的行为，以激活自然系统的良性循环，协调人类社会进程和生态环境之间作用力的一致性，增强生态环境自我更新和修复的能力，维持自然资源的持续供给和生产的动态平衡。

绿色发展可以说是马克思主义生态经济学的衍生和拓展，强调生态文明的价值观和财富观，更突出体现在对生产力的更新性和可持续性方面，以绿色运行为基本方式，力求代际平等和生态平衡，更是实现了从追求数量型经济增长转向以人的全面福利为核心的质量效益型生态经济社会发展的伟大变革。

在广义视角下，人与自然的和谐共生包含三部分：人与自然的和谐共生，人与人的和谐共处，以及人与社会的和谐发展。基于这三个方面在交互的关系阐述的绿色发展理论，一方面揭示了生态文明的本质属性，另一方面揭示了绿色发展过程中人与自然和谐共生的基本规律。绿色经济发展是以人、社会以及自然这个有机整体的和谐、协调、可持续发展为客观规律，强调三者交互的和谐共生关系。并在此基础上，将绿色化经济发展的战略思想上升到协调可持续的新高度，以此构建绿色经济的支撑框架和发展模式，指引新常态背景下绿色发展的路径选择，从而推进我国生态文明与绿色经济发展新时代的建设。因此，人与自然的和谐共生关系是中国特色社会主义生态文明和绿色发展的基本理论架构。

（二）保护生态环境就是保护生产力

由于绿色发展作为新常态下中国特色社会主义政治经济学财富理论新拓展，也是马克思主义政治经济学中国化和时代化的新成果，这就要求我们从马克思主义生产关系和生产力的基本视角解读绿色发展的重要性和必要性，从基本原理和内在逻辑梳理绿色发展的深层次内涵，为探索绿色发展的机制特征奠定理论基础，以设定与绿色经济相适宜的发展路径。

《资本论》把劳动生产力的要素概括为："工人的平均熟练程度，科学的发展水平和它在工艺上应用的程度，生产过程的社会结合，生产资料的规模和效能，以及自然条件。"② 可见马克思所定义的生产力五要素中就包含了自然条件

---

① 马克思：《资本论》第 1 卷，人民出版社 2004 年版，第 586 页。
② 马克思：《资本论》第 1 卷，人民出版社 2004 年版，第 53 页。

要素。习近平同志又提出"牢固树立保护生态环境就是保护生产力、改善生态环境就是发展生产力的理念"①。这就将生产力的研究从解放生产力和发展生产力层面拓展到了保护生产力。绿色发展就是维持生产力的可持续性发展，保护和发展生产力的具体实现。

人类改造自然是在一定的生产方式下进行的。由于自然条件本身属于生产力要素。因此，保护环境和生态就是保护生产力，治理生态和环境就是发展生产力。重视自然资源以及环境生态的有效保护和治理，是通过绿色的发展得以实现的，突出体现在以下两个方面：

其一，绿色发展是遵循自然规律的发展。在工业文明的发展观和价值观下，"高消耗、高污染、高排放、低产出"的生产模式一方面造成了自然资源的大量消耗，另一方面造成了污染的无节制排放，这种违反自然规律的增长模式必然是不可持续的，突出表现在资源短缺、环境污染和生态失调、自然供给过饱和等方面，这就是在发展生产力的过程中，没有保护生产力，使得生产力丧失了自然属性的生机和活力。人类在物质生产的过程中离不开对自然资源的需求，人类经济社会的发展归根结底是人与自然界之间的物质交换过程，当资源环境供给超越极限之后，人类进行改造自然的生产以及再生产过程的物质资料将无法持续供给，势必影响到人类生存的永续发展。正如习近平指出的："要构筑尊崇自然，绿色发展的生态体系，人类利用自然要尊重自然规律，必须呵护自然，不能凌驾于自然之上。"② 因此，我们推进经济社会的建设时，要遵循自然规律，以保护生产力为发展的基本原则，以实现生产力的可持续发展。

其二，将生态文明建设融入经济发展、政治发展、社会发展、文化发展的方方面面和全过程。无论是产业结构、生产方式、生活方式、消费模式，都要以绿色发展、循环发展、低碳发展为基本规则，将保护生产力落实到生产、生活的每个细微之处。马克思主义政治经济学提出要促进人的全面发展，人的全面发展，不仅仅包含物质财富的积累，生活水平的提高，精神世界和文化意识的增强，还包括人类生存、生活所处的环境，清新的空气、宜人的环境共同铸造了我们所生存的美好家园，自然赋予我们的一切都是我们的财富，正如习主席说到的"环境就是民生，青山就是美丽，蓝天也是幸福，要像保护眼睛一样保护生态环境，像对待生命一样对待生态环境，这是每一个人的职责"③。因此，环境问题也就是民生问题，不仅要注重环境污染的治理和保护，还要注重

---

① 2013年5月，习近平总书记在中央政治局第六次集体学习时的讲话。
② 2015年9月28日，习近平在纽约联合国总部的第七十届联合国大会一般性辩论时的讲话。
③ 2015年3月6日，习近平在参加江西代表团审议时的讲话。

与人类共享自然环境的其他资源、生物之间的和谐共存问题。这是从民生的角度重视生产力的保护，致力于通过绿色经济的发展来保持民众的基本生存条件并提高人们生活质量的水平，从而建设以人的全面福利为核心的特色社会主义建设的新征程。

新阶段强调以质量提高和效益增强为核心导向的经济增长，其中质量提高，是指人的物质财富、福利财富、文化财富、生态财富共同增加，而效益增强意味着经济效益、社会效益和生态环境效益的三元共筑永续发展。保护生产力，走绿色发展之路，不仅是马克思主义人与自然和谐相处的基本理论要求，还是新阶段的价值观和财富观的具体行为模式，更是以人和自然和谐相处为准则，实现经济—社会—生态三元协调可持续发展的必由之路。

三、绿色发展就是保护和发展生产力

党的十八届五中全会指出，要坚持绿色发展，必须坚持节约资源和保护环境的基本国策，坚持可持续发展，坚定生态良好的文明发展道路，形成人与自然和谐发展的现代化建设新格局，推进美丽中国的建设。根据习近平总书记关于保护生态环境就是保护生产力、改善生态环境就是发展生产力的科学界定，绿色发展所包含的内容，既包括在保护生态环境中发展，又包括以改善生态环境为内容的发展。

（一）保护生态环境就是保护生产力

中国是发展中国家，中国今天在推动发展时没有发达国家当初发展时的生态环境，但是在共同面临的生态环境问题面前，中国作为负责任的大国没有因此而降低自己的责任，而是成为全球气候治理的积极参与者。在 2015 年巴黎气候大会上，习近平主席发表题为《携手构建合作共赢、公平合理的气候变化治理机制》的重要讲话。在讲话中承诺："中国将于 2030 年左右使二氧化碳排放达到峰值并争取尽早实现，2030 年单位国内生产总值二氧化碳排放比 2005 年下降 60% ~ 65%，非化石能源占一次能源消费比重达到 20% 左右，森林蓄积量比 2005 年增加 45 亿立方米左右。在'十三五'时期，中国将把生态文明建设作为'十三五'规划的重要内容，落实创新、协调、绿色、开放、共享的发展理念，通过科技创新和体制机制创新，实施优化产业结构、构建低碳能源体系、发展绿色建筑和低碳交通、建立全国碳排放交易市场等一系列政策措施，形成人和自然和谐发展的现代化建设新格局。"① 2016 年 9 月在 G20 杭州峰会上习近平在出席气候变化《巴黎协定》批准文书交存仪式时强调："中国是负责任的发展中大国，是全球气候治理的积极参与者。中国将落实创新、协调、绿色、开放、共享的发展理念，全面推进节能减排和低碳发展，迈向生态文明新时代。"② 由此可见中国推进绿色发展的决心和担当。

在推进绿色发展以保护并发展生产力的进程中，根据尊重自然、顺应自然、保护自然的绿色发展理念，人与自然的和谐关系是一切行为活动的最高法则，绿色发展要求遵循生态优先规律，不断夯实经济社会发展的生态基础地位，构筑现代化绿色文明的生产与生活方式，积累生态财富，打造美丽中国。

首先是构建可持续发展的体系。协调可持续经济、社会和生态效益，并通过科技创新机制着力于经济生产力与生态生产力的统一与协调。其内容包括以下方面：

一是发展绿色产业，促进产业结构绿色化转型。绿色产业以产业结构生态化为基础，以最小的生态环境代价和最少的资源环境消耗来获得社会经济效益的最大化。与此同时，在供给侧结构性改革中去高污染、高能源消耗的落后产能，促进清洁型、生态型的绿色产业发展。在生态和环境资源禀赋约束严峻的情况下，需要减少重工业和资源密集型产业，改进资源配置机制，通过大力发展高新技术产业，优化资源配置形式，建立资源配置效率递增机制，提高能源使用效率和全要素生产率，以提高经济生产的投入产出比，利用较少的资源环境代价获得较高的经济生态效益，促进经济增长可持续性。促进产业结构绿色化转型。绿色产业的推进，不仅是指环保产业、污染治理产业的兴起，还是将绿色的理念、绿色的技术应用到社会生产与再生产的每一个过程之中，对传统产业进行优化改造，包括绿色农业、绿色工业、绿色旅游业以及环保型生态产业。不断推进绿色、低碳的生态产业兴起，形成符合新常态背景下生态文明要求的现代化绿色产业体系，以推进美丽中国的建设。拓宽绿色市场，减少并优化传统重工业以及资源密集型产业，以科学发展与资源环境相适宜的绿色产业来接续替代，从而推进产业结构的绿色化转型。

二是推广绿色循环的生产技术，马克思指出，"化学的每一个进步不仅增加有用物质的数量和已知物质的用途，从而随着资本的增长扩大投资领域。同时，它还教人们把生产过程和消费过程中的废料投回到再生产过程的循环中去，从而

---

① 2015 年 11 月 30 日，习近平在巴黎出席气候变化巴黎大会开幕式时发表的重要讲话。
② 2016 年 9 月，习近平在 G20 杭州峰会上在出席气候变化《巴黎协定》批准文书交存仪式时讲话。

无须预先支出资本，就能创造新的资本材料。"① 在推进内涵型扩大再生产的基础上，推广并普及清洁生产、循环经济以及污染物排放处理和降解等生产技术，一方面减少了对自然资源、能源的需求，合理地控制能源消耗总量；另一方面完善了工业化废水、废物、废气的处理和循环系统，从源头上削弱了工业生产的污染程度，促进经济增长可持续。

第二是建立绿色的社会体系。一方面通过制定绿色低碳经济战略，在全社会实现资源节约和环境协调，将创造物质财富以及积累生态财富作为社会发展的基本财富观念，保护生态环境，实现全社会的节能减排，以促进经济增长的质量提高。另一方面倡导全社会绿色低碳消费方式，在生态文明的进程中，不能只依赖于生产方式的改进来改善人和自然之间的和谐关系，人们进行活动的方式包括生产和生活，生活消费的行为模式也会在一定程度上的破坏环境，不恰当的消费方式也违背了人与自然的和谐共处的初始构建，表现为：食物的大量浪费、交通工具的废气污染、不可降解材料的大量使用、水资源的浪费、垃圾的乱扔乱弃，等等，这些传统的黑色生活习性也阻碍着中国特色社会主义生态文明的建设。因此，在全社会范围内要积极呼吁绿色低碳的文明消费模式，购买绿色低碳消费品，使用环保可循环的生活物品，减少家庭私家车使用，鼓励公共交通工具，普及新型能源动力车辆，减少汽车尾气的排放，以绿色生活、低碳循环消费促进人类社会和自然之间的和谐相处。

（二）改善生态环境就是发展生产力

发展中国家在经济增长的初期为快速增长，一般都采取"先污染，后治理"的模式，或者"边污染，边治理"的发展模式，而这种模式无法适应新时代的可持续生态发展。在绿色发展的理念下，需要进入"先治理，后发展"的阶段。其必要性在于两个方面：一方面过去的发展方式造成环境污染问题日积月累，已经严重影响人类发展和生存的条件，再不治理不但不能发展，还要受到自然界的惩罚。另一方面进入中等收入阶段后，发展目标已不仅仅局限于 GDP 的数量型增长，生态财富的积累已直接成为发展的目标。

从发展生产力的角度改善生态环境，主要涉及三个方面：一是修复和治理环境；二是推进科技创新发展绿色化技术；三是增加绿色产品供给。

首先，进行生态连廊的全面修复，提高资源和环境的承载能力就是发展生产

① 马克思：《资本论》第 1 卷，人民出版社 2004 年版，第 698～699 页。

力。习近平同志强调"要实施重大生态修复工程，增强生态产品的生产能力"[①]，现阶段生态系统受损严重，自然环境遭到破坏。在低收入阶段的存在的乱砍滥伐、过渡耕种导致了沙漠扩大、土壤侵蚀、森林功能破坏，物种灭绝等生态危机。在经济系统与生态系统相互冲突的矛盾下，合理的开发利用自然资源成为生态体系可持续发展的首要措施。进入中等收入阶段后，要大力提高环境修复和重建力度，进行系统化、规模化的修复治理，精心修复和提升生态系统功能。通过实施重大生态修复工程，着力对大气、水和土壤等生态资源进行污染治理和修复补偿，以修复生态产品系统的自我调节功能，增强生态产品的供给。在此基础上形成可持续的生态体系。一方面保护水资源，解决日益增长的人口数量对水量水质的需求矛盾。另一方面，保护森林资源和土地资源，通过培育森林资源，阻止森林的大规模缩减和退化，提高森林资源的供给能力。同时，通过退耕还林政策，恢复土地生产力，加强土地资源的保护。再一方面要大力打造生态修复示范区建设，分别推进草原、森林、湿地、湖泊、荒漠等生态系统治理与补偿机制，筑牢生态环境安全屏障。

治理生态环境需要构建合理、有效的生态修复—补偿机制体系。近年来，虽然我国积极倡导在各地区建立生态补偿机制，但是地方政府在区域间生态补偿和修复的力度仍然不够。因此，我国应尽快建立更加规范、有效的生态修复及补偿体系，避免区域间的补偿不足或补偿过高等问题发生。对于环境生态问题积重难返，治理任务难度艰巨的地区，要重点设立地区生态补偿和修复示范园区，以推进各地区全面可持续的绿色治理和绿色修补式变革。

其次，构建绿色发展的科技创新体系本身就是发展生产力。首先，通过创新发展绿色可再生新能源，推动新能源革命进程。绿色能源是指，以高效、清洁、低碳为主要特征的可再生能源形式，如风能、核能、太阳能、天然气、生物制能等，这是以新技术和新材料为基础的，不仅可以替代传统的化石能源又克服了传统能源结构对环境的巨大污染的危机。事实上，新能源储量非常丰富，绿色低碳能源已成为未来发展的新机遇。因此，需要促进创新技术的快速发展，推动新一代能源领域的关键性技术突破，提高高效、清洁、低碳的可再生能源的技术开发水平，构建高效、绿色、安全的能源系统，从而掀起绿色新工业革命浪潮。其次，通过技术创新，培育绿色经济发展多元化、低碳化新动力。在我国从高成本粗放型向低成本集约化能源方式的战略转型中，能源结构的层次和格局也转向低碳化和多元化。然而，在多元、低碳的新能源生产与应用的过程中，仍然存在核

---

① 2012 年 9 月 28 日，习近平在党的第十八次全国代表大会报告中提出。

心技术尚未突破，大量的先进技术需要通过国外引进，我国自主创新供给显著不足等问题。因此，自主创新能力成为绿色经济多元化、低碳化发展的基础支撑和核心动力。最后，建立绿色高效节能的长效动力机制，大力推进节能高效的能源使用技术进步，加强世界前沿化的技术研发，在提质增效的关键技术领域进行突破，并争取全球绿色创新的主导地位。

最后，增强生态产品的供给能力。生态产品是党的十八大提出的新概念，旨在于节约能源，促进无公害可再生能源的使用。随着经济的增长、社会的发展，人民生活水平不断提高，对生存环境的改善、良好的空气环境、干净的水资源有着日益迫切的需求，而优质生态产品、舒适宜人的生态环境的供给却显著不足。因此，亟须增强生态产品的生产能力和供给能力，通过实施重大生态修复工程，着力对大气、水和土壤等生态资源进行污染治理和修复补偿，以修复生态产品系统的自我调节功能，增强生态产品的供给。

（三）绿色发展的制度保证

实现绿色发展不仅需要转变发展方式，也需要建立支持绿色发展的制度。这就是十八届三中全会所要求的：紧紧围绕建设美丽中国深化生态文明体制改革，加快建立生态文明制度，健全国土空间开发、资源节约利用、生态环境保护的体制机制，推动形成人与自然和谐发展现代化建设新格局。概括起来，绿色发展的制度体系主要涉及：最严格的源头保护制度、损害赔偿制度、责任追究制度，完善环境治理和生态修复制度，用制度保护生态环境。最后是建立支持绿色发展的制度。

一是完善发展成果考核评价体系，纠正单纯以经济增长速度评定政绩的偏向，加大资源消耗、环境损害、生态效益等指标的权重，在此基础上建立绿色发展的激励机制和惩罚机制。

二是健全自然资源资产产权制度和用途管制制度。根据"公地悲剧"理论，只有产权明晰的自然资源才能得到有效保护。因此需要建立归属清晰、权责明确、监管有效的自然资源资产产权制度。包括健全国家自然资源资产管理体制，统一行使全民所有自然资源资产所有者职责；完善自然资源监管体制，统一行使所有国土空间用途管制职责；对领导干部实行自然资源资产离任审计制度。

三是划定生态保护红线。坚定不移实施主体功能区制度，严格按照主体功能区定位推动发展。对水土资源、环境容量和海洋资源超载区域实行限制性措施，对限制开发区域和生态脆弱的国家扶贫开发工作重点县取消地区生产总值考核。

四是实行资源有偿使用制度和生态补偿制度。坚持使用资源付费和谁污染环境、谁破坏生态谁付费原则，逐步将资源税扩展到占用各种自然生态空间。坚持谁受益、谁补偿原则，完善对重点生态功能区的生态补偿机制，推动地区间建立横向生态补偿制度。

五是改革生态环境保护管理体制。建立和完善严格监管所有污染物排放的环境保护管理制度。完善污染物排放许可制，实行企事业单位污染物排放总量控制制度，对造成生态环境损害的责任者严格实行赔偿制度，依法追究其刑事责任。

六是虽然生态环境的保护更多的需要政府发挥作用，但不能就此忽视市场的作用。市场对环境污染的作用并不都是失灵的。首先是建立能反映资源性产品稀缺性的价格机制。我国资源性产品大多因政府定价且定价偏低，不能以市场供求关系反映资源物品的稀缺性，这种较低的价格造成了资源过度使用、浪费严重。因此，完善自然资源价格形成机制就非常重要，无论是国家定价还是市场定价都要求资源价格充分反映市场供求、资源稀缺程度、生态环境损害成本和修复效益。其中包括建立有效调节工业用地和居住用地合理比价机制，提高工业用地价格等。其次是建立外部成本内部化机制。目前企业污染物排放造成的环境负担成本没有内部化，使得企业不仅没有提质增效且合理的利用资源能源，而且会丧失保护环境的积极性，加剧了环境污染和生态危机，谁污染谁承担环境损害成本和修复成本本身就属于市场的基本要求。最后是发展环保市场，推行节能量、碳排放权、排污权、水权交易制度，建立吸引社会资本投入生态环境保护的市场化机制，以推行环境污染第三方治理。

总而言之，通过绿色发展的路径指引，增强绿色经济增长的发展后劲，既符合了生态经济学的基本原理，又能够不断推进人与自然之间的和谐关系，更是新常态背景下，我国树立并贯彻"创新、协调、绿色、开放、共享"五大发展理念的必然选择。构建经济、社会、生态的全面协调可持续发展，最终将会实现全人类社会经济福祉以及生态福祉的最大化。

第九章　经济新常态下的开放发展

在经济全球化背景下，一个国家要实现发展，必须主动顺应经济全球化潮流，充分运用人类社会创造的先进科学技术成果和管理经验。改革开放以来我国发展开放型经济，充分利用国内和国外两种资源，开拓国内和国外两个市场，获得了全球化的红利。但是，同其他发展中国家一样，我国是以资源禀赋的比较优势嵌入经济全球化和全球价值链的，许多产业处于价值链的中低端。从总体上说，我国处于全球化的从属地位。现在中国成为世界第二大经济体，开放发展的理念要求从世界经济大国地位出发，主动顺应全球化发展潮流，不但要通过开放发展壮大自己，而且要引领经济全球化，由经济全球化的从属地位转变为主导地位。这就需要把握国内国际两个大局，调整开放战略，提高对外开放质量和水平。

一、经济全球化潮流和全球化理论的创新

经济全球化已使各国的生产、流通、投资等日益联结成一个有机的整体。商品、资本、劳动、技术等都在国际间流动，资源在国际范围内进行配置，整个世界经济呈现出开放型发展状态，任何一个国家的经济发展都依赖于国际国内两个市场两种资源，生产所需的各种要素在国际市场上获取，产品也在国际市场上出售，因此，积极融入全球化浪潮，主动抓住发展机遇，是各国在新的时代背景下发展经济的必然要求。

（一）经济全球化理论的创立和发展

在马克思当时所处的时代就发现了"各国人民日益被卷入世界市场网"的经济全球化趋势。[①] 其表现就是"资产阶级，由于开拓了世界市场，使一切国家的

马克思：《资本论》第 1 卷，人民出版社 2004 年版，第 874 页。

生产和消费都成为世界性的了。不管反动派怎样惋惜，资产阶级还是挖掉了工业脚下的民族基础。……它们被新的工业排挤掉了，新的工业的建立已经成为一切文明民族的生命攸关的问题；这些工业所加工的，已经不是本地的原料，而是来自极其遥远的地区的原料；它们的产品不仅供本国消费，而且同时供世界各地消费。……过去那种地方的和民族的自给自足和闭关自守状态，被各民族的各方面的互相往来和各方面的互相依赖所代替了"①，马克思、恩格斯在《共产党宣言》中就生动地描绘了当时社会生产在全球扩张的情景："不断扩大产品销路的需要，驱使资产阶级奔走于全球各地。它必须到处落户，到处开发，到处建立联系"，使得"过去那种地方的和民族的自给自足和闭关自守状态，被各民族的各方面的互相往来和各方面的互相依赖所代替了"，从而"使一切国家的生产和消费都成为世界性的了"②。马克思、恩格斯的这些论述，深刻揭示了当时所处阶段的经济全球化的本质和逻辑，奠定了我们今天认识经济全球化的理论基础。

在相当长的时期中，经济全球化是由发达的资本主义国家推动的，即使如此，它也具有两重性。一方面，经济全球化是资本主义生产和资本主义市场经济在全球范围延伸的结果，体现了资本家对剩余价值的无限度追求；另一方面，它又是生产社会化和商品经济国际化发展的结果，反映了生产力发展的内在要求，是世界经济发展的一个客观进步过程。全球化分工与资本的国际流动带来了世界范围内的交换，商品在世界范围内寻找利润最大化的销售市场。世界市场的开放，促使各个国家、民族融入世界经济大潮中，经济全球化大大地优化了资源在全球范围内的有效配置，促进了社会生产力的发展和社会财富的增加。任何国家和民族只有自觉参与进去，才可能获得发展的机遇，促进自身的发展。

社会主义经济理论在经济全球化方面的理论创新在于，社会主义国家主动融入全球化，即使全球化是资本主义国家主导的。这就是邓小平指出的："对外开放具有重要意义，任何一个国家要发展，孤立起来，闭关自守是不可能的，不加强国际交往，不引进发达国家的先进经验、先进科学技术和资金，是不可能的。"③ 习近平总书记在主持中央政治局集体学习马克思主义政治经济学时总结中国特色社会主义政治经济学一大成就就是："关于用好国际国内两个市场、两种资源的理论"。

与改革开放之初相比，在经过三十多年的实践与经验积累之后，我国对外开放的层次与水平都有了大幅提升，在国际事务中的话语权也越来越大，因此，在

---

① 马克思：《马克思恩格斯选集》第 1 卷，人民出版社 2012 年版，第 276 页。
② 马克思：《马克思恩格斯选集》第 1 卷，人民出版社 2012 年版，第 404 页。
③ 邓小平：《邓小平文选》第 3 卷，人民出版社 1993 年版，第 117 页。

新的形势下，我们需要新的理论来指导进一步更高层次的实践。开放发展理论将对外开放理论提升到了一个新的高度，对外开放更加注重形成多区域，多国家之间的多边贸易体系，创建新的开放模式。开放发展理念是在新的经济形势下对原有的改革开放思想的进一步丰富与发展，是适应新的经济发展阶段，面对新的发展问题所提出的新的理论成果。

（二）经济全球化的阶段和我国的参与

根据习近平总书记的概括，经济全球化及我国的参与大致经历了三个阶段。

一是资本主义的殖民扩张和世界市场形成阶段。西方国家靠巧取豪夺、强权占领、殖民扩张，到第一次世界大战前基本完成了对世界的瓜分，世界各地区各民族都被卷入资本主义世界体系之中。其结果就如马克思在《资本论》中概括的："它使地球的一部分转变为主要从事农业的生产体系，以服务于另一部分主要从事工业的生产地区"[①]。我国在这一阶段正是从闭关锁国到半殖民地半封建社会阶段，先是在鸦片战争之前隔绝于世界市场和工业化大潮，接着在鸦片战争及以后的数次列强侵略战争中屡战屡败，成为积贫积弱的国家。

二是两个平行世界市场阶段。第二次世界大战结束后，一批社会主义国家诞生，殖民地半殖民地国家纷纷独立，世界形成社会主义和资本主义两大阵营，在经济上则形成了两个平行的市场。我国在这一阶段主要是在新中国成立以后，是向苏联"一边倒"，不仅是我国对西方国家封闭，西方国家也对我国封闭。我们在相对封闭的环境中艰辛探索社会主义建设之路，"文革"中基本同世界隔绝。

三是经济全球化阶段。随着冷战结束，两大阵营对立局面不复存在，两个平行的市场随之不复存在，各国相互依存大幅加强，经济全球化快速发展演化。这个阶段正是我国实施对外开放阶段。我们充分运用经济全球化带来的机遇，不断扩大对外开放，扩大对外贸易，引进外资，加入世界贸易组织谈判，实现了我国同世界关系的历史性变革。

自 2001 年加入世贸组织，搭上经济全球化这艘快艇以来，我国经济经历了举世瞩目的高速增长，人民生活水平大幅提升，历史的经验与教训也让我们认识到各国经济"相通则共进，自闭则共退"的道理。我国的对外开放获得的全球化红利：最为明显的，一是对国际市场的充分有效利用。建立在劳动力成本低廉优势和发达国家劳动密集型产业向外转移机会基础上的大规模出口和外向型发展，成为我国经济高速增长的重要推动力。1979～2012 年，我国货物出口保持 20%

---

① 马克思:《资本论》第 1 卷，人民出版社 2004 年版，第 520 页。

左右的年均增长率，快速成长为世界贸易大国。二是引进外商直接投资，以比较优势融入全球价值链，承接了先进制造业的转移。包括 20 世纪 80 年代中期承接机械设备、电气装配业。90 年代中后期大量承接欧、美、日、韩等国家和地区技术含量较高的电子信息制造业和汽车制造业。进入 21 世纪后承接反映新科技革命的新能源、新材料和生物技术产业。我国的企业通过边干边学、模仿创新，消化吸收再创新，科技和工业化水平也得到了明显提高，大大地缩短了我国发展诸如轿车、电脑、集成电路、飞机等高技术产品的时间，并且在一些领域形成了足以替代外国品牌的自主品牌的产品，如华为通讯、格力电器、海尔家电、联想电脑、华为手机等。

实践证明，在经济全球化的背景下，我国的对外开放，虽然也会付出一定代价，但有效地利用了国内和国际两种资源，开拓国内和国外两个市场，在参与国际竞争中也增强了自身的国际竞争力。这是国家繁荣发展的必由之路。

二、经济全球化新特点和对外开放的新挑战

对外开放需要审时度势。就如习近平总书记所说：我们现在搞开放发展，面临的国际国内形势同以往有很大不同，总体上有利因素更多，但风险挑战不容忽视，而且都是更深层次的风险挑战。我国对外开放进入引进来和走出去更加均衡的阶段，从早期引进来为主转为大进大出新格局。

（一）经济全球化的新特点

当今世界，随着经济全球化的不断发展，劳动的世界分工不断细化，生产的专业化水平不断地提高，任何一个国家或地区都已经是全球化经济的一分子。当今的经济全球化的发展主要呈现以下特征：

第一，经济全球化扩展到经济发展的各个领域。一是贸易的全球化。由于国际贸易的发展，全球商品市场形成了一个整体。一方面，很多企业提供的产品和服务面对的是全球消费者，使得这些企业获得了比起国内市场更为广阔的发展空间；另一方面，各国企业无不面临着来自国际市场的激烈竞争，使得市场竞争越来越具有全球性意义。二是生产的全球化。企业在全球范围内整合经济资源，利用各国要素优势进行生产活动，以降低生产成本、提高产品竞争力的经济行为。由于国际投资的迅速发展，传统的由单个国家完成全部生产过程并出口最终产品的生产形式，正在被全球分工协作生产所替代。生产过程超越了国界成为国际生产。产品的生产也不再是个别企业的孤立行为，而是在国际生产的网络或体系的

基础上实现的全球化生产。三是金融的全球化。国际资本在全球范围的自由流动，为国际生产和国际交换服务的资金借贷和货币兑换活动日渐频繁，以国际债券市场、国际股票市场、外汇市场为主要内容的国际金融市场扩展迅速，金融工具不断创新，资金交易的规模和速度达到了前所未有的水平。随着金融自由化和国际化的发展，金融活动越来越与实体经济活动相脱离，形成了以金融资产交易为特征的虚拟经济。金融全球化与贸易全球化、生产全球化一起，构成了经济全球化发展的现实图景。

第二，国际经济组织和各类国家间的谈判协定进行的全球经济治理助推经济全球化。首先是"二战"后产生了三大国际经济组织——国际货币基金组织（IMF），世界银行（WB），世界贸易组织（WTO），成为推动经济全球化的工具。其中世界贸易组织推动贸易自由化，世界银行推动投资全球化，国际货币基金组织协调各国货币金融稳定。除此以外，以美国和欧盟各国为首的发达国家启动并主导了一系列贸易和投资谈判，制定新的国际经济规则，表现在：推行更高标准的贸易自由化，积极推进投资自由化，强调服务贸易自由化，强调公平竞争和权益保护其中包括知识产权保护问题。全球经济贸易规则日趋统一和完善。

第三，跨国公司日益成为全球化经济的主导力量。跨国公司是当代经济国际化的主要承担者和体现者，其在世界范围内的经济扩展，不断改变着国际经济分工协作关系。跨国公司主导的全球价值链在各国的布局，推动生产和贸易全球一体化。跨国公司生产经营所到之处，努力与本土政治制度、经济制度和文化习俗融合，从本土化出发进行企业制度创新，在使企业适应地区市场竞争需要的同时，将新的竞争规则带到了本土文化中，逐渐把世界上每一个国家或地区都纳入全球经济竞争中来，促进了全球市场的一体化。而且，跨国公司越来越独立于某个确定的国家，与多国经济竞争与合作，在一定程度上改变了传统意义上市场与国家之间的关系，从而对国家与市场、国家与国家之间的博弈产生了重要影响，并通过企业制度创新革新市场竞争规则，不断推进世界经济的全球化和市场化。它推动了国际分工的深化，加速了先进技术的转移，促进了生产结构的调整，弥补了资金的不足，客观上成为生产要素合理配置的推动者，在经济全球化过程中扮演着越来越重要的角色。

第四，新科技革命对经济全球化产生深远影响。科学技术进步是世界经济发展的主要动力。信息技术和信息产业在这次科技革命中充当"火车头"的作用。科技知识空前快速地生产、传播和转化，对世界经济、各国经济增长方式以及国际经济竞争等都产生了深刻而巨大的影响。一方面是科学技术对传统产业的高度渗透和改造，另一方面以知识为基础的新兴产业兴起，各国经济信息化加速发展，对世界经济和整个人类社会的影响将会逐步表现出来。在知识经济时代，资源配置以智力资源为第一要素，对智力资源的占有比工业经济中对自然资源的占有更为重要，经济信息化成为经济全球化的重要特点之一。知识经济促进国际分工的进一步深化细化和国际间产业的梯度转移，进而使各国经济的依存度和融合性不断加强；信息技术的发展还缩短了国与国之间的距离，使全球生产日益网络化，使世界经济的整体性不断增强；新的信息传输方式以及快速的传递速度促进了国际间经济交往方式的革命，出现了许多新的投资、贸易和营销方式，使国际经济合作更加快捷方便，贸易与投资的效率更高。

第五，各国经济朝着市场化的方向发展。20 世纪末 21 世纪初期，一场大规模的市场化浪潮席卷全球，这既是经济全球化的必然结果，又是推动经济全球化进一步发展的动力。一方面，世界市场的人为分割被消除，全球统一市场得以出现；另一方面，世界大多数国家普遍接受了市场经济概念，并以此为目标进行经济改革。虽然向市场经济转型的过程并非一帆风顺，部分国家付出了巨大的代价，但市场经济体制在全球范围内的扩展，为经济全球化创造了体制方面的条件。因此，进一步完善不同市场经济模式的运行机制和效能，将成为世界各国共同面临的长期任务。

第六，世界经济发展不平衡，多极化趋势进一步发展。世界经济发展不平衡是世界经济发展的普遍规律。这种不平衡既是指经济发展速度上的差距，又指发展水平、经济实力的差距。世界经济发展的不平衡的表现是多方面的：发达国家之间、发展中国家之间以及发达国家与发展中国家之间均存在发展不平衡的问题。世界多极化、经济全球化和世界科学技术进步的日新月异是当代国际政治经济环境的基本趋势和特征，对发展中的社会主义中国来说，这一国际环境既是历史的发展机遇，又是现实的严峻挑战。

（二）对外开放面临的新挑战

30 多年来，我们实施了"引进来"和"走出去"的发展战略，所取得的成就斐然，但与此同时，各种矛盾与问题也逐渐凸显。尤其是随着国际国内经济环境的不断发展变化，我国在进一步提升对外开放的过程中，也必须应对新的困难与挑战。当前我国的对外开放面临的新挑战突出表现为两个方面：一是全球经济特别是发达经济体经济衰退，国际市场需求低迷；二是与前者相关逆全球化浪潮来势汹汹。

2008 年国际金融危机爆发，西方国家结束黄金增长期，经济进入深度调整期,有效需求下降,一些国家财政赤字大幅攀升,大宗商品价格走高,制约消费需求和投资需求扩张;南欧的希腊等部分国家债务危机还在发展,对欧洲乃至世界经济构成拖累;各国经济复苏进程不一,经济刺激政策出现分化,影响世界经济贸易复苏。世界主要经济体美国、欧盟、日本等现在仍处在经济的调整与复苏时期。与这些国家推进再工业化相适应,产业回流本土的进口替代效应增强,全球贸易发展进入低迷期。这是当前和今后一个时期世界经济发展的一个基本态势。据统计,过去几十年,全球贸易增速一直保持快于经济增速的态势。而近年来,贸易增速明显下滑,连续 4 年低于世界经济增速。

长期以来经济全球化的主要推手是美国等西方国家,它们依仗其强势的经济主导经济全球化,从全球化中获取更大的利益。现在,随着其经济衰退开始采取一系列逆全球化政策,最著名的就是美国特朗普总统提出的"买美国货,雇美国人"口号。在实践中,西方国家等强化贸易保护主义,除反倾销、反补贴等传统手段之外,在市场准入环节对技术性贸易壁垒、劳工标准、绿色壁垒等方面的要求越来越苛刻,由征收出口税、设置出口配额等出口管制手段引发的贸易摩擦越来越多。我国从 2006 年起至今连续成为世界上受到反倾销反补贴调查最多的国家。与此同时,美国实行再工业化战略,既推动进入世界的美国高技术企业回流,又吸引外国企业进入美国,又会形成我国引进外资的压力。

而且,美国加强金融监管会导致热钱流入中国的风险上升,增加中国流动性管理的难度;美国加强金融监管使境外美元回流困难,巨额国际收支赤字长期化,美元对人民币贬值概率增大[①];美国在推行出口刺激计划中,会持续压迫人民币升值,人民币对美元升值,会降低中国出口美国产品的价格竞争力,制约对美国的出口增长势头。欧元区经济回升缓慢,制约中国对其出口的持续扩张;欧元贬值,人民币对欧元升值趋势难以改变,会进一步降低中国出口欧元区产品的价格竞争力,制约对欧元区出口的迅速增长势头。甚至欧元区经济风险影响世界经济复苏步伐,还会全方位影响中国出口的增长。

与此同时,东盟等新兴经济体和其他发展中国家凭借劳动力成本和自然资源比较优势积极参与国际分工,产业和订单向我国周边国家转移趋势明显,不仅加剧了出口竞争,而且分流了一大批外资。

以上原因造成贸易摩擦明显增加,除与美国、欧盟等发达经济体的贸易摩擦加剧外,与新兴市场和发展中国家的贸易摩擦也明显增加。人民币对美元、欧元等主要货币升值压力攀升,出口收益率下降。

---

① 李婕雪、王寒菊:《美国金融监管及对我国的启示》,载于《财税金融》2015 年第 12 期。

我国仍然处于工业化发展阶段，出口贸易的快速增长是中国工业化发展阶段的必然结果。更为重要的是，出口或者说外需随着国际分工的演进，其内涵已经发生了质的变化。如果说在传统的产业间和产业内以"产品"为界限的分工和贸易形式下，外需主要是通过跨国交易而实现商品价值，进而刺激产出扩大和经济增长的话，那么在以要素流动和产品内分工为主要特征的国际分工情况下，外需则成为"全球生产"得以顺利进行的重要保障。忽视外需，实际上就是轻视参与国际分工、利用全球资源发展本国经济的重要性，就是放弃经济全球化给各国尤其是像中国这样的发展中国家所带来的历史性机遇。

根据一般经验，当货物出口占世界总额的比重达到10%左右，就会出现拐点，增速要降下来。这直接导致我国出口需求增速放缓。我国货物出口占世界总额的比重，改革开放之初不足1%，2002年超过5%，2010年超过10%，2014年达到12.3%。这意味着我国出口增速拐点已经到来，今后再要维持出口高增长、出口占国内生产总值的高比例是不大可能了。

应对上述挑战的重要方面是正确处理内需与外需的关系问题。这就是在稳定外需的同时努力扩大内需。也就是说，面对国际经济复苏缓慢，外部需求依然疲软，为保持经济长期平稳较快发展，必须继续把经济增长的基本立足点放到扩大国内需求上。但这并不意味着要忽视或放弃外需。作为一个开放的经济体，中国经济已经融入了世界，内需和外需都是推动经济平稳较快发展的重要动力。

扩大内需与稳定外需并不矛盾，二者之间存在相互促进的作用。一方面，内需的快速增长为扩大外需奠定了坚实的基础。国内市场和生产的扩大，可以增强产业竞争力，提高产业配套能力，为进一步扩大出口创造条件；国内研发和技术设备投资的增加，可以带动出口产品的技术含量和附加值的提高，推动高新技术产品出口。另一方面，外需虽然在总需求中处于次要地位，但有着不可替代的重要作用，因为其可以直接带动国内消费、投资和政府开支的增加。出口可以直接带动就业，提高居民的收入，拉动国内消费；外需扩大形成的规模经济和产业集聚效应，有利于降低中、高档消费品价格，促进国内消费结构升级；外需作为最终需求，对相关产业及其上下游产业的投资需求具有引导作用和乘数效应；制成品出口增加形成的技术外溢效应，可以带动国内技术进步和产业升级。

（三）资源禀赋的比较优势不再具有开放优势

作为发展中大国，改革开放以后我国基本上是靠资源禀赋的比较优势融入全球化经济的，依靠廉价的劳动力和土地资源、宽松的环境标准扩大出口，引进外商投资企业。现在这些开放条件发生了明显变化。

首先,我国正在步入高成本时代。一方面,中国劳工成本上升,人口红利下降,依赖在劳动密集型产业扩张中吸收外商直接投资和扩大出口规模的开放道路遇到前所未有的挑战。中国作为世界制造中心,在经济增长率持续走高、生产加工能力不断扩大的背景下,对各种能源资源以及原材料的需求越来越多,资源压力日益凸显,导致资源类产品价格全面上涨,并传导到下游的加工制造业领域,制造业产品的成本也出现上涨趋势。中国进入重化工业加速发展时代,资源类产品需求扩大推动其价格上涨,环境压力与日俱增。一些发达国家谋求征收碳排放税。改善生态环境已成为现实的政策选择,企业的环保投入增大,生产与管理成本上升,利润空间进一步缩小。在资产价格、出口成本、大宗进口产品、资源类产品、环境成本、劳工成本全面上涨趋势下,较长时期内的成本推动压力不可小觑。

其次,在中国启动新一轮汇率制度改革以来,人民币对美元、欧元升值的压力增大,而人民币汇率升值,必然导致资产价格重新估价,资产价格上涨。人民币升值,也使出口成本上升,企业利润率下降。虽然人民币升值使进口成本下降,理论上进口产品价格可以下降,但是,由于中国进口需求规模扩大,进口依存度高,中国成为许多大宗产品的最大进口国,出口商会利用中国进口扩大的机会和寡头垄断地位提高价格,导致人民币升值下进口产品价格不跌反涨,而进口投资品价格上涨,会增加工农业产品的生产成本①。

最后,对外开放效益下降。这是由多重因素导致的。其中包括长期处于全球价值链低端水平,技术水平低,出口产品附加值低;进出口产品存在严重的不协调问题;贸易摩擦不断等。还有地区之间恶性竞争,过度的对外政策优惠,产品劳务的价格战等。其根本原因还是建立在物质资源和低成本劳动力比较优势基础上的对外开放的进入门槛低,因此可能产生过度竞争,外贸的粗放型发展,以及过度依靠外部市场等问题,后果是降低开放效益。

归结起来,进入新时代,我国对外开放所面临的国际国内形势与以往大不相同,总体上有利因素多,但风险挑战不容忽视,而且大多都是更深层次的风险挑战:国际力量对比正在发生前所未有的积极变化;世界经济逐渐走出国际金融危机的阴影,国际产业分工格局发生新变化,但国际范围内保护主义严重,国际经贸规则制定出现政治化、碎片化苗头,不少新兴国家和发展中国家经济持续低迷,世界经济还没有找到全面复苏的新引擎。我国在世界经济和全球治理中的分

① 艾书琴:《人民币升值对我国进出口的影响及对策》,载于《企业经济》2012 年第 9 期。

量迅速上升，但我国经济大而不强的问题依旧突出，人均收入和人民生活水平与发达国家相比仍然有较大差距。虽然我国对外开放进入"引进来"和"走出去"更加均衡的阶段，但与之相应的法律、金融、咨询、人才、风险监控、安全保障等都难以满足现实需要，支撑高水平开放和大规模走出去的体制和力量仍显薄弱。[①]

三、开放发展的新理念

我国已经成为世界货物贸易第一大国，货物第一出口大国和第二进口大国，同时也是世界第一制造业大国。在全球价值链中占有至关重要的地位。现在要从作为世界第二大经济体的世界经济大国地位出发，以开放发展的理念，进一步提升国际竞争力，提高开放型经济的质量和水平。

（一）发展更高层次的开放型经济

十八届五中全会明确提出，坚持开放发展，必须顺应我国经济深度融入世界经济的趋势，奉行互利共赢的开放战略，发展更高层次的开放型经济，积极参与全球经济治理和公共产品供给，提高我国在全球经济治理中的制度性话语权，构建广泛的利益共同体。充分认识国际环境的深刻变化，顺应国内经济发展进入新常态的客观现实，统筹国内国际两个大局，不断地深化对外开放改革，进一步提升对外开放质量和效益。

发展更高层次的开放型经济的基本要求是参与国际分工和国际竞争由比较优势转向竞争优势。长期以来总体上中国是依靠资源禀赋的资源和劳动力的比较优势"低端嵌入"的方式融入国际分工体系的，主要进入全球价值链的低端环节。"低端"的环节附加值太低，而且已有的劳动、土地等资源的比较优势正在失去。在新的发展阶段，我国就不能再靠这类比较优势嵌入全球价值链，而是要依靠技术、质量、标准、管理等方面的竞争优势参与国际竞争，并嵌入全球价值链。尤其是依靠创新驱动形成具有自主知识产权的核心技术和关键技术，攀升全球价值链中高端，并且争取在价值链中的主导地位。其路径，一方面向研发、设计等产业链高端环节进行拓展；另一方面，向物流、品牌、销售渠道等高端环节延伸；再一方面依托具有自主知识产权的优势产业建立以我为

---

① 习近平：《习近平在升级主要领导干部学习贯彻党的十八届五中全会精神专题研讨班上讲话》，载于《学习活动文选》2016 年第 31 期。

主的全球价值链。

第一，拓展对外开放产业领域。改革开放之初，我国主要以制造业吸收外商直接投资为主，抓住全球产业结构调整与产业转移的契机，承接境外制造业转移出来的生产能力，通过发展加工贸易、吸引跨国公司投资，带动国内制造业技术水平、管理水平提高，推动制造业发展和对外贸易扩张。如今，制造业的全球分工体系已经确立，短期内全球制造业大规模转移的热潮降温。取而代之的将是正在形成过程中的服务业的全球分工体系，服务业的全球转移和全球配置方兴未艾。服务业的开放和承接全球服务业转移，将成为中国对外开放新的产业重点。而中国相对脆弱的服务业以及相对落后的管理体制，都在考验着新一轮的开放。

第二，以设立自由贸易试验区为标志打造开放型经济区域升级版。党中央、国务院先后决定在上海、广东、天津、福建、辽宁、浙江、河南、湖北、重庆、四川和陕西等省市新设自贸试验区。中国自由贸易区是指在国境内关外设立的，以优惠税收和海关特殊监管政策为主要手段，以贸易自由化、便利化为主要目的的多功能经济性特区。其核心是营造一个符合国际惯例的，对内外资的投资都要具有国际竞争力的国际商业环境。率先建立符合国际化、市场化、法治化要求的投资和贸易规则体系，使自贸试验区成为我国进一步融入经济全球化的重要载体，形成与国际投资贸易通行规则相衔接的制度创新体系，充分发挥金融贸易、先进制造、科技创新等重点功能承载区的辐射带动作用，力争建设成为开放度最高的投资贸易便利、货币兑换自由、监管高效便捷、法制环境规范的自由贸易园区。已有的自由贸易试验区遍及东中西部，成为拉动各个区域开放发展的增长极。

第三，推进"一带一路"的对外开放。"一带一路"沿线国家目前有60多个，今后还会扩大。根据习近平总书记的指示，"一带一路"战略有五方面内容。第一，以亚洲国家为重点方向，率先实现亚洲互联互通。"一带一路"源于亚洲、依托亚洲、造福亚洲。中国愿通过互联互通为亚洲邻国提供更多公共产品，欢迎大家搭乘中国发展的列车。第二，以经济走廊为依托，建立亚洲互联互通的基本框架。"一带一路"兼顾各国需求，统筹陆海两大方向，涵盖面宽，包容性强，辐射作用大。第三，以交通基础设施为突破，实现亚洲互联互通的早期收获，优先部署中国同邻国的铁路、公路项目。第四，以建设融资平台为抓手，打破亚洲互联互通的瓶颈。第五，以人文交流为纽带，夯实亚洲互联互通的社会根基。从长期看，推进"一带一路"建设，推进同有关国家和地区多领域互利共赢的务实合作，推进国际产能和装备制造合作，打造陆海内外联动、东西双向开放的全面开放新格局，是我国更好地实施"走出去"战略的重要机遇。

第四，引进国外要素突出引进国际创新要素。科技创新依托的是人才、科技、管理之类的创新要素。创新无国界。当今的国际经济是要素流动为主导的经济。尤其是创新要素，不可能都从国内取得，需要通过对外开放从国外获得。原因是虽然我国的经济总量进入世界前列，科技和产业创新可能与发达国家进入同一创新起跑线，但是由于历史和发展水平的原因，先进的创新资源主要还集聚在发达国家。因此现阶段开放型经济的重点是引进创新要素，涉及进口和引进战略的调整。首先是调整进口战略。许多高新技术产品可以依靠要素的国际流动在本国生产。这样，进口战略将逐步转向进口要素（尤其是创新要素）替代进口产品的阶段。目标是利用国际创新资源来提升我们创新能力。其次是调整引进战略。过去的发展的重点在增长，基本上是资本推动的，其他如技术和管理等发展要素基本上是跟着资本走的。因此我国的开放型经济基本上是通过引进外资来利用其他国际资源（国外先进的技术和管理）。现在发展的重点转向创新，各种创新要素是跟着人才走的，因此，发展创新型经济需要通过引进高端创新人才来利用其他国际创新要素。

（二）参与全球经济治理

与欧美等发达国家正在推行的逆全球化相反，中国作为世界第二大经济体主动顺应世界发展潮流，扛起了全球贸易和投资自由化便利化的大旗，承担了更大的发展责任。

近几年来，全球开始走出世界金融危机的阴影，但复苏的道路并不平坦，还存在着诸多的不确定、不稳定因素。实现世界经济的全面复苏和稳定发展，需要各国从战略的高度、全球的视角，以长远的眼光考虑未来的发展方向。在不断变化的国际环境中，各国需承担起自身的责任，共同参与到国际经济治理中去，共同构建平等共享的国际经济治理体系。

全球治理理论是顺应世界多极化趋势而提出的旨在对全球经济事务进行共同管理的理论，包括五个方面的核心要素：全球经济治理的价值、规制、主体、客体以及效果。当前全球经济治理面临着诸多制约要素，主要体现在：各民族国家在全球经济治理体系中极不平等的地位严重制约指全球治理目标的实现；目前已有的国际治理规制一方面还远远不尽完善，另一方面也缺乏必要的权威性；各主权国家、全球公民以及国际组织各有自己极不相同的利益和价值，很难在一些重大的全球性问题上达成共识。当前的全球经济治理需要解决以下问题：

第一，反对贸易保护主义。贸易保护主义作为一种排外性的贸易方式，严重违背了世贸组织所倡导的非歧视性原则，阻碍了经济全球化进程，破坏了全球性生产和分工体系，在很大程度上对参与经济全球化的国家的经济发展产生了危害。此外，贸易保护主义还严重冲击了全球贸易，使世界性的贸易摩擦增多，贸易争端加剧，多边贸易体制下的贸易自由化受阻。反对贸易保护主义，妥善解决贸易摩擦，努力推进贸易自由化。

第二，增强全球金融稳定性。这需要加强全球范围的国家之间、国际金融机构之间的信息共享；加强国际资本流动监管，密切监测和应对金融体系潜在风险和脆弱性；建立多层次的全球金融安全网络。[1] 2010 年 9 月 12 日，巴塞尔委员会的 27 个成员国和地区的中央银行代表就加强银行业监管达成新的《巴塞尔协议Ⅲ》，在资本充足率、流动性监管、杠杆率监管等方面大幅提高了监管力度，进一步扩大了监管范围，强化对影子银行以及场外市场衍生品的监管，以期防止因经济形势恶化，投资者大量抛售影子银行的资产证券化产品而导致市场恐慌，流动性衰竭以及由此造成的系统性风险。

长期以来全球经济治理，是由主要的强国主导，通过主权国家以及一系列国际组织来落实。在现有的国际秩序下，世界贸易组织、世界银行、国际货币基金组织等机构组成的国际组织长期以来主导全球经济规则的制定，并主导全球经济治理。

近年来，随着新兴国家的整体崛起，尤其是中国实力的不断上升，中国在全球事务中的参与度日渐提升。G20 杭州峰会指出：迅速发展中的中国已经成为世界经济的动力源。中国正在以自己的思维、自己的方式、自己的规则逐步向世界提供公共产品。习近平主席在二十国集团工商峰会上发表的演讲中，首次全面诠释了中国的全球经济治理观。针对当前世界经济中的突出问题，习主席提出了共同构建创新型、开放型、联动型和包容型世界经济的主张[2]。具体而言，习主席的全球经济治理观为：全球经济治理应该以开放为导向，坚持理念、政策、机制开放，适应形势变化，广纳良言，充分听取社会各界的建议和诉求，鼓励各方积极参与和融入，不搞排他性安排，防止治理机制封闭化和规制碎片化；以合作为动力，全球性挑战需要全球性应对，合作是必然的选择，各国要加强沟通和协调，照顾彼此利益关切，共商规则，共建机制，共迎挑战；以共享为目标，提倡所有人参与，所有人受益，不搞一家独大或者赢者通吃，而是寻求利益共享，实现共赢目标。

---

[1] 王毅：《为全球经济治理提供中国方案》，载于《人民日报》2016 年 9 月 20 日。
[2] 《习近平全球经济治理观》，载于《中国经济周刊》2016 年第 36 期。

在当前形势下，全球经济治理要抓住以下重点：共同构建公正高效的全球金融格局，维护世界经济稳定大局；共同构建开放透明的全球贸易和投资治理格局，巩固多边贸易体制，释放全球经贸投资合作潜力；共同构建绿色低碳的全球能源格局，共同推动绿色合作发展；共同构建包容联动的全球发展治理格局，以落实联合国 2030 年可持续发展议程为目标，共同增进全人类的福祉。

因此，中国参与全球经济治理应主要从以下几个方面着手：第一，在多边框架下，促进全球多边治理机制的完善。我国需要加强各个层面治理机制的合作，充分发挥作用。第二，努力推动建立互利共赢的多边贸易体制，反对各种保护主义。在参与全球经济治理的过程中，我国需积极参与国际贸易规则的制定和完善，推动形成公平合理的国际贸易体系和平等参与的世界经济治理机制。第三，推动全球货币改革，完善金融监管体制。推动国际金融组织，以公平、择优为原则，选择国际组织机构的管理层，推动国际货币机构改革，建立币值稳、供应有序、总量可调的国际货币体系。争取人民币早日成为全球范围内的国际结算货币，提升人民币国际地位。第四，中国要参与贸易规则和金融规则的修订。国际三大信用评级机构垄断了全球信用评级市场，容易造成金融市场动荡不定，因此，需要打破垄断，统一信用评级的行为、标准以及各种金融规则，构建公平合理的国际信用评级体系。第五，提升提供全球公共产品能力，履行大国责任。根据世界银行的定义，全球公共产品包括国际贸易规则、全球金融稳定、地区和世界安全、全球公共卫生等。

我国参与全球经济治理的重要载体是推动组建亚洲基础设施投资银行，这是一个政府间性质的亚洲区域多边开发机构，是首个由中国倡议设立的多边金融机构。亚投行重点支持基础设施建设，成立宗旨是为了促进亚洲区域的建设互联互通化和经济一体化的进程，并且加强中国及其他亚洲国家和地区的合作。

（三）开放发展理念是我国改革开放思想的丰富和发展

在经济全球化的新背景下，习近平总书记提出了开放发展的新理念。开放发展理念准确把握着当今世界和我国的发展大势，直面我国对外开放中存在的突出矛盾和问题，体现了我们党对社会经济发展规律认识的深化，是对外开放思想的丰富和发展。贯彻落实开放发展理念，坚持对外开放，有利于我国更好地应对经济全球化带来的机遇与挑战，这一点主要体现在以下几个方面：

第一，开放发展是准确把握国际发展趋势的先进理念。近年来，我国对外开放所面临的国际国内环境发展了巨大而深刻的变化。从国际看，2008 年世界金融危机之后，各国经济均呈现出相对疲软的发展趋势，对许多像中国一样的高增长的经济体而言，数量增长的重要性已让位于质量改善的紧迫性，调结构、促协调、稳增长。世界经济进入深度调整期，国际经济合作与竞争的格局已发生了深刻变化，各国均认识到携手应对发展问题和经济全球化进程中的各种挑战的必要性，开放发展有助于加强与各国之间的合作，发挥各自的资源与科技优势，共同努力，携手并进，更好地应对各种挑战与问题。

第二，开放发展理念是深化认识发展规律的科学理念。开放带来进步，封闭导致落后，这已为古今中外的发展实践所证实。这一发展规律在经济全球化时代表现得更为明显。在生产国际化程度空前提高，各国经济联系日益紧密的情况下，开放发展之所以会发挥巨大作用，是因为它符合扩大市场、深化分工、发挥优势推动经济发展的规律。只有坚持对外开放，才能获得推动发展所必需的各项资金、技术、资源、市场、人才以及机遇与理念，才能充分发挥比较优势，创造更多社会财富。开放发展理念是总结历史经验与教训，把握国际发展趋势，抓住经济全球化发展机遇的关键所在。

第三，开放发展理念是进一步推进对外开放改革，提升对外开放水平的关键。习近平总书记提出的开放发展理念，赋予开放发展符合当今时代特色、顺应世界发展潮流、符合发展要求的深刻内涵，必将引发对外开放领域的深刻变革。开放发展有助于带动创新、推动改革、促进发展，是其他四大发展理念的重要支撑：只有坚持开放发展才能在国际竞争中推进创新，培养人才，使创新型国家发展获得新动力；才能在开拓国际市场中发挥国内国际两个市场、两种资源的重要作用，使协调发展获得新空间；才能主动参与全球可持续发展中促进我国生态文明建设，使绿色发展获得新活力；才能在不断扩大同各国互利互惠合作中实现我国更好的发展，使共享发展获得基础[①]。贯彻落实开放发展理念，我国对外开放必将实现质的提升，更好地参与国际分工与合作，更好地应对国际竞争，更好地融入经济全球化的浪潮，迈出建设开放型经济强国的新步伐。

---

① 秦宣：《五大发展理念的辩证关系》，载于《光明日报》2016 年 2 月 4 日，第 16 版。

第十章 经济新常态下的共享发展

共享发展理念体现以人民为中心的发展思想，体现在发展中逐步实现共同富裕的要求，从而体现中国特色社会主义的本质要求。共享发展理念，就是要在发展中共享，在共享中发展，实现改革和发展成果全民共享、全面共享、共建共享。按照共享发展的理念，经济发展就不只是为哪个利益集团服务，经济发展理论不能被哪个利益集团捆绑，而是要为全体人民谋利益。在共享发展中人民群众分享改革发展的成果，得到看得见的利益，在民生改善中有更多的"获得感"。这是进一步深化改革发展的动力源泉所在。

一、共享理念体现逐步实现共同富裕的要求

共同富裕是社会主义的本质规定和奋斗目标，是中国特色社会主义经济理论的重要组成部分。共同富裕是指在生产力不断发展的基础上，全体人民按照社会主义公平与正义的原则来共同分享发展的成果。这是自马克思主义诞生以来人们关于社会主义的共同理想，也是社会主义追求的核心目标。

（一）共同富裕理论的产生和发展

马克思预见的未来的共产主义社会中，"生产将以所有人的富裕为目的"①。这是共同富裕的最早表述。基于这个目标，马克思在《资本论》中构想了"自由人联合体。"按照马克思、恩格斯的构想，共产主义社会将彻底消除阶级之间、城乡之间、脑力劳动和体力劳动之间的对立和差别，实行各尽所能、按需分配，真正实现社会共享、实现每个人自由而全面的发展。

共同富裕是中国人民千百年来追求的理想。孔子说："不患寡而患不均，不患贫而患不安。"孟子说："老吾老以及人之老，幼吾幼以及人之幼。"《礼记·

---

① 《马克思恩格斯文集》第 8 卷，人民出版社 2009 年版，第 200 页。

礼运》具体而生动地描绘了"小康"社会和"大同"社会的状态。

新中国成立之后，中国共产党人在马克思主义指导下，为实现共同富裕的美好理想和目标，进行了长期的探索和实践，共同富裕思想不断深化。尤其是社会主义政治经济学有个社会主义生产目的的表述，这就是最大限度满足人民群众不断增长的物质和文化需要。这个生产目的体现社会主义的制度特征，因为最大限度满足人民群众的需要不但没有任何制度障碍，而且是社会主义制度特征。

由于我国是在落后的生产力水平基础上建设社会主义，在相当长的时间中为了集中资源搞建设，宏观收入分配实行高积累低消费。与此同时在共同富裕的口号下追求平均主义分配，结果是人民生活水平增长缓慢，出现共同贫困现象。改革开放开始以后，解放思想的一个重要内容就是明确什么是社会主义？如何建设社会主义。邓小平对此作了明确回答："社会主义的本质，是解放生产力，发展生产力，消灭剥削，消除两极分化，最终达到共同富裕。"贫穷不是社会主义。"社会主义的特点不是穷，而是富，但这种富是人民共同富裕。""一个公有制占主体，一个共同富裕，这是我们所必须坚持的社会主义的根本原则。"贫穷不是社会主义，经济长期处于停滞状态不能叫社会主义，人民生活长期处于很低的水平总不能叫社会主义，社会主义就是要消灭贫穷。邓小平一再强调要消灭贫穷，消除两极分化，实现百分之九十几以上社会成员的富裕，其要旨在于要实现普遍富裕。其路径就是发展生产力。"社会主义时期的主要任务是发展生产力，使社会物质财富不断增长，人民生活一天天好起来，为进入共产主义创造物质条件。"[①]

在社会主义初级阶段，如何实现共同富裕？针对这种状况，1978 年 9 月 20 日，邓小平在天津考察时，第一次明确而响亮地提出了"先让一部分人富裕起来"的重要思想。由此提出了实现共同富裕的路径，那就是："一部分地区有条件先发展起来，一部分地区发展慢点，先发展起来的地区带动后发展的地区，最终达到共同富裕。"很显然，"共同富裕"不同于"同步富裕"或"同等富裕"。这意味着共同富裕是一个漫长的过程，不能急于求成，需要一步一个脚印地逐步实现。允许一部分人、一部分地区先富起来，是实现共同富裕的必由之路。这里的关键是允许和支持一部分人、一部分地区通过诚实劳动、合法经营先富起来。允许一部分人先富起来的目的是充分动员各种发展生产力的要素，充分挖掘发展的潜力，充分调动各个方面发展提高效率的积极性。其发展效应非常显著。

---

① 中共中央文献研究室：《邓小平思想编年》，中央文献出版社 2011 年版，第 172 页。

允许一部分人先富起来意味着共同富裕过程存在先富和后富的差别。在邓小平理论框架中，允许先富是手段，共同富裕才是目的。在一部分地区和一部分人先富起来的基础上，先富帮后富，先富带动后富，最终实现共同富裕。邓小平在20世纪90年代初就明确要求，先富起来的沿海地区在达到小康水平的时候，就提出先富帮后富的问题。他指出："如果富的愈来愈富，穷的愈来愈穷，两极分化就会产生，而社会主义制度就应该而且能够避免两极分化。解决的办法之一，就是先富起来的地区多交点利税，支持贫困地区的发展。"① 除此之外，他还谈到了其他方式：发达地区还可以通过技术转让的方式支持不发达地区；对先富起来的人征收所得税加以一些限制；提倡有的人富裕起来以后自愿拿钱出来办教育、修路等。

从实现共同富裕的社会主义本质规定，到允许一部分地区一部分人先富起来的大政策，再到先富帮后富实现共同富裕的目标，就形成了完整的社会主义条件下实现共同富裕的理论体系。应该说，在允许一部分地区一部分人先富起来的基础上实现共同富裕的路径是正确的，不仅充分动员了各种要素参与财富的创造，而且调动了各个要素所有者的积极性，产生了明显的发展效应。但是，居民收入差距也明显扩大了。

(二) 共享发展的理念

如果说允许一部分地区一部分人先富起来是国家处于低收入阶段的发展战略和政策，那么进入中等收入阶段后就要直接提出共同富裕的要求。

进入中等收入阶段以后，在低收入阶段存在的先富和后富的差距的累积已经非常严重，甚至成为可能陷入"中等收入陷阱"的威胁。20世纪东南亚、拉丁美洲的很多中等收入国家由于缺乏发展模式的创新，加之外部条件的变化，普遍被固化的发展机制锁定，人均收入水平长期得不到提高，贫富差距逐渐拉大，陷入"中等收入陷阱"，人民共享发展成果的愿望难以实现。我国目前也面临着陷入"中等收入陷阱"的风险，其中一个重要方面就是收入分配的差距扩大。如果发展不以最广大人民群众的根本利益为目标，不以全体人民共同享有发展的成果为追求，就会不可避免地造成两极分化，甚至酿成严重的危机。在此背景下，提出共享发展的理念是对共同富裕理论的升华。

共享发展理念的提出仍然是以社会主义本质特征作为出发点。这就是习近平总书记明确指出的："消除贫困、改善民生、实现共同富裕，是社会主义的本质

---

① 邓小平：《邓小平文选》第3卷，人民出版社1993年版，第374页。

要求，是我们党的重要使命。"①

习近平总书记在党的十八届五中全会上首次提出践行以人民为中心的发展思想。以人民为中心的发展思想，不是一个抽象的、玄奥的概念，体现在经济社会发展各个环节。以人民为中心的发展思想坚持人民主体地位，顺应人民群众对美好生活的向往，不断实现好、维护好、发展好最广大人民的根本利益，做到发展为了人民、发展依靠人民、发展成果由人民共享。

共享的发展理念从本质上讲就是要坚持以人民为中心的发展思想。根据习近平总书记的说明，共享发展的理念涉及多方面要求：一是生产出更多更好的物质和精神产品，不断满足人民日益增长的物质文化需要；二是全面调动人的积极性、主动性、创造性，为各行业各方面的劳动者、企业家、创新人才、各级干部创造发挥作用的舞台和环境；三是坚持社会主义基本经济制度和分配制度，调整收入分配格局，完善以税收、社会保障、转移支付等为主要手段的再分配调节机制，维护社会公平正义，解决好收入差距问题，使发展成果更多更公平惠及全体人民。

共享发展理念的核心内涵归结为四个方面：全民共享、全面共享、共建共享和渐进共享。这四个方面相互贯通、有机统一。

（1）全民共享是目标。广大人民群众共享改革发展成果，是社会主义的本质要求，是我们党坚持全心全意为人民服务根本宗旨的重要体现。全体人民共享改革发展的成果，是我们社会主义的国家性质和党的宗旨共同决定的。共享发展应该做到人人享有，而不是少数人的共享、一部分人的共享。全民共享就是要保证改革发展的受益群体覆盖全体人民。改革发展的成功与否，是否保证全体人民群众都从改革发展中获益是根本的判断标准。实现全民共享，就要确保各地区、各民族、社会各个阶层的人都能享受到改革发展的成果，"一个民族也不能少""绝不让一个人掉队"。

全民共享并不代表没有差别的共享。处于并将长期处于社会主义初级阶段是我国的基本国情，还远远未达到共产主义理想社会中的"各尽所能、按需分配"。一方面，人作为独立的个体具有特殊性，家庭出身、身体状况、智力水平等方面均存在差异；另一方面，作为社会成员的人又具有社会性的本质，共同组成了社会群体，无法与社会整体割裂开来。因此，文化知识水平、劳动付出和创造价值不同的人，在成果分享时应当有所区别，反对搞平均主义、"大锅饭"。历史的经验教训告诉我们，搞平均主义会对人们工作积极性造成巨大挫伤，与"多劳多

得，少劳少得"的经济规律严重相悖。全民共享就是要做到人们的付出与回报成正比，根据其付出各得其所，允许存在一定的差别。

全民共享要求人民享有的差距不能过大。共同富裕不是同步富裕，全民共享也不代表共享的程度天差地别。若是人与人之间享有的成果差距悬殊，甚至出现两极分化，就与社会主义的原则背道而驰，为社会的和谐稳定和共同富裕目标的实现带来更大的不确定性。实现全民共享，必须把收入分配的差距控制在一个合理的区间。

（2）全面共享是内容。党的十八大提出，建设中国特色社会主义的总布局是经济建设、政治建设、文化建设、社会建设、生态文明建设五位一体，习近平总书记多次强调要统筹推进"五位一体"的战略布局。就内容而言，共享发展是全面的共享，而不单单是共享经济发展的成果，经济、政治、文化、社会、生态各个领域的建设成果都应该由全体人民共同享有，人民在各领域的合法权益也要得到全面而有效的保障。

社会的发展是全面的发展，决定了人们的需求具有多样性，人民需要共享的成果具有多样性。全面共享是包括经济、政治、文化、社会、生态在内全方位、多领域的共享，缺一不可。物质资料的生产是人类社会存在和发展的基础，经济基础决定上层建筑。但我们不能简单地将共享理解为经济成果的共享，经济发展成果的共享是其他成果共享的根本前提，并不是共享的唯一内容。

尽管我国经济社会发展取得了举世瞩目的成就，人民群众的生活水平得到了显著的提高，但我国处于并将长期处于社会主义初级阶段的基本国情没有变，人民日益增长的物质文化需要同落后的社会生产之间的矛盾这一社会主要矛盾没有变。伴随我国经济的发展壮大，广大人民群众对政治参与、精神文化、社会保障、生态环境等各个方面共享的诉求将会更加强烈。统筹推进经济建设、政治建设、文化建设、社会建设和生态文明建设"五位一体"的战略布局，全面保障人民各方面的合法权益显得迫在眉睫。全面共享要求我们把人民的关注点转变为工作的着力点，积极解决诸如教育、住房、就业、养老、医疗卫生等人民群众最关心、最直接、最现实的问题，不断提高人民的获得感和幸福感。

全面共享的核心在于发展权利、发展机会和发展成果的共享。发展权利共享是全面共享的逻辑起点和必要前提，发展机会共享是全面共享的主要内容和关键，发展成果共享是全面共享的基本标志和必然结果。实现全面共享，必须做出更有效的制度安排，建立并完善以权利公平、机会公平、规则公平为主要内容的社会公平保障体系，营造公平的社会环境，赋予每个人参与社会发展的权利，并创造更加平等的机会，最终使发展成果更多更公平地惠及全体人民。正如习近平总书记所讲的，"生活在我们伟大祖国和伟大时代的中国人民，共同享有人生出彩的机会，共同享有梦想成真的机会，共同享有同祖国和时代一起成长与进步的机会"。

（3）共建共享是基础。全面建成小康社会，为的是广大人民群众的福祉增进、共同富裕，依靠的是广大人民群众的齐心协力、共同奋斗。充分发扬民主，广泛汇聚民智，最大激发民力，让人人共同参与发展过程、共同享有发展机遇、共同享有最终成果，这样方能充分调动广大人民群众的积极性、主动性和创造性，形成"人人参与、人人尽力、人人都有成就感"的生动局面。

共建是共享的基础。人人共享的前提是人人共建，共建的过程也是共享的过程。首先，实现共建共享要调动人民共同建设的积极性、主动性和创造性。我国经济发展逐步进入新常态，面临着许多新的阶段性特征，各种机遇和挑战不断涌现。要克服各种困难和挑战，推动经济社会朝着健康的方向发展，就必须坚持人民主体地位，充分发扬民主，广泛汇聚民智，激发民力。正如习近平总书记所谈到的，"形成一种人人参与、人人尽力，人人都有成就感"的生动局面。其次，实现共建共享要充分尊重人民的首创精神。历史唯物主义观点认为，人民群众的首创精神是推动社会进步和历史发展的根本动力。随着我国综合创新能力的日益增强，人民群众的科学文化水平不断提高，尊重人民的首创精神，就是要尊重劳动、尊重知识、尊重人才、尊重创造，就是要鼓励创新、鼓励探索，推动大众创业、万众创新，最大限度调动人民群众的积极性、主动性、创造性，激发人民的创造潜能，让一切能够创造社会财富的源泉充分涌流。最后，实现共建共享要靠凝神聚力推动发展。"众人拾柴火焰高"，必须充分发挥广大人民群众的主体作用，始终坚持一切为了群众，密切联系群众，紧紧依靠群众，聚精会神搞建设，一心一意谋发展，努力在共建共享中实现"两个一百年"的奋斗目标和中华民族伟大复兴的中国梦。

（4）渐进共享是途径。习近平总书记指出："共享发展必将有一个从低级到高级、从不均衡到均衡的过程，即使达到很高的水平也会有差别。"① 共享发展不可能一蹴而就，要求我们不能急于求成，必须立足国情、立足经济社会发展的实际来设计共享发展政策，循序渐进。

实现共享发展是一个从低级向高级、从不均衡向均衡逐步渐进的过程。目前我国所面临的发展不平衡、不协调、不可持续的问题还比较突出。渐进共享，必

① 《准确理解和把握共享发展理念的深刻内涵》，载于《光明日报》2016 年 6 月 19 日。

须立足我国的基本国情，作出切实可行的有效制度安排。首先要坚持守住底线、突出重点、完善制度、引导舆论的基本思路，推进共享发展时要更加注重保障基本民生，更加关注低收入群众生活，更加重视社会大局稳定。其次要明确发展的着力点，有针对性地加以施行。当前，加快转变农业发展方式，深入扎实推进精准扶贫和精准脱贫，全力打好扶贫开发攻坚战是关系到共享发展成效的重点，任务复杂而艰巨，需要有条不紊地加以解决。最后要做到稳扎稳打，步步为营，脚踏实地推进各项工作，协调推进经济社会发展和民生改善。既不能"裹足不前、铢施两较、该花的钱也不花"，错失发展良机，挫伤人民信心；也不能"好高骛远、寅吃卯粮、口惠而实不至"①，盲目追求一步到位，阻碍长期的发展。总而言之，必须坚定共享发展的决心，扎实有序地推动渐进式发展，以渐进共享促成社会发展与民生改善的良性互动。

（三）共享发展理念的理论贡献

（1）共享发展坚持和发展了马克思主义人的发展理论，创新了政治经济学的生产目的理论。马克思主义是关于无产阶级和全人类解放的科学。按照马克思的观点，共产主义社会就是达到每个人全面而自由发展的"自由人联合体"。马克思认为共产主义是对"私有财产即人的自我异化的积极的扬弃，因而是通过人并且为人对人的本质的真正占有"②，也就是"已经生成的社会创造着具有人的本质的这种全部丰富性的人，创造着具有丰富的、全面而深刻的感觉的人作为这个社会的恒久的现实"③。由此，马克思便揭示了人的社会性本质。马克思进一步指出"社会也是由人生产的。活动和享受，无论就其内容或就其存在方式来说，都是社会的活动和社会的享受"④，社会性的本质决定了社会活动和经济发展应当由全体社会成员共同参与，发展带来的利益成果也应该由全体社会成员共享，体现了马克思主义政治经济学发展观的核心思想。历史唯物主义认为，物质资料的生产是人类社会存在和发展的基础，而人民群众则是社会物质财富的创造者和社会变革的决定性力量。正如毛泽东所指出的："人民，只有人民，才是创造世界历史的动力"⑤。因此，要求我们始终坚持从群众中来、到群众中去的群众路线。新常态下树立共享的发展理念，坚持发展为了人民、发展依靠人民、发展成果由人民共享，就是坚持共同参与，成果共享的马克思主义发展观，就是坚持人

---

① 《在省部级主要领导干部学习贯彻党的十八届五中全会精神专题研讨班上的讲话》，载于《人民日报》2016 年 5 月 10 日。
②③④ 《马克思恩格斯文集》第 1 卷，人民出版社 2009 年版，第 185 页。
⑤ 《毛泽东选集》第 3 卷，人民出版社 1991 年版，第 1031 页。

民是推动发展根本力量的唯物史观，就是坚持一切为了群众、一切依靠群众的群众路线。

（2）共享发展坚持和发展了以人民为中心的发展思想。中国特色社会主义事业是关乎亿万人民切身利益的事业，走中国特色社会主义道路，从本质上讲就是要坚定"来自人民、根植人民、服务人民"的信念，着力践行以人民为中心的发展思想。习近平总书记在阐述中国梦的内涵时说："中国梦归根到底是人民的梦，必须紧紧依靠人民来实现，必须不断为人民造福。"[1] 中国共产党团结带领广大人民为实现"两个一百年"的奋斗目标，实现中华民族伟大复兴的中国梦而努力奋斗，根本的出发点和落脚点就是通过发展社会生产力，不断提高人民物质文化生活水平，促进人的全面发展，保证人人享有发展机遇，共享发展成果，最终实现全体人民的共同富裕。共享发展体现了我们党全心全意为人民服务的根本宗旨。

我们党的根基在人民、血脉在人民、力量在人民。在长期的革命、建设和改革的实践中，我们党始终树立以人为本的执政理念，立党为公，执政为民，赢得了广大人民的衷心拥护。坚持共享的发展理念，就是要使学有所教、劳有所得、病有所医、老有所养、住有所居。一方面，要坚持把发展作为执政兴国的第一要务，不断把我国经济发展的"蛋糕"做大；另一方面，在发展过程中注重解决社会公平正义问题，把"蛋糕"分好。做到民生改善与经济发展相统一，真正地实现改革发展成果的全民共享。

（3）共享发展理念体现民生为本。民生是立国之本。经济发展为改善民生提供物质基础，离开了经济发展和物质财富积累，民生的改善便无从谈起；民生的改善为进一步的发展提供源泉，只有不断增进人民福祉，发展才会有源源不断的动力。实现富裕基础上的共享，关系到全面建成小康社会目标的完成。所谓全面小康，就是改革发展成果惠及全体人民的小康，就是全体人民都朝共同富裕方向迈进的小康。全面建成小康社会，"一个都不能少"。惠民生是稳增长、促改革、调结构的终极目标，是事关全局的战略性任务，其核心在于充分保障人民充分就业、收入水平稳定提高。习近平总书记多次强调，只有多谋民生之利、多解民生之忧，解决好人民最关心最直接最现实的利益问题，才能使改革发展的成果惠及全体人民。党的十八届五中全会做出的增加公共服务供给、实施脱贫攻坚工程、提高教育质量、促进就业创业、缩小收入差距、建立更加公平可持续的社会保障制度、推进健康中国建设、促进人口均衡发展八个

---

[1] 《开启实现中国梦的新征程》，载于《人民日报》2013 年 3 月 18 日。

方面的部署，为实现共享发展指明了方向。当前，我国仍然存在着贫困人口的脱贫攻坚、大学毕业生的就业、失业人员的再就业、老年人的赡养等一系列民生问题亟待解决。必须针对各个群体的实际情况，设身处地帮助他们解决各自的困难，并实现每个人的全面发展，让改革发展的成果由全民共享。坚持共享的发展理念，就是要真正解决好与广大人民群众切身利益相关的民生问题，让全体人民走上共同富裕的道路，为真正实现全面建成小康社会的目标迈出坚实的步伐。

共享的发展理念指明了推动持续发展的动力来源。坚持共享发展，就是要实现"人人参与，人人尽力，人人享有"。唯有保证人人参与发展进程、享有发展机遇、享有发展成果，才能充分调动最广大人民群众的积极性、主动性、创造性，为实现经济社会的持续发展提供不竭的动力源泉。

二、促进社会公平正义

习近平总书记强调："落实共享发展是一门大学问，要做好从顶层设计到'最后一公里'落地的工作，在实践中不断取得新成效"[①]。他进一步指出："落实共享发展理念，归结起来就是两个层面的事。一是充分调动人民群众的积极性、主动性、创造性，举全民之力推进中国特色社会主义事业，不断把'蛋糕'做大。二是把不断做大的'蛋糕'分好，让社会主义制度的优越性得到更充分的体现，让人民群众有更多获得感"[②]。

（一）生产要素参与收入分配后收入差距的扩大

收入分配制度是经济社会发展中的一项基础性的制度安排。效率不仅源于资源配置，还源于收入分配的激励。30多年来中国发展的成功，除了靠市场配置资源外，再就是靠打破了平均主义的分配体制，建立起了按劳分配为主体多种分配方式并存的分配体制。所谓的多种分配方式就是指非劳动要素参与收入分配。党的十四大，与确认社会主义市场经济同步，提出：允许属于个人的资本等生产要素参与收益分配。后来，党的十五大、十六大、十七大和十八大报告都提出，健全劳动、资本、技术、管理等生产要素按贡献参与分配的制度，十八届三中全

---

① 习近平：《在省部级主要领导干部学习贯彻党的十八届五中全会精神专题研讨班上的讲话》，2016年1月18日。
② 《在省部级主要领导干部学习贯彻党的十八届五中全会精神专题研讨班上的讲话》，载于《人民日报》2016年5月10日。

会在坚持上述生产要素按贡献参与分配基础上，又提出：各种生产要素的报酬由各自的生产要素市场决定。生产要素参与收入分配，目的是在收入分配体制上足够地动员各种要素投入经济发展过程并迸发出创造财富的活力，不仅要刺激劳动效率，还要刺激资本、技术、管理等要素所有者的各种要素的投入。这种分配体制同允许一部分人先富起来的大政策是一致的。

我国在实施生产要素参与收入分配以后，效率提高财富增加的效应非常明显，各个阶层的收入都有不同程度的提高，但随之而来的是不同阶层居民之间收入差距的明显扩大。据中国国家统计局公布的基尼系数，2010 年为 0.481，2012 年以后基尼系数开始缓降，2012 年为 0.474，2013 年为 0.473。2015 年已降到 0.462，但还是高于美国等发达国家水平。对此可以作如下说明：

人们一般用西蒙·库兹涅茨的倒"U"型曲线来说明收入差距的趋势：收入不平等程度在人均 GDP 达到中等收入水平时达到最高点，接着基尼系数便开始下降，收入不平等程度就开始收敛。最近出版的法国经济学家托马斯·皮凯蒂在《21 世纪资本论》中对库兹涅茨的倒"U"型曲线做了修正，他把库兹涅茨曲线截止的时间段（1949 年）进一步延伸到 2010 年。根据他所掌握的数据，无论是美国还是欧洲，前 10% 的富人家庭收入水平均呈明显的上升趋势，由此收入的不平等明显加剧。根据该书的解释，收入差距持续扩大的原因主要有两个：一是资本收益率显著高于经济增长率，"相对于劳动一生积累的财富，继承财富在财富总量中将不可避免地占绝对主导地位，并且资本的集中程度将维持在很高的水平上。"[1] 二是大公司的高管收入激增。"一个可能的解释是，这些高级管理者的技能和生产率较其他人有了突飞猛进的增长。另一个解释是，这些高级管理者拥有制定自己收入的权力。"[2]

我国现阶段的情况是，人均收入 2013 年接近 7000 美元，2016 年达 8866 美元，高于中等收入国家的平均水平，但没有出现收入不平等程度缩小的迹象。我国收入差距扩大是在城乡居民收入都有较大幅度增长的基础上产生的。虽然按劳分配本身也存在分配结果的不平等，但仅仅是按劳分配不至于会产生如此大的差距，排除某些行业的垄断因素，按要素贡献取得报酬是产生较大收入差距的主要说明因素。不同的人由于拥有的要素存在很大差别，储蓄能力强的，技术水平高的，经营能力强的，致富能力也强。再加上改革开放提供的发展机会也很多，就如《资本论》所说，"随着投机和信用事业的发展，它还开辟了千百个突然致富

① 托马斯·皮凯蒂：《21 世纪资本论》，中信出版社 2014 年版，第 27 页。
② 托马斯·皮凯蒂：《21 世纪资本论》，中信出版社 2014 年版，第 26 页。

的源泉。"① 能够抓住机会的主要也只是这些人。因此，富的更富的效果也非常明显。

在各种生产要素参与收入分配的情况下，要素报酬对不同天赋不同机会的个人是照顾不到的，特别是多种要素报酬可能叠加在同一个人，收入分配结果不公平会更为显著。因此劳动报酬在收入分配中所占比重有明显下降的趋势。据中国社会科学院《社会蓝皮书：2013 年中国社会形势分析与预测》显示，中国劳动者报酬占 GDP 的比重偏低且呈现出下降趋势，劳动者报酬占 GDP 的比重由 2004 年的 50.7% 下降到 2011 年的 44.9%。与劳动报酬下降趋势相应的是其他生产要素的报酬所占比重的上升。劳动报酬比重呈明显的下降趋势从表面上看同劳动对收入增长的贡献下降相关，但在本质上亟须解决按劳分配为主体的社会主义分配原则在多种要素参与收入分配结构中的贯彻问题。

（二）劳动要素与其他生产要素共享发展成果

从公平正义角度研究我国的收入差距扩大问题，收入差距有个容忍度问题。在低收入阶段为了谋求发展，人们也可能容忍收入差距的扩大。而且经济发展达到中等收入国家的水平后，不断扩大的收入差距不仅发生在不同地区间，也发生在不同阶层间。人们对改革成果的分享存在明显的差异。与此同时，公民的维权意识也明显增强，对公平性发展的诉求也更为强烈。人们不可能继续容忍由权利的不公平所产生的越来越大的收入差距。经济的增长会受到处于相对贫困地位的集团和阶层的抵触。随之产生的社会矛盾会影响效率，从而影响整个社会经济持续健康发展的进程。人民不能够公平合理地分享经济发展的成果，就不会继续支持改革和发展。这样，在新的发展阶段所要提出的公平分配，就是指的公平合理地分享经济发展的成果。共享发展的重要方面是劳动要素同其他要素共享发展成果。

共同富裕不等于均贫富。共享发展不完全否认收入差距，原因是做大"蛋糕"是分配基础。生产要素参与收入分配的目的是做大"蛋糕"，缩小收入差距不是回到过去的吃"大锅饭"的平均主义分配，而是要在做大"蛋糕"的基础上使"蛋糕"分得更合理。虽然我国的 GDP 总量达到世界第二，但人均 GDP 还处于世界的中等水平，人民日益增长的物质文化需要同落后的社会生产之间的矛盾仍然是社会的主要矛盾。社会财富还没有像泉水一样涌流。要使劳动、资本、技术、管理等创造财富的活力充分迸发，唯有靠各种生产要素参与收入分配的体

---

① 马克思：《资本论》第 1 卷，人民出版社 2004 年版，第 685 页。

制安排。在此基础上提高劳动报酬在收入分配中的比重，从而实现劳动与其他要素共享发展成果主要有以下路径：

首先是坚持和完善按劳分配体制。社会主义初级阶段的基本分配制度是按劳分配为主体多种分配方式并存。只要解决好按劳分配为主体，就能较好地解决劳动报酬比重问题。现阶段完善按劳分配体制主要涉及以下三个方面机制：

一是完善各尽所能机制。按劳分配的前提是各尽所能。现在人们所讲的劳动报酬一般指的是在生产第一线的劳动者的报酬，或者说是简单劳动者的劳动报酬。如果只是指这些，劳动报酬占比下降是自然的。根据马克思对生产劳动的定义，技术人员和管理人员的劳动都是生产劳动，他们得到的收入也是劳动报酬。在生产要素参与收入分配的结构中，技术要素、管理要素的报酬也可以看做是劳动报酬，而且是复杂劳动的报酬。如果是这部分劳动报酬得到承认，就提出对各尽所能的理解问题，各尽所能不只是一般所认为的劳动中不偷懒的问题，更是在提高劳动能力的基础上，充分发挥才智获取更高的报酬。这种状况也会反作用于生产一线的劳动者的各尽所能。由于技术和管理要素的作用，生产率的提高，经济结构的变革，都可归结为劳动过程的组织和技术的巨大成就，最终还是要落实到劳动效率的提高。生产一线的劳动者也应公平合理地分享到增长的成果。其具体表现是劳动报酬增长与劳动生产率提高同步。社会主义国家必须保障劳动者的权益，保护劳动所得，尤其是保护在效率提高中的劳动所得。

二是明确劳动者必要劳动范围的扩大。马克思在规定社会主义社会按劳分配的原则的前提是，劳动还是谋生的手段。[1] 作为谋生手段，劳动报酬的增长不只是限于劳动者的劳动贡献，还应该包含体现谋生要求的必要劳动的内容。其内容就是马克思在比较国民工资时所指出的，决定工资水平的因素包括：自然的和历史地发展起来的首要的生活必需品的价格和范围，工人的教育费用、劳动生产率，劳动的外延量和内涵量。[2] 尤其是对劳动者报酬起决定性影响的必要劳动范围的扩大有历史的和道德的因素，其中包括劳动者受教育程度的提高。这些要素都会要求劳动报酬随着社会经济发展水平的提高而提高。这个要求在初次分配阶段就要得到实现。

其次，促进社会公平正义。社会主义制度就是公平正义的制度。从表面上看，分配的不平等在很大程度上由要素参与分配导致。但深层次分析，生产要素

---

① 马克思：《哥达纲领批判》，引自《马克思恩格斯文集》第4卷，人民出版社2009年版，第435页。
② 马克思：《资本论》第1卷，人民出版社2004年版，第644页。

参与收入分配产生收入差距的根本原因是，不同的个人所拥有的要素存在很大差别，因此，解决收入不平等的关键在能够缩小不同个人所拥有的参与分配的要素差别。其结果，既能做大蛋糕，又能推进结果的平等。这可以从起点公平和过程公平两个方面去推进。

一是起点公平。资本、知识、技术和管理等要素占有的差距以及由此产生的财产性收入的差距，是收入分配差距扩大的重要原因。解决起点公平也就是从增加劳动者的要素供给开始。针对资本要素的差距，要求在体制上提供增加居民财产从而增加居民财产性收入的途径。其中包括：为居民提供更多的私人投资机会和渠道；鼓励私人创业；保护知识产权及其收入；完善企业股权结构，允许员工持股，鼓励企业家持股和科技入股。农民也可以通过宅基地和土地经营权流转获取土地收入。针对技术要素的差距，需要为居民提供平等的积累知识资本和人力资本的机会。基本途径是推进教育公平尤其是高等教育的大众化，增加对低收入人群的人力资本投资。其意义就在于克服由起点不公平造成的结果不公平。就如《21世纪资本论》所说："在很长一段时间内，推动更进一步平等的主要力量仍是知识和技能的扩散。"①

二是过程公平，核心是机会公平。主要涉及两个方面的机会：一是发展机会的均等，如投资的机会、就业的机会均等；二是竞争机会的均等，如公平竞争的环境，规范的市场秩序，公平获取的市场资源和信息。我国正在推进的市场经济体制的改革，明确了市场决定资源配置，这意味着各个生产者可以平等地获取市场资源。在此基础上需要建设和完善统一开放竞争有序的市场体系。尤其是反垄断，既要反市场垄断，又要反行政垄断。这些改革到位就能提供公平的机会均等的市场环境。

以上两个方面的公平得到贯彻，肯定会影响分配的结果。由于各个分配主体所拥有的要素的差异的缩小，以及机会的公平，分配结果的差距就可能缩小。在此前提下，承认由要素报酬所造成的分配结果的不平等，"其意义在促使人们投资于教育和物质资本、促使人们去工作、促使人们冒险方面起到重要的作用。"②

最后，完善国民收入分配机制。长期以来分配理论中的一个误区是把公平和效率的实现路径相割裂，认为初次分配讲效率，再次分配讲公平；相应的分配机制是初次分配靠市场调节，再次分配靠政府调节。这样一来，在初次分配领域就

---

① 托马斯·皮凯蒂：《21世纪资本论》，中信出版社2014年版，第22页。
② 世界银行：《2006年世界发展报告：公平与发展》，清华大学出版社2006年版，第37页。

没有公平可讲了。十七大和十八大报告指出："初次分配和再分配都要处理好效率和公平的关系，再分配更加注重公平。"国民收入的初次分配形成劳动者报酬、企业收入和国家税收三大收入。由于生产要素参与收入分配基本上都是在初次分配领域进行的，因此劳动报酬偏低的问题不能等到再分配阶段再去解决，需要在初次分配领域建立提高劳动报酬比重的机制。提高劳动报酬在初次分配中的比重，不能只是市场调节，需要其他方面的制度安排，其中包括维护劳动权益的法律规范，企业内工资集体协商机制等，完善和落实工资正常增长机制，随着经济发展和物价水平等因素的变化，适时调整最低工资标准和平均工资水平，建立普通职工工资增长与企业劳动生产率、利润增长挂钩的增长机制，等等。

至于在由国家起主导作用的再次分配领域，更加讲公平，主要不是在初次分配领域所要解决的劳动报酬问题，更为重要的是从社会角度解决收入分配差距过大的问题。除了通过累进的所得税制度合理调节高收入外，主要是针对欠发达地区、农村的低收入者以及城镇困难行业职工和失业者的收入问题解决低收入问题。

三、人民群众共享改革和发展成果

坚持以人民为中心的发展思想，就是让老百姓过上好日子是我们一切工作的出发点和落脚点。检验一切工作的成效，最终都要看人民是否真正得到了实惠，人民生活是否真正得到了改善。做好经济社会发展工作，民生是"指南针"。共享发展的理念不仅要通过收入分配体制的完善实现劳动与其他生产要素共享发展成果，还要使广大农村和贫困地区的人民群众共享发展的成果。这就需要进一步完善国民收入再分配机制。促进社会公平是再分配的重要职能。要通过深化收入分配制度改革，完善以税收、社会保障、转移支付为主要手段的再分配调节机制。具体来讲，建立健全覆盖城乡的社会保障体系，尤其是要加快实现农村养老保险全覆盖；构建城乡一体化的公共服务体系，逐步提升各类公共服务的质量和水平，让来自城镇和农村的广大人民群众共享丰硕的发展成果。

（一）关注弱势群体和贫困人口

在实施多年允许一部分地区先富起来的政策以后，经济发达地区有了自我积累自我发展的能力。而在弱势产业较为集中的地区，在中西部贫困地区缺乏自我发展的能力。这样处于弱势产业的弱势群体和贫困地区的人口就成为关注的重点。他们能够共享改革发展的成果，就能感受到社会主义大家庭的温暖。

　　由允许一部分人先富起来转向让大多数人富起来，也就是由最初的关注先富阶层带动后富转变为扶植和支持弱势群体和贫困地区的发展。国家扶持政策应向低收入群体和弱势群体进行倾斜，扶植其发展，促进低收入群体和弱势群体快速致富。国家对贫困人口的扶持本身也是社会公平的体现。

　　截至 2015 年年底，我国仍然存在 832 个贫困县、5575 万农村贫困人口。现存的这些贫困人口大多贫困程度较深，自我发展能力较差，依靠自身力量难以摆脱困境，所以极易形成贫困的代际间传递。另外，大量贫困人口的存在对发展动力产生严重的制约，阻碍了经济社会的长期持续发展。习近平总书记强调："特别要加大对困难群众的帮扶力度，坚决打赢农村贫困人口脱贫攻坚战。"因此，全面建成小康社会，必须狠下一条心，以更坚定的决心、更明确的思路、更精准的举措、更强大的力度，加快速度，加紧进度，齐心协力打赢脱贫攻坚战。

　　"全面建成小康社会，难点在农村"，习近平总书记指出，"没有农业现代化，没有农村繁荣富强，没有农民安居乐业，国家现代化就是不完整、不全面、不牢固的。"① 没有农村的小康，尤其是没有农村贫困地区的小康，全面建成小康社会的目标就会遥遥无期。因此，必须作出有效的制度安排，促进城乡资源均衡配置，平等交换；形成以工促农、以城带乡、工农互惠、城乡一体的新型工农城乡关系。按照习总书记的要求，既要推进工业化、信息化和城镇化，也要同步地推进农业现代化和新农村建设，促进城乡的一体化发展，逐步实现城乡居民基本权益平等化、城乡公共服务均等化、城乡居民收入均衡化、城乡要素配置合理化以及城乡产业发展融合化，充分激发农村发展新的活力，最终把农村建设成为农民幸福生活的美好家园。

　　我国幅员辽阔，人口众多，除城乡差距之外，还存在着区域间发展不平衡的问题。因此党中央决定实施区域发展总体战略，并且制定了一系列统筹区域发展的有力措施，具体包括推进西部大开发，全面振兴东北等老工业基地，大力促进中部地区崛起，加大对革命老区、民族地区、边疆地区、贫困地区扶持力度，深入推进集中连片特殊困难地区扶贫攻坚等。

　　民生与发展是统一的，不能割裂开来。一方面，发展是为了改善民生。没有发展，改善民生便无从谈起。要坚持经济发展以保障和改善民生为出发点和落脚点，采取针对性更强、覆盖面更大、作用更直接、效果更明显的举措，实实在在帮群众解难题、为群众增福祉、让群众享公平；从实际出发，集中力量搞好普惠

---

　　① 《主动把握和积极适应经济发展新常态推动改革开放和现代化建设迈上新台阶》，载于《人民日报》2014 年 12 月 15 日。

性、基础性、兜底性民生建设，不断提高公共服务共建能力和共享水平。另一方面，改善民生也能促进发展。解决好民生问题，发展才有更足的动力和后劲。要在保障基本公共服务有效供给基础上，积极引导和满足人民群众对居家服务、养老服务、健康服务、文体服务、休闲服务等方面的社会需求，支持相关服务行业加快发展，培育形成新的经济增长点，使民生改善和经济发展有效对接。

（二）实施脱贫攻坚工程

"十三五"时期是脱贫攻坚啃硬骨头、攻城拔寨的时期。习近平总书记强调："脱贫攻坚一定要扭住精准，做到精准扶贫、精准脱贫，精准到户、精准到人，找对穷根，明确靶向。"① 要打赢脱贫攻坚战，必须紧扣"精准"二字。首先要明确扶贫脱贫的对象和实际情况，具体包括贫困人口、贫困程度和致贫原因，然后做到因人而异、因地而异、有的放矢，实现精准扶贫。针对劳动能力不足的贫困户，需要加强劳动技能培训，提高文化素质水平，增强就业竞争力；对于丧失劳动力的贫困户，需采取特殊的扶持措施。对于有一定发展条件的地区村落，应因地制宜地扶持引导发展特色产业，实行产业脱贫；对于居住条件恶劣、生态环境脆弱、自然灾害频发地区的贫困人口，可以采取异地搬迁的方式，达到扶贫脱贫与生态治理的双重效果。

实施脱贫攻坚，要注重脱贫效果的可持续性。加大对贫困地区基础教育的投入力度，让贫困家庭的子女接受高质量的公平教育，通过教育脱贫阻断贫困在代际间的传递。加大对贫困地区医疗卫生和社会保障的投入，通过医疗救助脱贫防止因贫致病、因病返贫；完善农村最低生活保障制度，通过政策对无法依靠产业扶持和就业帮扶的群众实行兜底脱贫。

打好脱贫攻坚战，政府是主导力量。要进一步改进政绩考核机制，把扶贫开发工作的成效纳入政绩考核的体系中，并不断强化；要健全脱贫成效评估机制，严格扶贫考核监督问责，确保精准扶贫落到实处。打好脱贫攻坚战，社会力量也是重要参与者。要支持并鼓励民营企业、社会组织和个人参与扶贫开发工作，实现社会资源与精准扶贫的有效对接。对于吸纳农村贫困人口就业的企业，按规定享受税收优惠、职业培训补贴等就业支持政策；构建社会扶贫信息网络，鼓励有条件的企业设立扶贫公益基金和开展扶贫公益信托，增强企业辐射带动贫困户增收的能力。总之，就是要在政府和社会的共同作用下，保证在2020年全面建成小康社会的道路上"一个都不能掉队"，"一个地区、一个民

---

① 《习近平参加全国人大会议青海代表团审议：脱贫攻坚一定要扭住精准》，2016年3月11日。

族都不能落下"。

(三) 基本公共服务均等化

党的十八大提出要加快形成政府主导、覆盖城乡、可持续的基本公共服务体系。中央"十三五"规划建议也明确指出:坚持普惠性、保基本、均等化、可持续方向,从解决人民最关心最直接最现实的利益问题入手,增强政府职责,提高公共服务共建能力和共享水平。社会公共服务体系的建立对于改善民生、促进社会公平正义,实现共同富裕和建设和谐社会的目标具有重要的现实意义。

相对于经济建设发展取得的巨大成就,我国的社会建设,尤其是公共服务的供给仍存在严重的不足。与此同时,人民群众对社会公共服务体系的建立和完善有着迫切的需求。私人产品和服务充分供给,而公共服务供给短缺的局面严重地制约了我国社会的全面进步,成为全面建成小康社会道路上的绊脚石。另外,伴随着我国进入中等收入国家的行列,我国在城乡区域间的发展差距也日益凸显。增加公共服务供给,促进公共服务均等化,可以有效保障社会公平正义、推进共享发展。

一要坚持普惠性、保基本、均等化和可持续方向。坚持普惠性就是提高基本公共服务的覆盖面,努力实现普遍惠及、人人享有。这便要求政府在基本公共服务供给方面发挥主导作用,承担主体责任,努力更多更公平地惠及广大人民群众。坚持保基本要求,政府优先保障基本的公共服务,在诸如教育、就业、医疗卫生、养老保险等领域提供基本的保障,更加有效地满足人民群众在共享发展中的基本需求。坚持均等化就是保证全体人民公平均等地享受基本公共服务。通过进一步优化资源配置,缩小城乡、区域和不同群体间享受基本公共服务的差距,保证社会公平正义。坚持可持续就是确保公共服务体系长期稳定运行。在经济发展的基础上,处理好发展与共享、公平与效率的关系,推动可持续的共享发展。

二要以解决人民群众最关心最直接最现实的利益问题为着力点。人民群众对社会公共服务的需求随着经济的迅速发展而日趋多样化,政府在提供公共服务供给时应该明确社会意愿和需求的"最大公约数"。义务教育、就业服务、社会保障、基本医疗和卫生服务、公共文化等方面就是人民群众最关心最直接最现实的利益问题,就是公共服务供给的重点领域和主攻方向。

三要创新公共服务供给方式。公共服务供给方式直接决定着公共服务供给的质量和效果,必须处理好加大财政投入与完善体制机制、履行政府职能与发挥市场作用的关系。明确政府职责，加快社会事业改革，形成多元参与、公平竞争的格局，不断地提升公共服务共建能力，提升公共服务的质量和效率。

（四）建立更加公平更可持续的全覆盖的社会保障制度

社会保障是人民群众的"安全网"、社会运行的"稳定器"和收入分配的"调节器"，具有优化资源配置、促进社会公平和保障国家长治久安的作用。中央"十三五"规划建议明确提出要建立更加公平更可持续的社会保障制度，补好民生短板。在经济进入新常态，人口老龄化加剧，新型城镇化加快推进的背景下，我国的社会保障制度设计和运行还存在一些深层次矛盾和问题，制约了我国经济社会持续健康发展。我们要进一步深化社会保障体制改革，增强社会保障制度的公平性和可持续性，使发展成果更多更公平惠及全体人民。

建立更加公平更可持续的社会保障制度，主要有以下要求：

一是要补短板，增进民生福祉。依靠社会政策兜底，守住民生底线，弥补市场机制所造成的不公平；大力发展各项社会事业，增加公共服务供给，不断提高社会福利水平；完善扶贫脱贫工作的政策设计，确保精准扶贫、精准脱贫，使贫困人口共同进入小康社会。

二是重点关注弱势群体的权利和需要，逐步建立以权力公平、机会公平、规则公平为主要内容的社会公平保障体系，营造公平的社会环境，保障人民平等参与、平等发展的权利，使得发展成果更多更公平地惠及全体人民，夯实共享发展的根基。

三是立足基本国情，以保基本为优选目标，防止高福利倾向。我国仍处于社会主义初级阶段，生产力发展水平总体较低，社会保障事业发展的经济基础较弱。同时，我国人口年龄结构将发生显著变化，老年人口高龄化日益突出。社会保障制度建设要合理把握改革力度和进度，根据经济社会发展基本情况以及个人、企业和财政等方面的承受能力，以满足人民群众基本需求为目标，合理确定社会保障项目和水平。要吸取一些国家陷入"高福利陷阱"的教训，避免脱离经济社会发展和社会结构的实际情况，超出财政承受能力，以拔苗助长的方式推进社会保障制度建设①。

四是注重责任分担，明确各社会主体间的责任，防止过分增加全体纳税人负担。建立更加公平更可持续的社会保障制度，政府、企业、个人要共同发挥作用，形成强大合力；适度均衡责任分担，市场机制能够提供的保障职能，政府不

---

① 《建立更加公平更可持续的社会保障制度》，载于《人民日报》2015 年 12 月 16 日。

要越俎代庖；该由个人和单位承担的社会保障责任，政府不要大包大揽，防止责任过度向政府集中；建立健全多层次保障体系，以社会救助为托底层，社会保险为主体层，社会慈善、企业年金、职业年金和商业保险为补充层，加强各层次之间的衔接。

五是加强制度整合，增强制度的公平性和可持续性，防范经济社会风险和结构性矛盾。在坚持不懈地推进单项社会保障制度改革完善的同时，更加注重从整体上进行制度的顶层设计。推动社会救助和福利制度实现应保尽保；通过优化整合制度资源、加强政策衔接、提高统筹层次，有效解决社会保障制度碎片化问题；逐步克服城乡间、地区和社会群体社会保障政策和待遇水平差异，进一步体现公平性。

结束语：进入新阶段后经济发展理论的重大创新

　　建立中国特色社会主义政治经济学，经济发展问题是不可或缺的一块。过去我们谈政治经济学的时候，都是研究生产关系的，尽管也谈到联系生产力来研究生产关系。因此，一般认为发展的问题，是发展经济学研究的领域，不是政治经济学研究的。这是对政治经济学的误解。中国的经济发展以中国特色社会主义政治经济学来指导，而不是由别的经济学来指导。其必要性在于两个方面：一方面，中国发展有其特殊的国情，如人口众多、城乡和地区发展极为不平衡，对此，任何外国的发展理论都难以正确指导和说明；另一方面，中国的发展问题不只是生产力问题，还涉及生产关系的调整，只有马克思主义政治经济学既研究生产关系又研究生产力。因此，指导中国经济发展需要将生产力和生产关系结合在一起的政治经济学来指导。既需要利用社会主义经济的制度优势推动经济发展，又要根据生产力发展规律来推动经济发展。正因为如此，中国特色社会主义政治经济学的一个重要功能是推动经济发展。

　　改革开放30多年来，中国特色社会主义政治经济学对经济发展重大的理论贡献，从大的方面概括为：一是关于中国特色社会主义现代化理论，以及相关的全面小康社会理论和新型工业化、信息化、农业现代化、城镇化"四化同步"理论；二是关于经济发展方式和经济发展方式转变的理论；三是关于科学技术是第一生产力的理论；四是科学发展观以及新型工业化和城镇化理论等。这些都是改革开放的实践推动的中国特色社会主义政治经济学的理论贡献。十八大以来，发展理论又有一系列的重大贡献，其中包括：一是经济新常态理论；二是创新驱动经济发展理论；三是五大新发展理念；四是绿水青山就是金山银山理论以及生态文明理论；五是供给侧结构性改革理论。

　　现在，随着中国告别低收入发展阶段进入中等收入发展阶段，经济转向新常态。根据新发展理念，发展理论出现一系列的创新。创新就是创造性毁灭。同样的，现阶段创新的发展理论，或者是否定流行的发展经济学原理，或者是否定过去在低收入阶段曾经有效指导发展的理论，甚至也要扬弃一部分在改革开放初期所推进的在当时行之有效的发展政策。其根本性原因是发展阶段改变后有新的发展任务，新的阶段性特征，新的发展规律。

一、由指导经济起飞转向指导现代化的发展任务改变

以刚刚取得独立的原有的殖民地半殖民地国家为对象发展经济学，面临的任务是摆脱贫困，推动发展，实现经济起飞。因此现有的发展经济学基本上是摆脱贫困的经济学，是推动发展中国家实现起飞的经济学。指导经济起飞的理论主要包括：以 GDP 增长为目标的赶超战略；支持高速增长的高积累高投资率；以农业剩余劳动力转移推动城市化和工业化；以比较优势参与国际分工，实施出口导向的外向战略；等等。这些理论可以说是传统经济发展方式的理论依据，可以肯定这些以摆脱贫困为任务的发展理论对中国由低收入国家迈向中等收入国家起到过积极的指导作用。

现在中国的世界经济地位发生了重大变化，GDP 总量达到世界第二，是世界最大的出口国和外汇储备国，世界第二大制造业大国。人均 GDP 2011 年就达5414 美元，2016 年达到 8800 美元，标志着进入中等收入发展阶段。其阶段性特征有两个表现：

一方面，中国的现代化建设进入了新的历史起点：人民生活水平整体提高，贫困人口显著减少；农业比重降到 10.1%；工业比重达 46.8%，从农业国变为工业国；城市化率也过了 50%，表明中国已经进入了城市化的中期阶段。在此背景下，中国的经济发展开启了向高收入国家迈进的新阶段。

另一方面，进入中等收入发展阶段后面临的最大风险是"中等收入陷阱"。其主要表现是：难以摆脱以往低收入阶段时的发展模式，在工资方面无法与低收入国家竞争，在尖端技术研制方面无法与富裕国家竞争。尤其是在低收入阶段为推动经济快速发展而实施的增长机制和发展模式积累的矛盾在这个阶段集中爆发，由此产生的尖锐的社会矛盾严重阻碍经济的持续发展，造成经济增长陷入停滞，长期在中等收入阶段徘徊。

实际上，中国进入中等收入阶段实现全面小康可以说是实现了经济起飞，与此相适应，经济发展理论就要由指导经济起飞转向指导现代化。其任务是揭示由中等收入国家向高收入国家发展的进程和规律，并且为跨越"中等收入陷阱"提出理论指导。按此要求构建的经济发展理论主要涉及四个方面：一是调整发展目标，不仅经济发展目标更为全面，社会发展目标也成为发展目标。二是转变经济

发展方式，不能把低收入国家向中等收入国家发展时所采取的那种发展方式延续到中等收入国家阶段，新的发展方式不仅要求有能力在尖端技术研制方面与富裕国家竞争，还要求在节能减排等方面实现绿色发展。三是富裕人民。指导经济发展的经济发展理论就需要由摆脱贫困的发展经济学转向富裕人民的经济学。中等收入阶段富裕人民就不只是指提高人民收入，还涉及以下两个方面：一方面居民家庭财产明显增加，居民的财产性收入随之增加。另一方面居民享有的更多的公共财富，特别是社会保障覆盖面扩大，城乡基本公共服务均等化。四是缩小收入差距，逐步实现共同富裕。这些发展目标理论不仅反映中等收入国家发展阶段的特征，更是社会主义经济的根本要求。

在经济全球化背景下中国的经济发展理论需要有世界经济大国的创新思维，对我国的经济发展方向需要重新定位，把握好自身在全球经济分工中的新定位，创造参与国际经济合作和竞争的新优势，从而创新发展模式。

二、发展的引擎由外需转为内需

中国经济发展原来是在封闭和半封闭的环境中进行的。改革开放打开了国门。发展开放型经济，出口导向和大力度引进外资对中国经济发展起了明显的引擎作用。在这方面当年的亚洲"四小龙"的出口导向战略所取得的成功对我国把对外贸易和吸引外资作为经济发展的主要引擎还是有促进作用的。现在由于以下两方面原因，外需的引擎作用明显减弱。

首先是国际市场需求下降。国际市场状况发生改变。出口导向的发展战略是根据出口的需要安排产业和贸易结构，安排国际竞争策略，存在对国际市场的依赖性。2008 年爆发的世界金融危机直接打击的是开放型经济，直到现在世界经济仍然低迷，不能指望出口需求有较大增长。当然这只是表面上的也可能是短期的影响。更为重要的是国际市场的变化导致开放型经济对经济增长的推动力衰减。这可能是长期的影响。主要表现是：我国的许多出口品（尤其是劳动密集型产品）的国际产能过剩问题越来越严重；由于土地和劳动成本的增加，不仅出口产品竞争力下降，对制造业外资进入的吸引力也随之下降；以美国为代表的某些发达国家开始盛行的保护主义和逆全球化导致国际贸易摩擦日益频繁。这些情况表明出口导向型发展战略难以为继。

其次是中国市场地位的提升。全球化经济存在中心和外围的格局。长期以来，世界经济的中心一直在美、德、日等发达国家。我国作为发展中国家一直处于外围。我国成为世界第二大经济体后，开始由外围转向中心。第一，中国的市场总体规模进入世界市场的前列，表现在：一是富裕起来的接近 14 亿人口的市场需求；二是 GDP 的总量达到世界第二。第二，中国在世界一定范围内正在成为经济增长的中心，其经济增长率虽然转向中高速，但在世界上仍然处于高位。2016 年中国经济增长对世界经济增长的贡献率达到 33.2%，居世界首位。中国市场的国际影响力的增强意味着中国市场已经和正在成为重要的世界市场。这意味着进入中国市场也就是进入世界市场。

在外向型经济难以继续成为中国现阶段发展的引擎时，国内经济发展的需求正在成为新的引擎。这就是斯蒂格利茨在 20 世纪 90 年代末所指出的："随着经济增长和全球经济环境的变化，那种主要依靠出口和国外直接投资来推动经济增长的战略的重要性将降低。同时，中国面临着继续改善资源配置和生产力挑战。"应对这个挑战的对策，就是"使国内经济成为增长和平等的发动机。"（斯蒂格利茨，2000）。

在相当长时期内中国发展外向型经济实际上只是在沿海地区推进的。外需导向的经济只是拉动了这一区域的经济发展。而广大的中西部地区处于外向型经济的边缘，不仅得不到外需的拉动，而且由于东部沿海地区面向海外，中西部地区经济得不到东部地区的带动，地区差距进一步扩大。现在，进入中等收入发展阶段后，不仅已经融入全球化的东部沿海地区已经有了强劲的发展能力，中西部地区强烈的发展需求，以及针对东西部发展不平衡所进行的协调都会提供巨大的内需和发展机会。相比外需型经济，由于市场距离和信息获取等原因，内需型经济的交易成本和流通成本更低。

基于扩大内需成为经济发展的战略基点，内需型经济替代外需型经济成为增长的发动机。作为引擎的内需型经济核心在内需的扩大，即发展所拉动的投资和消费需求。就目前来说，致力于全面小康和现代化建设所产生的巨大需求主要涉及四个方面：一是由实现小康到富裕人民存在较大的增加人民收入的空间，由此可以产生巨大的消费需求；二是虽然城市化率已经过半，但中国的城市化还有较大的提升空间，尤其是城乡一体化发展，不仅会拉动投资需求还会拉动消费需求，产生较大规模内需；三是国内产业结构的转型升级空间更大，特别是发展与其他发达国家进入同一创新起跑线的新兴产业，不仅增强供给能力，本身也是扩大内需的重要方面；四是解决国内地区之间发展的不平衡，会形成多种层次的内需。所有这些扩大的内需所产生的拉动经济增长的效应，对发展的引擎动力绝不会比外需型经济小。当然，增长的引擎由外转向内，绝不意味着回到封闭经济，不排除继续利用国际资源和国际市场，而是要转向更高层次更高效益的开放型经济。如果说出口导向的开放型经济是以出口即国际市场为导向来安排国内的产业发展，那么所要转向的内需导向的开放型经济，则是以扩大国内需求及其结构为导向安排的开放战略。

三、内需的主拉动力由投资拉动转向消费拉动

拉动经济增长的消费、投资和出口"三驾马车"不是平均出力的。在不同的发展阶段主拉动力也不相同。就内需来说包括投资需求和消费需求。在低收入阶段，与其他发展中国家一样，主要依靠投资拉动经济增长。中国长期的经济高速增长就是建立在高投资基础上的。其理论依据就是哈罗德—多马模型影响较大。该模型以 GDP 的增长为目标，以高积累、低消费为手段，为生产而生产。经济发展到现阶段，支持高投资的高储蓄不可持续。而且，不顾消费的投资拉动产生严重的产能过剩，降低经济增长的效益。宏观经济多次出现大起大落的波动就与此相关。显然，投资拉动型经济在中国已走到尽头。

中国进入中等收入国家发展阶段后转变经济发展方式的一个重要方面就是改变在低收入阶段实行的主要依靠投资、出口拉动经济增长方式，转向依靠消费、投资、出口协调拉动。所谓协调拉动，实际上是要求"三驾马车"各尽其能。其中消费需求是最终需求，拉动潜力最强。如 2016 年最终消费对经济增长的贡献率达到 64.6%。实践证明，消费对经济增长的贡献率越大，经济增长的效益和质量越高。

突出消费需求对经济增长的拉动作用实质上是以提高人民消费水平为导向，体现经济发展目标的调整，即由单纯追求 GDP 的增长转向追求人民的富裕和幸福。政治经济学理论所一直强调的最大限度地满足不断增长的人民群众物质和文化的需要这个社会主义生产目的正是在这种消费拉动型经济增长中得到实现。

相比投资需求，中国现阶段消费需求增长的潜力更大。就中国的消费需求规模来说，正在富裕起来的 13 亿多的人口无疑是巨大的潜力，但在消费需求结构方面潜力更大。人口年龄结构方面，老龄化社会减少储蓄但可能增加消费，儿童比重增大也减少储蓄但可能增加消费；人口收入结构方面，中等收入者所占比重越来越大，这部分人口的消费需求尤其是对产业升级提供的产品和服务需求更为旺盛；相比发达国家市场，新兴市场的消费需求更为强烈，如家庭轿车的需求、住房的需求、信息服务的需求，在中国是从无到有的需求，其消费需求具有爆发性特点。

消费拉动经济增长的前提是拉动消费，首要的是培育消费力。影响消费力的

因素涉及收入、就业和社会保障制度。根据社会主义生产目的，提高人民群众的消费力的基本途径是：一是增加居民收入；二是稳定高就业率；三是社会保障全覆盖；四是在宏观的国民收入分配中提高消费的比例，改变高积累低消费状况；五是扩大中等收入者比重并使中等收入者达到大多数。从而在提高的居民消费水平的基础上拉动经济增长。

现阶段消费业态的创新对消费的拉动以及消费的增长的拉动作用效果非常显著。如信息消费、绿色消费、旅游休闲消费、教育文化体育消费、养老健康家政消费等新型消费业态迅速增长。尤其是借助"互联网＋"平台，网络消费和共享经济正在从广度和深度上扩大消费领域。消费朝着智能、绿色、健康、安全方向转变，不仅体现消费模式的优化，还会带动生产模式的优化。

服务业的发展对消费需求增长具有带动作用。服务和消费不可分。扩大服务消费可以带动消费结构升级。服务业领域的信息化、标准化、集约化不仅可进一步扩大消费需求，还能提升消费水平。

当然，由投资拉动转向消费拉动，绝不是以消费拉动代替投资拉动。转向消费拉动是一个目标，但是需要有一个过程，投资拉动型经济还有惯性。尤其是在宏观经济处于下行时，经济要能够止跌回升，短期内投资拉动力不能削弱。

四、改革的着力点由需求侧转向供给侧

通过改革在供给侧和需求侧寻求发展的动力本身就是中国经济发展理论的创造。这两侧发力的程度与两侧的体制相关。改革是这两个方面充分发力的推动力。中国长期实行的计划经济是供给侧管理。从 1978 年开始的市场化改革实际上是需求侧的改革，包括取消指令性计划，转向市场导向。由此激发的需求侧动力包括微观和宏观两个方面。微观的动力主要是指市场需求、市场选择和市场竞争的压力。宏观动力是指消费、投资和出口"三驾马车"协同拉动经济增长，国家的宏观调控方式转向采用财政和货币政策实际上也是需求侧调控。紧缩性的，扩张性的或中性的财政和货币政策都会影响总需求。在需求侧改革进行了 30 多年后，需求侧改革尽管还要继续深化，但主要是完善需求管理问题。

从供求关系分析，据测算，2015 年我国居民全年出境游达 1.2 亿人次，消费总额近 1.5 万亿元。这表明居民旺盛的消费需求转向了国外，没有形成对国内供给的需求。问题还是出在供给侧。[①] 我国现阶段的供给侧问题，同其他发

---

① 杨晶：《着力推进供给侧结构性改革》，载于《行政管理改革》2016 年第 10 期。

展中国家一样，主要是结构性问题。长期存在的结构、技术、效率等供给侧问题，不会因转向市场经济就能自动解决，也不可能靠需求侧的调节来解决。中国当前的供给侧的结构性问题表现为：有效供给不足和无效产能过剩并存。供给侧的结构性矛盾具有经济发展阶段性特征。一方面解决了温饱问题后居民的消费需求达到了中等收入阶段水平，更为关注健康、安全、卫生、档次方面的需求；另一方面生产和服务还停留在低收入阶段的供给，追求数量，不重视质量，为生产而生产。由此产生的结构性问题不只是结构调整问题，更是需要改革的体制问题。

供给侧结构性改革的任务涉及去产能、去库存、去杠杆、降成本、补短板。改革的目标是：矫正要素配置扭曲，扩大有效供给，提高供给结构适应性和灵活性，提高全要素生产率。特别需要提出供给侧改革的正向目标，这就是培育发展的新动能，替代所要"去"的产能、库存和杠杆。从这一意义上说，供给侧改革是要实现新旧动能的转换。具体地说有以下三个改革目标：

（1）寻求供给侧的经济发展动力。影响潜在经济增长率的供给要素包括投入、技术、结构、效率等。现阶段供给推动力消退只是指物质资源和低成本劳动力供给能力的消退。而在供给侧还有其他动力开发，尤其是提高全要素生产率还有很大的空间。提高全要素生产率，包括创新驱动和提高效率都需要解决好相应的激励体制问题。

（2）建立有效供给的长效机制。有效供给不足实际上是结构性短缺，现行供给结构不能适应需求，不仅涉及供给的产品结构，还涉及供给品的质量。与此同时，低端和无效产能占用资源，造成库存和积压。这些问题的存在归根到底还是供给侧的体制问题。因此，建立有效供给的长效机制涉及：一是建立企业家成长机制，培育企业家创新精神，推动产业、产品优化升级；二是建立精细化的治理体系，培育工匠精神，加强质量管理和重塑精细文化；三是加强并完善市场监管体制，规范市场秩序，"乱市"用重典，加强诚信体系建设，打造诚信品牌。

（3）增强企业活力。企业是微观基础。对企业活力来说，来自需求侧的动力一般是市场选择的压力，来自供给侧的动力则是激励机制。中国特色社会主义政治经济学的一个重大原则，就是坚持调动各个方面积极性，这也应该成为供给侧结构性改革的重大原则。现在在供给侧影响实体经济企业活力的主要是高税费、高利息和高负担"三座大山"。企业有产量无效益，许多企业成为"僵尸企业"。针对所谓的"僵尸企业"，着力点不是把它搞死，而是要激活，促使它们浴火重生。从增强企业活力角度推进的改革，一方面有处理好国民收入分配中国家、企业和职工三者的利益关系，尤其要突出企业利益。职工既要共享企业发展的成果，也要分担企业风险，政府也要给企业让利。要想取之，必先予之。企业负担减轻了，经济细胞活了，国家收入才能增加。

五、增长原则由效率性增长转向包容性增长

在发展理论中，增长原则涉及对公平和效率的追求，体现在增长成果的分配上。原因是在一定时期两者只能兼顾不能兼得。这就有谁为先的问题。中国在处于低收入国家水平阶段发动经济增长以效率为先，明确提出允许一部分人先富起来的大政策，并且强调各种生产要素按贡献取得报酬。这种效率性增长与当时的投资拉动型经济增长方式是一致的，产生了明显的提高效率和充分调动发展要素的正面效应，但其另外一面的效应也在逐步显现：以效率为原则不可避免产生分配的不平等。

中国的经济发展进入了中等收入国家水平后，这种效率性增长及相应的大政策就不能延续了。原因是延续了 30 多年的效率性增长所产生的收入差距扩大程度已达到了库兹涅茨倒"U"型曲线的顶点；中国居民收入的基尼系数从 2012 年到 2016 年分别为 0.474、0.473、0.469、0.462、0.465，虽然呈总体下降的趋势，但仍居高位。一般来说，收入有差距能促进效率提高，但收入差距扩大达到一定程度也可能影响效率。经济增长会受到过大的低收入群体的抵制。尤其是，如果要陷入"中等收入陷阱"，最有可能的是日益扩大的收入差距造成的社会矛盾。在此背景下效率性增长已到尽头，转向包容性增长则可能兼顾效率的提高。

何谓包容性增长？习近平总书记在 G20 杭州峰会上提出了全球化中的包容性增长理念。其内涵就是：要树立人类命运共同体意识，减少全球发展不平等、不平衡现象，使各国人民公平享有世界经济增长带来的利益。

包容性增长的内涵非常广泛，包括可持续发展、共同参与的发展。最基本的含义是公平合理地分享经济增长，缩小收入分配差距。在社会主义的中国包容性增长又有社会主义的促进社会公平正义的要求。在过去的 30 多年中允许一部分人一部分地区先富起来。不可避免产生了过大的收入差距。现在则需要通过先富帮后富，让大多数人富起来，从而使人民公平合理地共享增长的成果，逐步实现共同富裕。

由效率优先兼顾公平转变为促进社会公平正义不是要拉平收入，而是要在增长过程中实现机会公平、权利公平、规则公平。尤其是克服权利不公平造成的分

配不公问题。克服权利的不公平涉及三个方面：一是通过严格的反腐败措施来克服以权谋私问题；二是克服依靠垄断地位获取高收入问题；三是克服由资产分配不公平所造成的收入差距扩大问题。

包容性增长突出需要解决低收入者问题。目前低收入者的数量还不小。这部分人中的大多数上升为中等收入者，产生的消费需求从而对经济增长的拉动作用也是巨大的。其途径是从以下两个方面改革和完善国民收入分配制度。

一是提高劳动报酬在初次分配中的比重。改革以来先富起来的群体基本上是依靠资产收入和经营收入的资本所有者和企业经营者。面对初次分配中劳动收入和非劳动收入之间差距的明显扩大的现状，初次分配领域不能只是讲效率，也要处理好公平和效率的关系。在初次分配领域提高劳动报酬的依据就是劳动报酬增长与劳动生产率提高同步。

二是再分配更加注重公平。在再分配领域调节收入分配实现社会公平是政府不可推卸的责任。其作用：一方面通过减税降费，提高居民收入在国民收入分配中的比重；另一方面推进基本公共服务均等化，克服基本公共服务在区域之间、城乡之间的巨大差距，使落后地区、农村居民都享受到与发达地区和城市居民均等的基本公共服务；再一方面以财政为主导健全覆盖城乡居民的社会保障体系。

需要指出的是，包容性增长不只是分配问题，更是发展问题。包容性增长一定意义上说就是公平性发展。社会主义制度就是公平正义的制度。现在扩大的收入差距主要不在劳动报酬的差距，而在参与收入分配后的各种生产要素（非劳动生产要素）占有的差距。由此产生的两极分化在社会主义条件下是需要防止的。从表面上看，分配的不平等在很大程度上由要素参与分配导致。但深层次分析，生产要素参与收入分配产生收入差距的根本原因是，不同的个人所拥有的要素存在很大差别。因此，解决收入不平等的关键在于缩小不同个人所拥有的参与分配的要素差别。其结果，既能做大蛋糕，又能推进结果的平等。

首先是起点公平。起点公平也就是增加劳动者的非劳动要素供给，从而使劳动者也能得到非劳动要素的收入。针对资本要素的差距，要求在体制上提供增加居民财产从而增加居民财产性收入的途径。其中包括：为居民提供更多的私人投资机会和渠道；鼓励私人创业；保护知识产权及其收入；完善企业股权结构，允许员工持股，鼓励企业家持股和科技入股。农民也可以通过宅基地和承包土地经营权流转获取土地收入。针对技术要素的差距，需要为居民提供平等的积累知识资本和人力资本的机会。基本途径是推进教育公平尤其是高等教育的大众化，增加对低收入人群的人力资本投资。

其次是过程公平，核心是机会公平。一是发展机会的均等，如投资的机会、就业的机会均等。二是竞争机会的均等，如公平竞争的环境，统一开放竞争有序的市场体系，公平获取市场资源和信息。各个生产者可以平等地获取市场资源。这些改革到位就能提供公平的机会均等的市场环境。

显然，转向包容性增长，体现中国经济发展能力的提升，也使中国的经济发展在新的发展水平上找到新的发展动力。人民群众在共享发展成果的基础上支持发展，在公平基础上实现社会和谐可以减少发展的社会摩擦，发展的效率也能得到实现。

六、增长路径由依靠物质资源投入转向创新驱动

根据波特的界定，经济发展有四个阶段：第一阶段：资源驱动；第二阶段：投资驱动；第三阶段：创新驱动；第四阶段：财富驱动。

在传统的经济增长模型中，经济增长是资本、劳动、土地等要素投入的函数。发展中国家在经济发展的初期一般都是依靠要素和投资驱动。驱动发展的要素主要不是缺乏的技术要素，而是相对充裕的土地等物质资源，从土地上转移出来的成本较低的剩余劳动力。投资驱动则是建立在高积累低消费的基础上。我国在低收入发展阶段基本上是采取这种依靠物质资源和低成本劳动力投入驱动的发展方式。

进入中等收入发展阶段后，上述发展方式就行不通了：一是从要素驱动来说，物质资源严重不足，环境要求更为严格；由农业剩余劳动力转移产生的廉价劳动力供给明显减少。二是从投资驱动来说，建立在高积累低消费基础上的投资驱动难以为继，人民不可能继续长期忍受低收入和低消费。解决这个矛盾的根本途径是由要素和投资驱动转向创新驱动。

20世纪80年代美国出现新经济并相应产生的新增长理论提出了依靠知识资本和人力资本推动增长的内生增长之说。现代经济增长已经离不开科技和产业创新。从20世纪末开始的新科技和产业革命的特征是新科技转化为现实生产力的速度和进程明显加快，科学的新发现即知识创新直接推动技术进步，尤其是直接推动产业创新，如新材料产业、生物技术产业、新能源产业等都是建立在科技创新基础上的。因此，科技创新不仅替代了正在枯竭的物质资源和低成本劳动力，还大大地提高了生产力的发展水平。这可以说是转向创新驱动的实质。

创新驱动的核心是科技创新。转向创新驱动经济增长需要摒弃过去的跟随创新的理论。跟随理论在几乎所有的发展经济学教材中都会看到。其依据是，发展

中国家的科技经济水平落后于发达国家，在技术进步上不可能与发达国家并跑，只能是跟在其后，通过学习模仿和引进，在发达国家之后，发展高科技和新产业。如加工代工型和技术模仿型。新技术、新产业基本上属于国外创新技术对中国的扩散，创新的源头在国外。采用的新技术，是国外已经成熟的技术。核心技术关键技术不在中国。从总体上说，模仿和引进创新至多只能缩短科技和产业的国际差距，不能改变后进地位。

过去由于发展水平等原因中国错过了几次产业革命的机会。而现在，中国需要也有能力创新技术进步模式，与其他发达国家进入了同一个科技和产业创新的起跑线。第一，经济全球化和科技全球化的互动，网络化、信息化使新科技和产业革命的机会对各个国家都是均等的。特别是在这次世界金融危机过后迎来新的世界科技和产业革命。这次的机会我们不能再错过。人家能够发展的新科技、开发的新产业，在这里我们同样也可以发展和开发，大家机会均等。第二，中国成为世界第二大经济体后，自身具备了与发达国家并跑甚至领跑的能力，尤其是在基础研究方面。第三，大国经济可以集中力量办大事，特别是中国还可以利用"举国"体制，有能力在某些领域进行集中投入实现重点突破。这样一来，中国的科技进步路径就有条件由过去的跟随发展转向引领发展，甚至在某些重点领域实现跨越，在部分领域赶上甚至领先国际水平占领世界科技和产业的制高点。

在我国实施创新驱动发展战略，关键是推动科学和技术创新互动结合。我国现阶段科学研究水平也就是基础研究水平的国际差距比产业水准的国际差距小。其中的重要原因是科学和知识的国际流动性比技术的流动性强，其流动遇到的障碍小。因此，推动产学研协同创新，有效衔接知识创新和技术创新，不仅可能从大学及其科学家那里在许多领域得到当今世界最新科学技术的推动，而且科学技术转化为生产力的速度大大加快。

创新驱动成为经济增长的路径，其意义不只是转变经济增长方式，更为重要的是创新发展方式。创新驱动不只是解决效率问题，更为重要的是依靠无形要素实现要素的新组合，是科学技术成果的应用和扩散，是创造新的增长要素，而且会驱动一系列的创新，包括制度创新和商业模式创新。因此，创新驱动的经济增长方式比集约型增长方式层次更高，最能反映经济发展新阶段特征。

七、发展战略由不平衡转向平衡

在发展经济学中就有平衡战略和不平衡战略之分。不平衡发展战略认为，发展中国家发动经济增长时面对结构性制约，不具备推动全面增长的要素和条件，因而平衡发展是不可能的。投资只能有选择地重点投向若干部门和若干地区，其他部门和地区只能通过利用这些部门和地区增长所带来的外部经济和联系效应而逐步得到发展。现实中就表现为投资的产业倾斜和地区倾斜。

中国改革开放开始以后，为了充分调动优势地区和产业的发展潜力，与市场化相配合，允许一部分地区一部分人先富起来，实际上实施的是不平衡发展战略。一是推进城市化、工业化，城市、工业优先于农村和农业发展。二是实施的各种区域发展战略，如沿海区域战略等。三是对某些企业实行税收优惠政策。所有这些战略和政策的实施都是成功的，充分发挥了各个方面发展的潜力，在较短的时间内突破发展的瓶颈，实现了跨越式发展。但是这种不平衡发展到一定程度出现了严重的不平衡问题，短板也显露。其中包括：在产业结构上有效供给不足和产能过剩并存；在工农业关系上农业现代化滞后；在城乡关系上农村发展落后；在地区结构上中西部地区贫困问题突出；在增长和生态关系上生态破坏严重；在经济发展和社会发展关系上社会发展滞后。

中国在进入中等收入阶段后，严重的国民经济不平衡问题阻碍经济发展，需要适时转向协调发展。这意味着不但不能再延续在低收入阶段实施的不平衡战略，还要通过实施平衡战略来补齐这些短板。否则很难说全面建成小康社会，更难说基本实现现代化了。

马克思的社会再生产理论可以归结为协调发展理论。两大部类平衡理论就是要求部门之间在全面协调的基础上实现按比例发展。全面建成的小康社会是惠及全体人民的小康，就涉及经济、社会、文化、政治和生态各个方面的协调发展。中国特色的现代化道路就是新型工业化、信息化、城镇化、农业现代化四化同步的平衡发展的道路。

根据协调发展理念实施平衡战略，要求产业结构、城乡结构、区域结构以及相应的发展战略趋向均衡。当然，平衡发展不完全是抑长补短，除了去过剩产能和去库存外，总体上是要求处于短板的部分加快增长。例如，四化同步的现代化，农业现代化是短板，平衡战略要求补齐农业现代化短板，使它跟上新型工业化和信息化的步伐。再如三次产业的协调，是要三次产业都在发展，其中服务业发展更快。再如协调城乡区域协调发展补齐贫困地区短板同时也要厚植发达地区的发展优势。补齐生态文明的短板是要转变发展方式，促进可持续发展。

八、由非农带动"三农"转向直面"三农"发展

传统的克服二元结构的路径就是刘易斯模型所指出的：农业中存在的大量剩余劳动力向现代工业部门转移，现代工业部门扩大资本积累，直至农业部门剩余劳动力转移完毕，即进入转折点，需要工业部门反过来支持农业部门进行技术改造。按此模型，农业的现代化是在农业剩余劳动力被现代工业吸收以后，工业部门支持农业技术改造的条件下实现的。也就是说，农业是被工业化带进现代化的。

我国从 20 世纪 80 年代开始，以发展乡镇企业为标志推进了农村工业化和城镇化，创造了在三农之外带动三农发展的道路：以非农化解决农业问题，以城市化解决农村问题，以劳动力转移解决农民问题。其效果非常明显，一是工业化进程大大加快，农业在 GDP 中的比重降到 10% 以下，标志着中国已经由农业大国转变为新兴的工业国家；二是城镇化进程大大加快，城镇人口超过了 50%，标志着中国进入了城市化的中期阶段；三是农业、农民和农村的发展水平也比过去大大提高。但是，"三农"只是靠非农发展来带动，总是赶不上"非农"的发展，城乡差距、工农差距不是在缩小，还在进一步扩大。

单纯以工业化来领头的现代化，不可避免会出现农业现代化相对滞后的状况，就如习近平同志所指出的：即使将来城镇化达到 70% 以上，还有四五亿人在农村，农村绝不能成为荒芜的农村、留守的农村、记忆中的故园，城镇化要发展，农业现代化和新农村建设也要发展，同步发展才能相得益彰。为实现"第一个一百年"的奋斗目标，必须补上农业现代化为代表的农业、农民和农村发展这块短板。其路径就要由非农带动"三农"转向直面"三农"发展。农业、农民、农村直接成为现代化的对象和重点。

直面"三农"就是直接推动"三农"现代化：农业现代化即发展现代农业，主要涉及三个方面：一是从根本上改变其落后的生产方式和经营方式，不只是提高劳动生产率，还要提高包括资本和土地的生产率，并且提高全要素生产率，从而提高农民收入。二是基于农业在国民经济中的基础地位，农业现代化要满足全社会现代化进程中不断增长的对农产品的量和质的需要。三是农业制度创新，其中包括：改革农业经营体制，提高农业组织化程度，改革农村土地制度，改革农产品流通体制等。

农民现代化的目标是培养新型职业农民。发展现代农业不能只是靠现有的留在农村的以老人和妇女为主体的农民，而要靠通过人力资本投资培养的新型职业农民。经营农业的农民需要接受现代文化的教育，接受现代市场经济的熏陶。实

现农业现代化，要靠有知识、有创新精神的农民，称职的科研和技术人员，有远见的公共行政管理人员和企业家。农村现代化重点为农村生活和居住环境的现代化，只有这样才有能力吸引新型职业农民进入农村。

直面"三农"现代化的关键是农业中引入现代要素，一是科技要素；二是人力资本要素。其基础是城乡发展一体化。城乡发展一体化不是消灭农村，更不是消灭农业；不是降低城市的地位去屈就乡村，而是将乡村的地位加以提高。城乡发展一体化是在体制和发展水平上实现一体化。其内容包括：克服城乡之间的经济社会发展水平的差距，消除生产要素流动的制度性障碍，在城乡之间按照产业本身的自然特性形成产业分工与产业布局。城乡在同等地位上在经济、社会、文化等方面相互渗透、相互融合，实现城乡规划、就业服务、社会保障、公共服务、城市管理"五个一体化"。

城乡发展一体化的基本路径是城镇化。中国过去在实践中创造的城镇化道路指的是农业劳动力进入城镇。现在讲的新型城镇化，则是倒过来，推动城市发展的势头和要素通过"化"城镇而化到农村，建立以工促农、以城带乡、工农互惠、城乡一体的新型工农、城乡关系，从根本上改变农村的落后面貌。这是城市要素的城镇化。过去的城市化是农民进城，现在的城镇化则要求城市发展要素出城，城市要素、城市生活方式向农村扩展。在已有多年发展小城镇的基础上推进新型城镇化，实质上是推进城镇城市化，也就是使其具有城市功能。其内涵是增强中小城市和小城镇产业发展、公共服务、吸纳就业、人口集聚功能。

直面三农必须关注农民的城镇化。新型城镇化的核心是人的城镇化，也就是农民市民化，农民享受城市文明。现在提出的有序推进农业转移人口市民化指的是进城的农民市民化。这当然必要。但根本的还是要使留在农村的农民不进城就能成为市民。这就要求努力实现城镇基本公共服务常住人口全覆盖，将提供给市民的机会和设施安排到农村城镇去，扩大城镇就业的机会，把高质量的教育、文化医疗设施办到农村城镇，增加农村特别是城镇的公共产品和公共设施的供给。由此解决农民不进入城市就能享受到各种市民的权利。

九、由以比较优势融入全球化转到以竞争优势主导全球化

中国前30年的对外开放实际上是以资源禀赋的比较优势融入全球化的。其效果是明显的。外商投资企业带来的是高科技产品的全球价值链。全球价值链上外商的资金、技术、管理等优势与中国劳动力、土地成本、基础设施等方面的优势结合，使中国迅速融入全球生产网络，成为面向全球的低成本加工制造基地和

"世界工厂"。虽然中国的企业进入的环节基本上处于全球价值链的低端，高产值、低收益，但也确实分享了经济全球化的红利。最大红利是借助全球价值链承接了先进制造业的转移。中国的企业通过边干边学、模仿创新，消化吸收再创新，科技和工业化水平也得到了明显提高。

中国的开放型经济进行了 30 多年后的今天谈中国的开放战略，既要肯定以资源禀赋的比较优势嵌入全球价值链的成果，又要防止可能陷入"比较优势陷阱"的低端锁定的风险。依靠资源禀赋的比较优势参与国际分工和国际贸易，以利用劳动力、土地和环境资源的环节吸引和利用外资，虽然能够获取一定的贸易和投资的利益，但不能改变自身对发达国家的经济技术和市场的依附地位，缩短与发达国家的经济技术差距。

基于比较优势的附加值分析，中国的制造业产品总量已居世界首位。但相当部分产业处于全球价值链的中低端，高科技产品的中国制造部分处于价值链低端，核心技术和关键技术环节不在中国的居多，中国创造部分少，品牌也是用外国的多。低端制造（加工组装）和中高端制造环节的附加值差别很大。这种依靠比较优势嵌入全球价值链的地位与中国经济已经达到的整体地位已不相称。

基于比较优势的资源禀赋分析，已有的资源禀赋比较优势已不具有优势。处于价值链的低端环节获取的附加值本来就很低。近年来出现的新情况是劳动力和土地供给已明显趋紧，成本大幅度上升，环境标准约束也大为严格。这意味着劳动力和资源环境不再具有比较优势。随着劳动和土地价格的上涨，附加值进一步降低。而且，在全球价值链的中低端上的规模优势也不具有价值链优势，也就是说，在低端环节上投入的劳动再多，也不可能达到规模经济，这就是勤劳不富裕，高产值低收益。

基于制造业产品的国际竞争力分析，虽然中国已经成为世界制造业大国，但在中国制造的产品中，中国创造部分少。劳动力和自然资源的比较优势是建立在低价格的基础上，随着这些要素的充裕度降低，相对劳动力价格，劳动生产率不具有优势；相对土地价格，土地生产力不具有优势。中国要由世界经济大国向世界经济强国转变，就不能仅仅依靠劳动力和自然资源的比较优势谋求贸易利益，而是要在更大范围、更高层次上发挥资本和技术的作用，尽快缩小与发达国家的技术差距。

基于全球化的态势分析，过去的全球化是由美欧等发达国家主导的，其从全球化中得到的利益更大。2008 年爆发世界金融危机以及接着爆发的欧美主权债务危机以来，欧美国家经济处于长期的衰退和低迷状态，由此影响世界经济增长速度整体放缓。与其经济衰退相伴，以美国为代表推行再工业化和保护主义。尤其是特朗普上台后实施"美国优先"的投资和贸易政策。这些政策的推行实际上是反全球化。与此相反,作为世界第二大经济体的中国扛起了继续推动全球化的大旗。过去中国是以资源禀赋的比较优势被嵌入全球化的,现在中国将以参与全球经济治理的方式推动全球化。参与全球经济治理意味着参与并主导国际经济规则的制定和完善。

由中国在经济全球化中的地位改变所决定,开放战略需要由比较优势转向竞争优势。何为竞争优势?它与比较优势区别是什么?第一,已有的比较优势理论,基本上是针对企业的分工和贸易战略。而在当今经济全球化的条件下,竞争优势理论提升到"国家"竞争优势的层面,以国家作为参与国际竞争的经济单元,更多的指向国家层面的开放战略,但不排斥企业继续以比较优势参与国际竞争。第二,比较优势理论突出发展中国家的劳动和自然资源的比较优势,竞争优势理论则是"把技术进步和创新列为思考的重点",着力培育以技术、品牌、质量、服务为核心竞争力的新优势。尤其是突出"一国产业是否拥有可与世界级竞争对手较劲的竞争优势"(波特,1996)。

由比较优势转向竞争优势关注产业在全球价值链中的地位。当前的国际竞争集中表现为全球价值链的竞争。长期以来,我国基本上是以资源禀赋的劳动和资源的比较优势嵌入全球化的,因此处于全球价值链的低端环节。现在我国资源禀赋的劳动和资源的比较优势已不具有优势,同经济发展转向创新驱动相适应,中国企业所处的全球价值链地位也应相应提升,争取在价值链中的主导地位,一方面向研发、设计等产业链上游部分进行拓展;另一方面向物流、品牌、销售渠道等下游部分延伸;再一方面是低端的加工组装环节递次攀升进入技术和质量要求更高附加值更高的元器件制造环节。

这样一来,谋求竞争优势的基本途径是依靠科技和产业创新推动国内产业结构的升级,特别是发展与其他发达国家相同水平的新兴产业,形成能与世界级竞争对手较劲的具有竞争优势的产业结构。这体现增长的内生性和创新驱动性。表面上看这是由外向拉动转向内生发展,实际上是以科技和产业创新提升中国产业的国际竞争力,以内生的创新支持开放。

谋求竞争优势的开放型经济,需要利用开放来支撑创新。当今的国际经济是要素流动为主导的经济。服从于创新驱动发展战略,引进国外要素的着力点将转向创新要素。过去的发展的重点在增长,增长基本上是资本推动的,技术和管理等发展要素基本上是跟着资本走的。相应的开放型经济基本上是通过引进外资来利用国外先进的技术和管理。现在发展的重点转向创新,各种创新要素是跟着人才走的。相应地,开放型经济需要通过引进高端创新人才来利用其他国际创新要素。

总而言之，进入中等收入阶段后面对的重大的发展问题是创新发展理论的起点和动力源。回应这些重大发展问题的理念，就是习近平总书记提出的创新、协调、绿色、开放、共享五大新发展理念。适应由中等收入阶段转向高等收入阶段的重大转变，需要用新发展理念来推动经济发展理论的创新，构建符合中国国情的系统化的经济发展理论。

主要参考文献

1. 马克思：《资本论》第 1、2、3 卷，人民出版社 2004 年版。

2. 马克思：《共产党宣言》，引自《马克思恩格斯文集》，人民出版社 2009 年版。

3. 恩格斯：《自然辩证法》，引自《马克思恩格斯文集》第 9 卷，人民出版社 2009 年版。

4. 《毛泽东选集》第 3 卷，人民出版社 1991 年版。

5. 《邓小平文选》第 3 卷，人民出版社 1993 年版。

6. 中共中央文献研究室：《邓小平思想年编》，中央文献出版社 2011 年版。

7. 习近平：《之江新语》，浙江人民出版社 2013 年版。

8. 《习近平总书记系列重要讲话读本（2016 年版）》，学习出版社 2016 年版。

9. 习近平：《在省部级主要领导干部学习贯彻党的十八届五中全会精神专题研讨班上的讲话》，载于《人民日报》2016 年 5 月 10 日。

10. 习近平：《关于中共中央关于制定国民经济和社会发展第十三个五年规划的建议的说明》，载于《求是》2015 年第 22 期。

11. ［美］迈克尔·托达罗、斯蒂芬·史密斯：《发展经济学》，机械工业出版社 2014 年版。

12. ［美］斯蒂格利茨：《中国第三代改革的构想》，引自胡鞍钢：《中国走向》，浙江人民出版社 2000 年版。

13. 托马斯·皮凯蒂：《21 世纪资本论》，中信出版社 2014 年版。

14. 《2006 年世界发展报告：公平与发展》，清华大学出版社 2006 年版。

15. 迈克尔·波特：《国家竞争优势》，中信出版社 2012 年版。

16. 余斌、吴振宇：《中国经济新常态与宏观调控政策取向》，载于《改革》2014 年第 11 期。

17. 冷崇总：《关于构建经济发展质量评价指标体系的思考》，载于《宏观经济管理》2008 年第 4 期。

18. 艾书琴：《人民币升值对我国进出口的影响及对策》，载于《企业经济》2012 年第 9 期。

19. 王毅：《为全球经济治理提供中国方案》，载于《人民日报》2016 年 9 月 20 日。

20. 秦宣：《五大发展理念的辩证关系》，载于《光明日报》2016 年 2 月 4 日。

21. 杨晶：《着力推进供给侧结构性改革》，载于《行政管理改革》2016 年第 10 期。

22. 洪银兴：《学好用好中国特色的社会主义政治经济学》，江苏人民出版社 2017 年版。

23. 洪银兴：《以创新的经济发展理论阐释中国经济发展》，载于《中国社会科学》2016 年第 11 期。

24. 洪银兴：《以创新的理论构建中国特色社会主义政治经济学的理论体系》，载于《经济研究》2016 年第 4 期。

25. 洪银兴、孙宁华：《中国经济学发展：理论 实践 趋势》，南京大学出版社 2015 年版。

26. 洪银兴：《中国特色社会主义政治经济学理论体系构建》，经济科学出版社 2016 年版。

27. 洪银兴：《经济转型与发展之中国道路》，高等教育出版社 2015 年版。

28. 洪银兴：《社会主义现代化读本》，江苏人民出版社 2014 年版。

29. 任保平：《以质量看待发展》，中国经济出版社 2009 年版。

30. 任保平：《经济增长质量的逻辑》，人民出版社 2004 年版。

31. 任保平：《中国经济增长质量报告（2011）》，中国经济出版社 2011 年版。

32. 任保平：《中国经济增长质量报告（2012）》，中国经济出版社 2012 年版。

33. 任保平：《中国经济增长质量报告（2013）》，中国经济出版社 2013 年版。

34. 任保平：《中国经济增长质量报告（2014）》，中国经济出版社 2014 年版。

35. 任保平：《中国经济增长质量报告（2015）》，中国经济出版社 2015 年版。

36. 任保平：《中国经济增长质量报告（2016）》，中国经济出版社 2016 年版。

37. 任保平、何军：《当代中国马克思主义政治经济学研究》，中国经济出版社 2016 年版。

38. 任保平：《经济增长质量的理论探索与实践观察》，中国经济出版社 2015 年版。